祝贺北京科技大学自动化学院60年

春秋六秩励精图治
桃李万千国铸辉煌

武贵龙
二〇一九年八月九日

武贵龙：北京科技大学党委书记

祝贺北京科技大学自动化学院60年

科教融合为培养自动化
创新人才再创辉煌

柴天佑
二〇一九年九月十日

柴天佑：中国工程院院士

祝贺北京科技大学自动化学院60年

教书育人
桃李芬芳结硕果

桂卫华
中南大学自动化学院
2019年8月23日

桂卫华：中国工程院院士

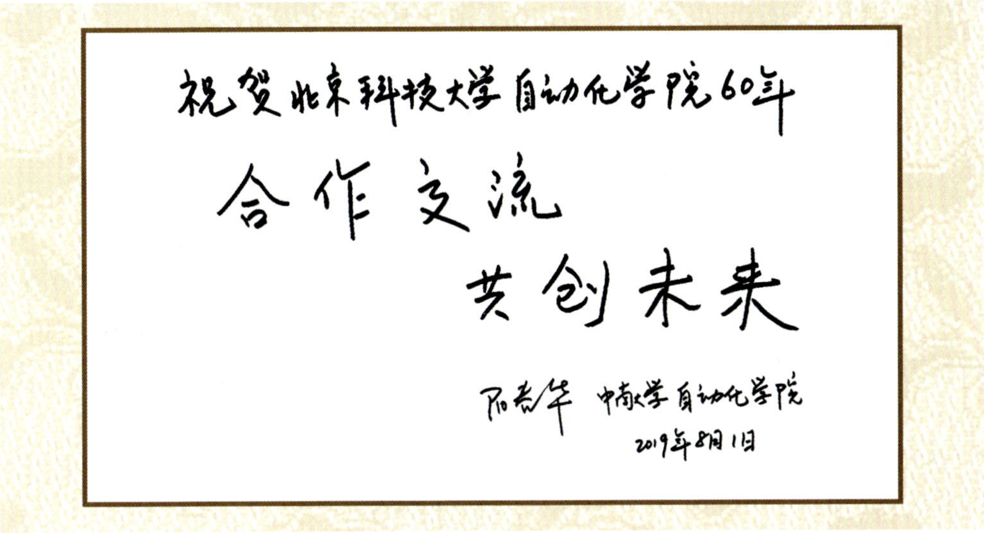

阳春华：中南大学自动化学院院长

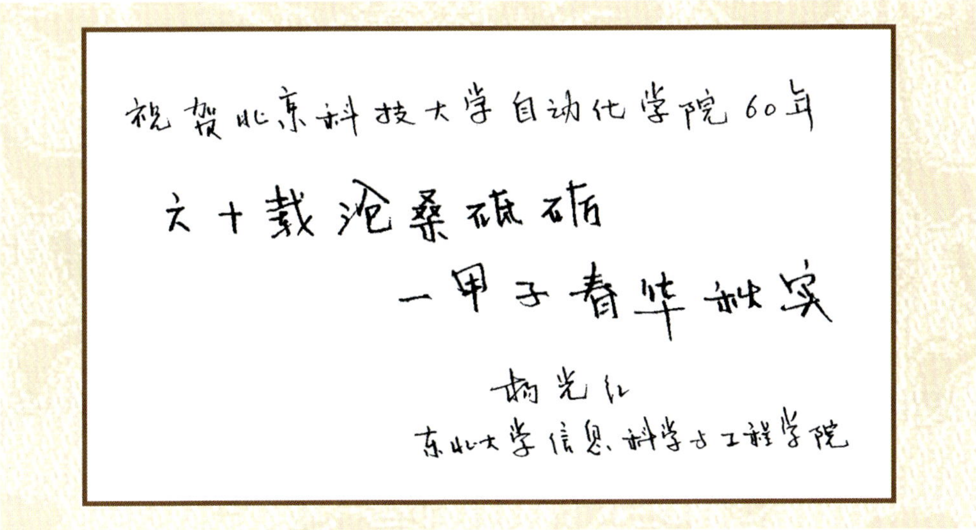

杨光红：东北大学信息科学与工程学院院长

北京钢铁学院革命委员会（报　告）

北京钢铁学院关于建立自动化系的报告 同19 同14，第43页

〔75〕钢革文第40号

冶金部政治部：

我院机械系现有六个专业，即冶金机械、重型机械制造、制氧机、冶金企业及矿山自动化、自动检测技术及仪表、计算机应用专业，属于机械类的三个专业，属于自动化（电）类的三个专业。其中有二个专业是原有的，有四个专业是根据冶金工业形势发展的需要增设的。

机械系现有人数974人，其中教职工330人，在校学员644人。根据招生计划，机电类型的专业需要量很大，招生数额增加很快。1974年已招生351人，1975年计划招生440人，占我院5个系23个专业招生总人数的46.8%；1978年计划招生达到690人。随着招生人数的增加，教职工人数，也要相应增加。

同时，根据厂矿企业的要求，大部分急需培训机电方面的人员。举办短训班，支援工人大学，“五·七”大学的专业班等任务也很重。

根据上述情况，专业大，人员多，发展快，任务重，不便于管理，不利于加强政治思想工作；同时考虑到机电类型的专业虽有互相联系，但也有相对的独立性。因此，我们认为将机械系一分为二为宜，建立自动化系，所属冶金及矿山自动化、自动检测技术及仪表、计算机应用三个专业。 第44页

可否，请批示。

北京钢铁学院革命委员会

一九七五年五月七日

自动化系建立报告

1993 年 9 月 14 日自动化信息工程学院成立大会

2003 年信息楼工程开工奠基仪式

2011 年 1 月 12 日自动化学院成立大会

李辉东

1976年3月~1978年8月，任自动化系革委会主任

1975年11月~1978年8月，任自动化系党总支书记

孙一康

1978年8月~1990年2月，任自动化系主任

朱耀中

1980年6月~1983年4月，任自动化系党总支书记

张万骠

1983年4月~1986年9月，任自动化系党总支书记

杨国樑

1986年9月~1993年9月，任自动化系党总支书记

1993年9月~1995年2月，任自动化信息工程学院党委书记

赵家贵

1991年7月~1992年12月，任自动化系主任

二、历任领导

余达太

1993 年 9 月 ~ 1996 年 10 月，任自动化信息工程学院院长

1996 年 10 月 ~ 2000 年 10 月，任信息工程学院院长

祝利克

1995 年 2 月 ~ 1996 年 10 月，任自动化信息工程学院党委书记

1996 年 10 月 ~ 2004 年 9 月，任信息工程学院党委书记

尹怡欣

2000 年 12 月 ~ 2010 年 6 月，任信息工程学院院长

2010 年 6 月 ~ 2011 年 1 月，任信息工程学院院长兼党委书记

2011 年 1 月 ~ 2017 年 5 月，任自动化学院党委书记

狄　涛

2004 年 9 月 ~ 2005 年 1 月，任信息工程学院党委副书记，主持党委工作

曾广平

2005 年 4 月 ~ 2010 年 6 月，任信息工程学院党委书记

胡广大

2011 年 1 月 ~ 2012 年 3 月，任自动化学院常务副院长

孙长银

2012 年 3 月 ~ 2016 年 11 月，任自动化学院院长

李　擎

2017 年 5 月 ~ 任自动化学院党委书记

张朝晖

2017 年 5 月 ~ 2018 年 9 月，任自动化学院常务副院长

2018 年 9 月 ~ 任自动化学院院长

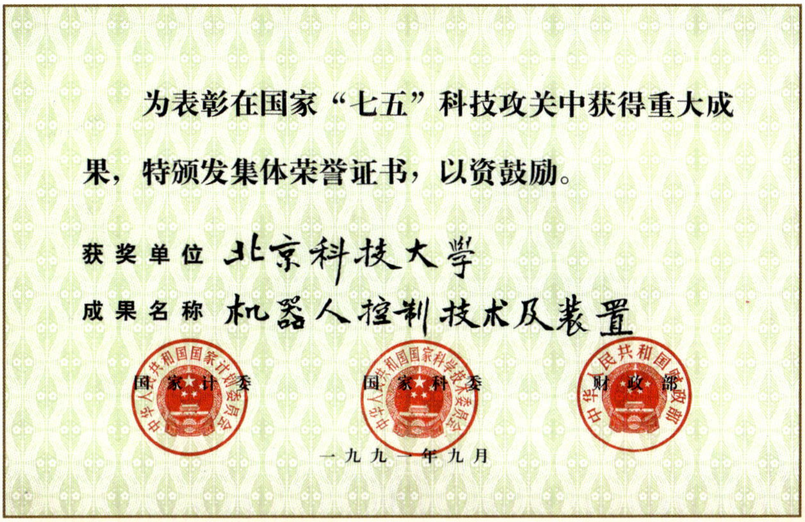

为表彰在国家“七五”科技攻关中获得重大成果，特颁发集体荣誉证书，以资鼓励。

获奖单位　北京科技大学

成果名称　机器人控制技术及装置

国家计委　国家科委　财政部

一九九一年九月

机器人研究所获国家“七五”科技攻关表彰大会
重大科技成果奖

科技進步奬

證書

为表彰在促进科学技术进步工作中做出重大贡献者，特颁发国家科技进步奖证书，以资鼓励。

获奖项目：武钢一米七热轧计算机控制新系统

获奖单位：北京科技大学

奖励等级：一等奖

奖励时间：一九九六年十二月

证书号：10-1-001-03

中华人民共和国
国家科学技术委员会主任　宋健

1996-KY13.11-22

“武钢一米七热轧计算机控制新系统”
获国家科技进步奖一等奖

科技進步奬

證書

为表彰在促进科学技术进步工作中做出重大贡献者，特颁发国家科技进步奖证书，以资鼓励。

获奖项目：太钢1549mm热连轧工程三电系统

获奖单位：北京科技大学

奖励等级：二等奖

奖励时间：一九九八年十二月

证书号：10-2-002-06

中华人民共和国
科学技术部部长　朱丽兰

1998-KY13.11-27

“太钢 1549mm 热连轧工程三电系统”
获国家科技进步奖二等奖

三、获得奖励（国家级科研获奖及表彰）

国家科学技术进步奖

证　书

为表彰国家科学技术进步奖获得者，特颁发此证书。

项目名称：鞍钢1700中薄板坯连铸连轧生产工艺技术

奖励等级：二　等

获 奖 者：北京科技大学

2004年1月20日

证书号：2003-J-215-2-01-D02

“鞍钢1700中薄板坯连铸连轧生产工艺技术”获国家科技进步奖二等奖

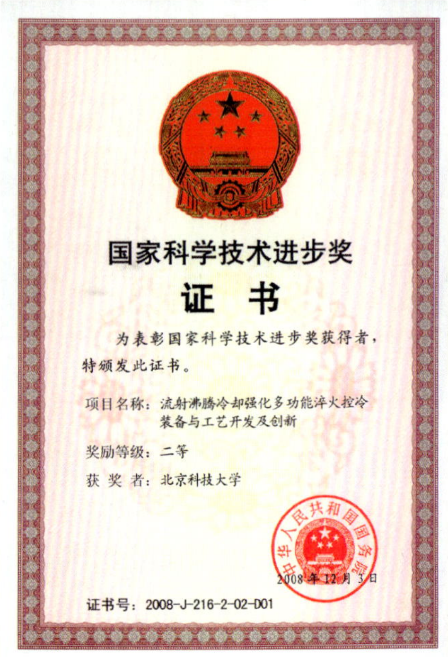
国家科学技术进步奖

证　书

为表彰国家科学技术进步奖获得者，特颁发此证书。

项目名称：流射沸腾冷却强化多功能淬火控冷装备与工艺开发及创新

奖励等级：二等

获 奖 者：北京科技大学

2008年12月3日

证书号：2008-J-216-2-02-D01

“流射沸腾冷却强化多功能淬火控冷装备与工艺开发及创新”获国家科技进步奖二等奖

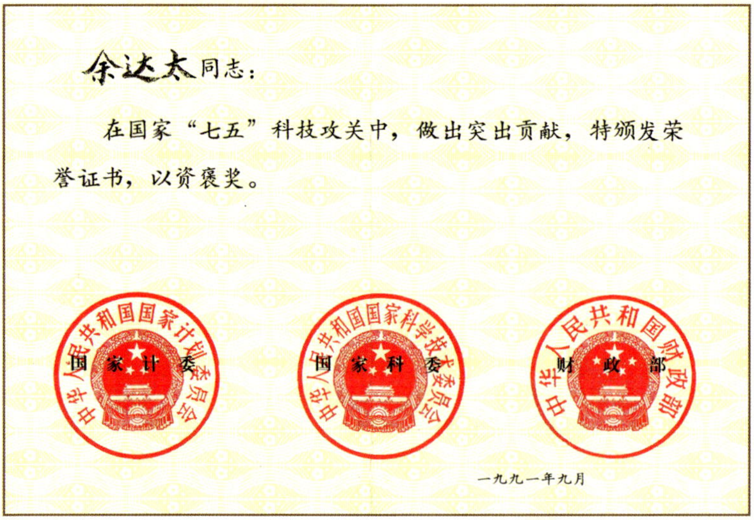
余达太同志：

在国家“七五”科技攻关中，做出突出贡献，特颁发荣誉证书，以资褒奖。

国家计委　国家科委　财政部

一九九一年九月

余达太获国家“七五”科技攻关表彰大会突出贡献奖

（一）党政工团

2019 年自动化学院
党员大会

2012 年自动化学院
第一届第二次教职工
代表大会

2016 年自动化学院
第二届第二次教职工
大会

2018年第297期学生业余党校暨自动化学院入党积极分子培训班结业典礼

2014年党员述责测评活动总结表彰大会

2019年自动化学院党员发展公开答辩会

2018 年自动化学院团学训练营开班典礼

2018 年十九大精神宣讲团讲师聘任会

2019 年自动化学院青年教师团工委成立大会

2017 年自动化学院关心下一代工作委员会成立大会

2010 年信息工程学院教职工党建工作会

2003 年信息工程学院荣获全国总工会“模范职工小家”称号

1996 年仪表教研室荣获校工会“优秀教职工之家”称号

2017 年重阳节为学院八十岁老教师祝寿

2019 年离退休及在职教职工新春团拜会

2011 年教师节学院领导看望孙一康教授

（二）科研教学活动

2000 年孙一康教授（左三）在鞍钢热连轧施工现场

2003 年薄板坯连铸连轧技术（国家重点工程）交流与开发协会第一次会议

（孙一康教授第一排右三，刘玠院士第一排右九）

1991 年我国第一台国产大型工业机器人（JRS-80）

（余达太教授左三）

1989 年余达太教授（第四排右二）受到国家领导人接见

国家“七五”重点科技攻关项目经济专家系统鉴定会

（涂序彦教授右一）

中国人工智能学会第六届全国人工智能学术年会

（涂序彦教授第二排左七，时任中国人工智能学会理事长）

2012 年冶金流程先进控制联合实验室揭牌仪式

2015 年钢铁流程先进控制教育部重点实验室验收会

北京市工业波谱成像工程技术研究中心技术委员会会议

中国人工智能学会计算机辅助教育专业委员会第十三届学术年会暨第六届理事会

（涂序彦教授第一排右七，时任中国人工智能学会荣誉理事长）

2018 年中国教育发展战略学会人工智能与机器人教育专业委员会
第一次全国会员代表大会
（北京科技大学自动化学院主办）

2014 年第六届控制科学与工程前沿论坛
（北京科技大学自动化学院承办）

2011 年中国智能自动化会议
（北京科技大学自动化学院承办）

2012 年徐滨士院士（装备再制造技术国防科技重点实验室主任）学术报告会

2019 年郭雷院士（人大常务委员会副秘书长）学术报告会

2014 年余星火教授（澳大利亚皇家墨尔本理工大学副校长、教育部“长江学者奖励计划”讲座教授）受聘北京科技大学自动化学院兼职教授仪式

1988 年孙一康教授作为武钢一米七轧机改造项目技术顾问
随武钢代表团访问美国西屋公司
（孙一康教授左二，刘玠院士左四）

2010 年日本东京大学堀洋一教授来访

2017 年与北京和利时集团交流合作研讨会

2018 年自动化学院学位授权点合格评估会议

2018 年本科教学工作审核性评估座谈会

2017 年测控技术与仪器专业工程教育认证会

2018 年自动化专业工程教育认证专家意见反馈会

2017 年研究生培养方案专家论证会

2019 年青年教师教学基本功比赛

2017 年自动化学院本科生专业宣讲会

2019 年本科毕业答辩会

1988 年自动化系硕士学位答辩会

1995 年自动化信息工程学院博士学位答辩会

（三）丰富多彩的文体活动

2019 年北京科技大学第 41 届教职工运动会

2019 年三八妇女节举办女教职工《我和我的祖国》快闪活动

2018 年北京科技大学七一文艺汇演（自动化学院合唱）

2008 年信息工程学院奥运活动

2007 年北京科技大学教职工艺术节（信息工程学院诗朗诵）

2001 年北京科技大学纪念中国共产党成立八十周年演唱会（信息工程学院合唱）

学院体育文化月活动——跳绳

学院体育文化月活动——拔河

学院体育文化月活动——羽毛球

学院体育文化月
活动——乒乓球

学院体育文化月
活动——扑克牌

学院体育文化月
活动——踢毽

2017 年自动化学院摄影展

参观改革开放 40 周年展览

2018 年教职工春游踏青

（四）学生活动

2017 级大学生新生军训

2017 年大学生新生运动会

2017 年大学生传感器大赛

牛亚锋在2018年iCAN国际创新创业大赛国际总决赛中斩获一等奖

2017年大学生参观砥砺奋进的五年展览

自动化学院2019年学生代表大会

2018 年自动化学院
大学生雄安社会实践

2019 年参加纪念五四运动 100 周年快闪活动

2019 年自动化学院大学生参观百度公司

新生奖学金答辩会

2019 年 95 级校友刘芹奖学金颁奖仪式

2019 年吴爱祥副校长参加自 1602 班“以梦为马，扬帆远航”主题班会

自动化学院 2017 届本科生毕业晚会

敛华求实　创新惟存

——北京科技大学自动化学院 60 年
（1959～2019）

本书编委会　编

北　京
冶　金　工　业　出　版　社
2019

图书在版编目(CIP)数据

敛华求实　创新惟存：北京科技大学自动化学院 60 年：1959～2019/《敛华求实　创新惟存：北京科技大学自动化学院 60 年：1959～2019》编委会编．—北京：冶金工业出版社，2019.10

ISBN 978-7-5024-8275-6

Ⅰ.①敛…　Ⅱ.①敛…　Ⅲ.①北京科技大学自动化学院—校史

Ⅳ.①G649.281

中国版本图书馆 CIP 数据核字（2019）第 195364 号

出 版 人　谭学余

地　　址　北京市东城区嵩祝院北巷 39 号　邮编　100009　电话　(010)64027926

网　　址　www.cnmip.com.cn　电子信箱　yjcbs@cnmip.com.cn

责任编辑　戈　兰　美术编辑　彭子赫　版式设计　孙跃红

责任校对　王永欣　责任印制　李玉山

ISBN 978-7-5024-8275-6

冶金工业出版社出版发行；各地新华书店经销；三河市双峰印刷装订有限公司印刷

2019 年 10 月第 1 版，2019 年 10 月第 1 次印刷

169mm×239mm；15.75 印张；18 彩页；402 千字；242 页

128.00 元

冶金工业出版社　投稿电话　(010)64027932　投稿信箱　tougao@cnmip.com.cn

冶金工业出版社营销中心　电话　(010)64044283　传真　(010)64027893

冶金工业出版社天猫旗舰店　yjgycbs.tmall.com

（本书如有印装质量问题，本社营销中心负责退换）

《敛华求实　创新惟存——北京科技大学自动化学院60年（1959~2019）》

院长寄语

无论古今中外，大学的本意都是在学术争论中培养人才。这既是大学区别于中、小学之处，更是衡量其存在价值的终极标准。由此延伸，人才培养、科学研究、社会服务和文化传承被公认为大学的四大功能。

北京科技大学自动化学院追根溯源一甲子，人才培养过万，持续惠及行业的科研成果数十项，服务社会的事例更是不胜枚举。纵观六十年，形势变迁，行业跌宕，各专业名称、机构归属、教学内容、实验装备、办公地点等都发生了多次变化；教工一代又一代，学生迎来又送往。然而，学院的文化传承却绵延未变。

“敛华求实，创新惟存”，是自动化学院文化的高度浓缩，是学校“求实鼎新”文化的具像。我对此的理解是，作为工科专业，做事首要“求实”，这是我们的生存之道。接错一根线、敲错一个代码，机器就会罢工。在这种一次次的试错中，造就了我们严谨求实的思维方式。由此延伸到做人，严谨到“木讷”，也许旁人对此褒贬不一，但这一性格已经深入到我们自动化人的骨髓里，已经演化成一种文化基因。同时，我们也清醒地认识到，主动“求变”是我们的发展之道，因为我们所从事的是活力无限、不进则退的信息行业。为生存、为发展、为更美好的未来，唯有创新！为梦想、为引领潮头，我们享受创新！

文化传承有了上面的内容，也需要有形式。本书恰是文化传承内容与形式的高度统一体：借大型纪念活动推出，这种隆重的形式必然会深深叩击每一位自动化教职员工、校友和学生的心灵，激起我们精神层面的共鸣；翔实发掘的一段历史，带我们回到了那火红的岁月；精心编织的一条纽带，连接起了师生和校友；理性剖析当年的辉煌，以史为鉴，助力我们谋划复兴之路。

两年前我们启动了自动化学院60年纪念活动的准备工作。在校友捐助支持下，我们开辟了文化展示的物理空间——位于机电信息大楼二层的爱梦园，梳理了院史主线，推荐了杰出师生代表，征集了院庆Logo、吉祥物以及学院独特的色彩和元素。这次，编委会做了海量的工作，采访了数十位老教师，遍寻了档案馆、校史馆和图书馆，向历届校友征集了素材，通过对文字、口述、录音、录像和实物的整理、校对，终得付梓。在此，我代表学院对本书的每一位贡献者深表敬佩和感谢！

2019年5月

目　录

求索奋进的光辉历程

中华人民共和国成立伊始，为建设新中国，有计划地发展国民经济，集中力量实现工业化并优先发展重工业，以奠定国家工业化和国防现代化的基础，成为我国经济建设的指导方针。根据这一方针，结合全国高等学校的院系大调整，1952 年由原北洋大学、清华大学等六所国内著名大学的矿系系科组成并成立了“北京钢铁工业学院”。1959 年 7 月，北京钢铁工业学院受冶金工业部委托，在机械系内设立“工业企业电气化与自动化”专业（简称工企专业），并相应组建了工业企业电气化与自动化教研组（简称工企教研组），以此为今天的自动化学院铺下了第一块奠基石，开启了其历史发展的进程。

60 年来，自动化学院在其历史演进过程中曾前后五次更名，充分反映了我国工业从机械化、电气化、自动化再到信息化的历史发展趋势。这五个发展阶段是：

1959～1975 年：工业企业电气化与自动化教研组（室）；

1975～1993 年：自动化系；

1993～1996 年：自动化信息工程学院；

1996～2011 年：信息工程学院；

2011 年～：自动化学院。

工企教研组和工企专业是自动化学院最早的前身。工企专业组建当年只招收了一个班（电 64 届，即电 59 级）33 人，及至今天，自动化学院已经建成了由单学科到多学科群，由单层次到全层次的教学、科研及人才培养基地，在读学生（截至 2019 年 7 月）已达到 2025 人（其中本科生 1429 人，硕士研究生 479 人，博士研究生 117 人）。回顾历史，60 年来全院几代教职员工始终坚守着“为中华之崛起”的信念，在高教战线辛勤耕耘，共培养了 1.7 万余名本科生、硕士研究生和博士研究生，为我国各行业特别是冶金工业的科技人才培养，以及自动化相关技术的进步做出了卓越的贡献。尤为令人欣慰的是，在自动化学院万余名毕业生中，不仅蕴育了许多卓有成就、声名远播的治学名师，更成就了一大批在各自工作岗位上兢兢业业、淡泊名利、默默奉献的科技人才，为国家建设事业尤其是钢铁工业的发展与振兴，做出了不可磨灭的贡献。

60 年来，从工企教研组开始，这支队伍由小到大、由弱到强、由分到合，涓涓细流汇成江海，今天已经发展壮大为“自动化”和“计算机与通信工程”两个学院，创造了承载全体师生员工奋斗与夙愿的辉煌历史！这是我们在教育与科研领域取得丰硕成果的 60 年；是学校历任领导积极支持与培育的 60 年；是几代自动化人执着奋进、开拓创新的 60 年；更是学院师生引以自豪的 60 年！我们坚信，遵循创建高水平研究型大学的办学宗旨，在多学院、多学科发展模式所开辟的广阔舞台上，北京科技大学必将成就更加辉煌的未来；自动化学院也必将不辱使命、不负时代，为学校和国家做出更大的贡献！

值此新中国成立 70 周年、自动化学院追根溯源 60 年之际，特编印本书，旨在：回顾过去，展示 60 年的岁月历程和丰硕成果，感恩 60 年来奉献了毕生心血和才智的前辈；面向未来，激励风华正茂的年青学子继往开来，砥砺前行。

让我们铭记“敛华求实，创新惟存”的院训，不忘初心，再创辉煌！

自动化学院

2019 年 7 月

第一章　历史沿革

第一节　工业企业电气化与自动化教研室（1959~1975年）

1956年9月15日，毛泽东主席在中国共产党第八次全国代表大会开幕词中提出了“要把一个落后的农业的中国改变成为一个先进的工业化的中国”的伟大目标。中国工业化目标的确立给高等学校的人才培养提出了更高的要求。

1958年北京钢铁工业学院自动化专业筹备组开始组建。由于组建当时的高等学校专业目录中没有单独的“自动化”专业，筹备组从中选择了相近的专业名称“工业企业电气化与自动化”，简称工企专业。

1959年7月，工企专业在机械系内正式设立，并于当年招生33人。同时在机械系电工教研室内组建工业企业电气化与自动化教学小组，简称工企教学小组，承担专业教学工作。

1963年2月工企教学小组从电工教研室分离，成立工业企业电气化与自动化教研室，简称工企教研室，仍隶属于机械系。

1972年采矿系矿山机电教研室的矿山电气化部分教师和实验员并入工企教研室，工企专业同时更名为“冶金企业及矿山自动化”。

1972年7月北京钢铁学院决定增设“冶金自动化仪表”和“电子计算机应用”专业。为此通过冶金工业部从全国相关厂矿陆续调来30余名技术人员，组建了冶金自动化仪表教研组和电子计算机应用教研组，隶属于工企教研室。

截至1975年11月，工企教研室共有教职工70余人。自1959年工企专业设立至1975年自动化系成立前夕的这16年，正处于共和国历史上跌宕起伏、风起云涌的非常时期。在这一时代大背景下，工企专业的成长、仪表和计算机专业的筹建虽历经坎坷和曲折，但始终没有停止前进的步伐，并以顽强进取的精神为自动化系的成立和之后的大发展奠定了来之不易的基础。

第二节　自动化系（1975~1993年）

1975年11月17日，北京钢铁学院召开自动化系成立大会，这是自动化学院历史发展进程中的一个重要里程碑。工企专业和工企教研室自初创始，经历16载栉风沐雨，从单一专业、一个教研室成长为包括工业企业电气化与自动化、冶金自动化仪表、电子计算机应用三个专业的大系。

1975 年 11 月 17 日，选举产生了第一届中国共产党自动化系党总支书记。

1976 年 3 月 12 日成立自动化系革命委员会，李辉东同志任革委会主任。

1976 年 7 月，自动化系成立了三个专业组，即工企专业组、仪表专业组、计算机专业组，相应的领导机构称为专业领导小组，并设置电工实验室，服务于三个专业组的教学。

1976 年 7 月成立自动化工厂。

1977 年 9 月，成立基础教研室，后更名为电路及电子教研室。

1978 年，自动化系革命委员会撤销。同年 8 月，新的自动化系行政班子建立，任命孙一康为第一任系主任，各专业组亦同时撤销并恢复教研室，设置工业企业电气化与自动化教研室（简称工企教研室）、冶金自动化仪表教研室（简称仪表教研室）、计算机应用教研室（简称计算机教研室）、基础教研室、电工实验室、自动化工厂、系办公室。

1979 年，学校成立计算中心，隶属于自动化系，并引进日本日立公司 M-150 中型计算机，为全校教学与科研服务。

1980 年 3 月，自动化工厂归属学校实验工厂，更名为自动化车间。

1981 年 2 月，学校基础部电工教研室与自动化系电工实验室合并组成电工教研室，隶属于自动化系。

1982 年，工企教研室发展为自动控制教研室和电气传动教研室。

1983 年 8 月，经冶金工业部批准成立自动控制研究所，隶属自动化系，任命孙一康为所长。研究所下设机器人研究室、相关仪研究室、系统仿真研究室三个研究室。

1983 年，计算机教研室发展为软件教研室和微型计算机应用教研室。

1986 年 1 月，软件教研室、微型计算机应用教研室和计算中心划出自动化系，组建计算机系。

1986 年，自动控制研究所的机器人研究室与学校实验工厂自动化车间合并，成立机器人研究所，隶属于自动化系，任命余达太为所长。

1987 年，成立计算机室，将各教研室微型计算机进行集中管理使用，服务教学工作。

1988 年，自动控制研究所的系统仿真研究室发展为过程控制研究室和系统仿真研究室，相关仪研究室更名为故障诊断研究室。

1988 年，成立北京京科自动化工程公司，隶属于自动化系，开展科技服务。

1991 年，电工教研室与电路及电子教研室合并，成立新的电工教研室。

1991 年，在自动控制研究所内成立交流调速研究室，故障诊断研究室合并到过程控制研究室。

1991 年，机器人研究所归属北京科技大学科技园。

1992 年，成立电子实习基地。

截至 1993 年 9 月，自动化系共有教职工 120 余人，其中教授 6 人（博士生导师 1 人），副教授 38 人。

1975~1993 年，自动化系组织结构变化图如图 1 所示。

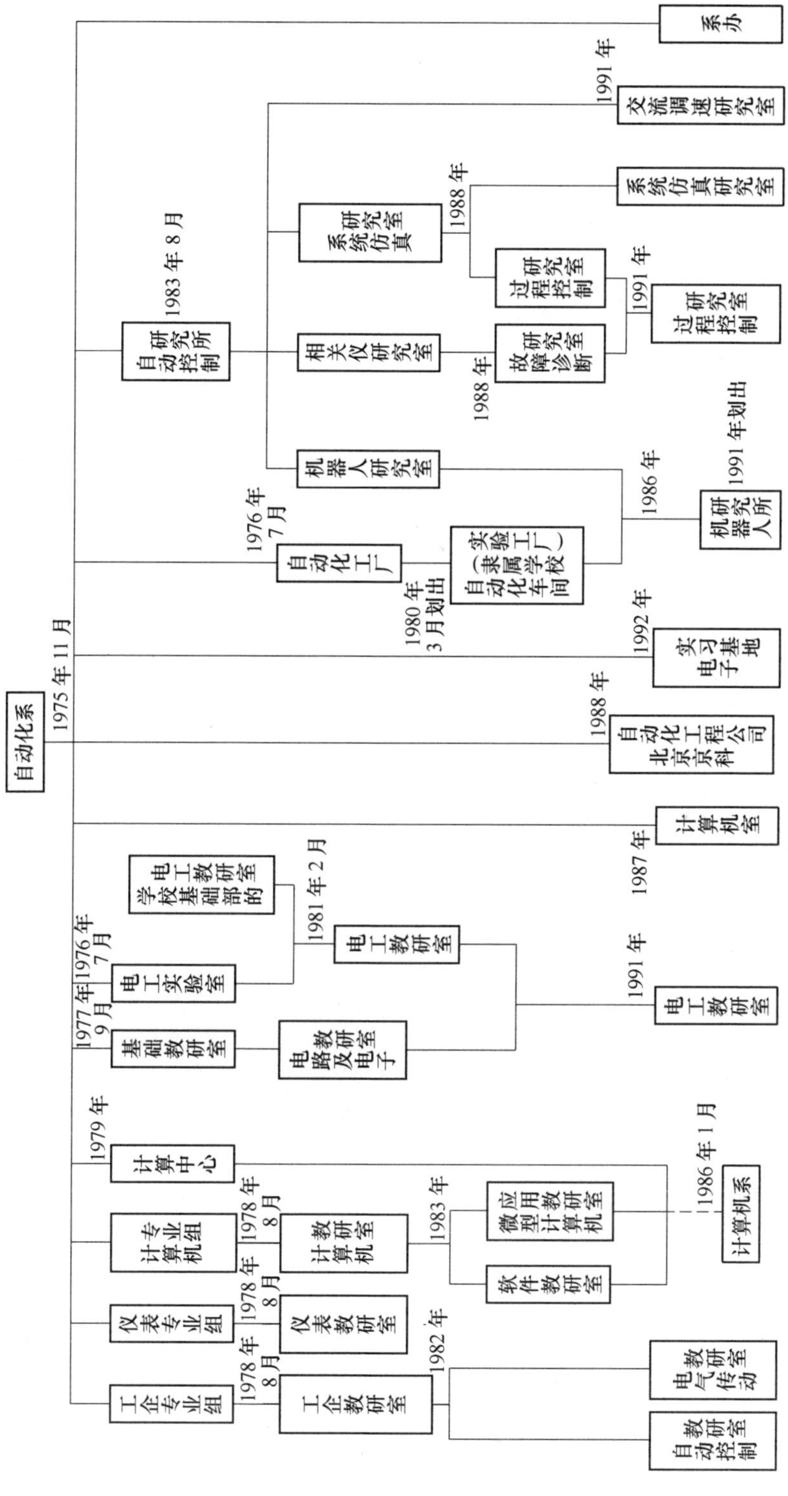

图1　自动化系（1975~1993年）组织结构变化图

第三节　自动化信息工程学院（1993~1996年）

1993年9月14日，北京科技大学（1988年北京钢铁学院更名）校长杨天钧代表学校宣布，由自动化系和机器人研究所合并成立“自动化信息工程学院”，任命余达太为院长，杨国樑为党委书记。

自动化信息工程学院下设五室二所一基地，即：自动控制教研室、电气传动教研室、仪表教研室、电工教研室、计算机室，自动控制研究所、机器人研究所，电子实习基地。

1994年，仪表教研室更名为检测技术及仪器仪表教研室，自动控制教研室与电气传动教研室合并成立工业自动化教研室。

1994年，高庆狮院士牵头成立智能、语言和计算机科学研究所；同年，成立网络中心，隶属于自动化信息工程学院。

1995年1月6日，成立计算机辅助教学中心，隶属于自动化信息工程学院。

自动化信息工程学院的成立是自动化学院发展道路上的又一个里程碑。截至1996年9月，自动化信息工程学院共有教职工98人，其中教授14人（含中国科学院院士1人）副教授16人。专任教师中具有博士学位7人、硕士学位21人。学院组织结构变化如图2所示。

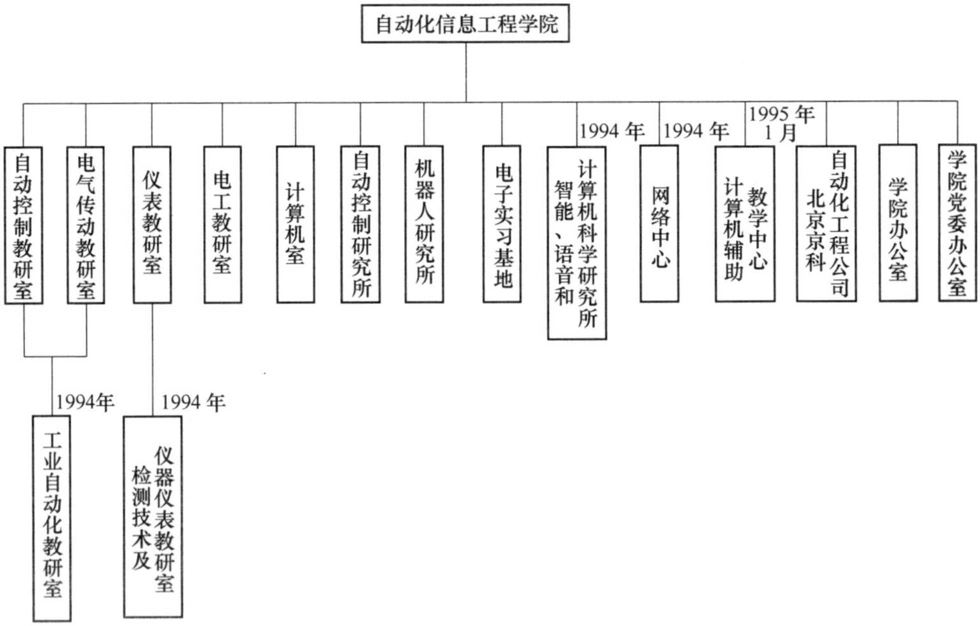

图2　自动化信息工程学院（1993~1996年）组织结构变化图

第四节　信息工程学院（1996~2011 年）

1996 年 9 月，为顺应世界科技迅猛发展的潮流，落实科教兴国战略，加快培养冶金工业所急需的复合型现代科技人才，冶金工业部人事教育司批准北京科技大学自动化信息工程学院与计算机系合并，成立“信息工程学院”。

1996 年 10 月 22 日，信息工程学院正式成立，任命余达太为院长，祝利克为党委书记。信息工程学院下设三个系、五个研究所、三个中心、一个实习基地和一个公司，即：自动化系（由原工业自动化教研室和电工教研室组成）、检测技术及仪器仪表系（原检测技术与仪器仪表教研室）、计算机系，自动控制研究所、机器人研究所、智能语言和计算机科学研究所、计算机与系统科学研究所、知识工程研究所，计算机辅助教学中心、网络中心、计算机与电子教学实验中心，电子实习基地，北京京科自动化工程公司。撤销计算机室。

1997 年，成立电子信息工程系。

1999 年，检测技术及仪器仪表系更名为测控技术与仪器系。

1999 年，北京京科自动化工程公司归属学校科技开发公司。

2000 年，将电子实习基地、各系专业实验室和计算机与电子教学实验中心合并成立实验教学中心。

2004 年 11 月，成立通信工程系。

2005 年，成立信息基础科学系。

2006 年 11 月，网络中心归属学校信息化建设与管理办公室。

2008 年，获批建设钢铁流程先进控制教育部重点实验室。

2008 年 7 月 18 日，信息工程实验教学中心获批北京高等学校实验教学示范中心。

截至 2010 年底，信息工程学院共有六个系、五个研究所、一个中心和一个教育部重点实验室，共有教职工 202 人，其中教授 37 人，含中国科学院院士 1 人；副教授 50 人。专任教师中具有博士学位 112 人，具有硕士学位 61 人。在招生数、在校生数、教职员工数等主要指标上，均位于北京科技大学前列。这一阶段组织结构变化如图 3 所示。

第五节　自动化学院（2011 年~）

为适应国家信息化快速发展的需求，2010 年底北京科技大学决定在信息工程学院的基础上，分别组建自动化学院和计算机与通信工程学院。

2011 年 1 月 12 日，学校召开了自动化学院和计算机与通信工程学院成立大

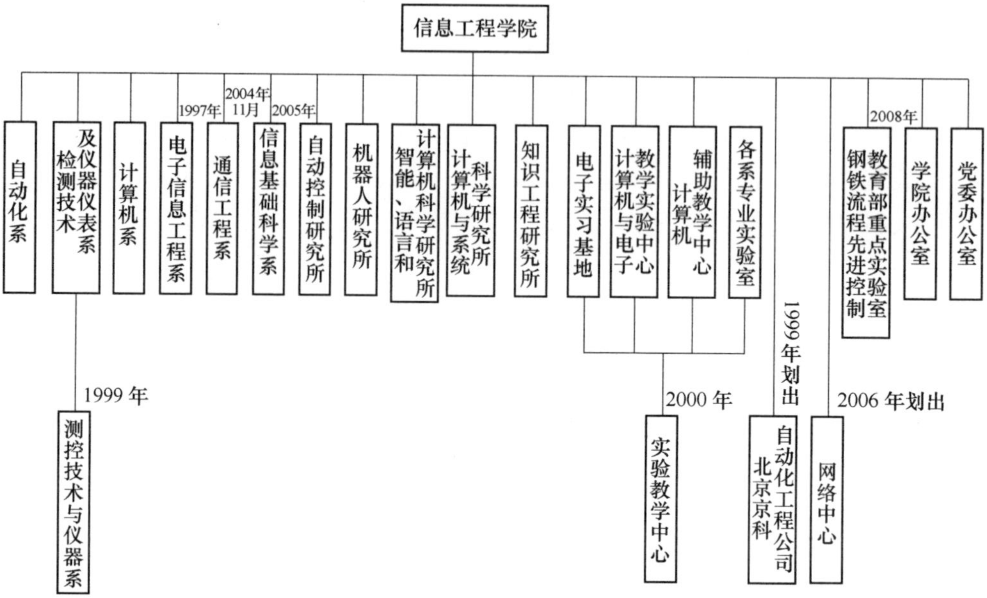

图3　信息工程学院（1996~2011年）组织结构变化图

会，任命尹怡欣为自动化学院党委书记，胡广大为自动化学院副院长（主持日常工作）。自动化学院下设四个系、两个所、一个中心和一个教育部重点实验室，即：自动化系、测控技术与仪器系、信息基础科学系（电工电子部分）、电子信息工程系（部分），自动控制研究所、机器人研究所，实验教学中心（部分），钢铁流程先进控制教育部重点实验室。

2011年5月，学院对各系、中心进行整合更名，设立控制科学与工程系、仪器科学与技术系、电工电子技术系、教学实验中心。

2012年6月18日，成立导航与控制研究所。

2013年4月，成立智能科学与技术系。

2013年6月，获批成立北京市工业波谱成像工程技术研究中心。

2014年11月，实验教学中心的电工实验室归属学校自然科学基础实验中心。

2017年2月，钢铁流程先进控制教育部重点实验室更名为工业过程知识自动化教育部重点实验室。

2018年7月，由自动化学院、计算机与通信工程学院、机械工程学院联合组建人工智能研究院。

截至2019年7月，学院共有教职工115人，其中教授23人，副教授51人。在专任教师中，国家“千人计划”入选者1人、国家“万人计划”科技创新领军人才1人、国家优秀青年科学基金获得者1人、教育部青年长江学者1人、北京市教学名师2人、“宝钢优秀教师奖”获得者1人、中国人工智能学会会士1

人、教育部新世纪人才 2 人。自动化学院的组织机构变化如图 4 所示。

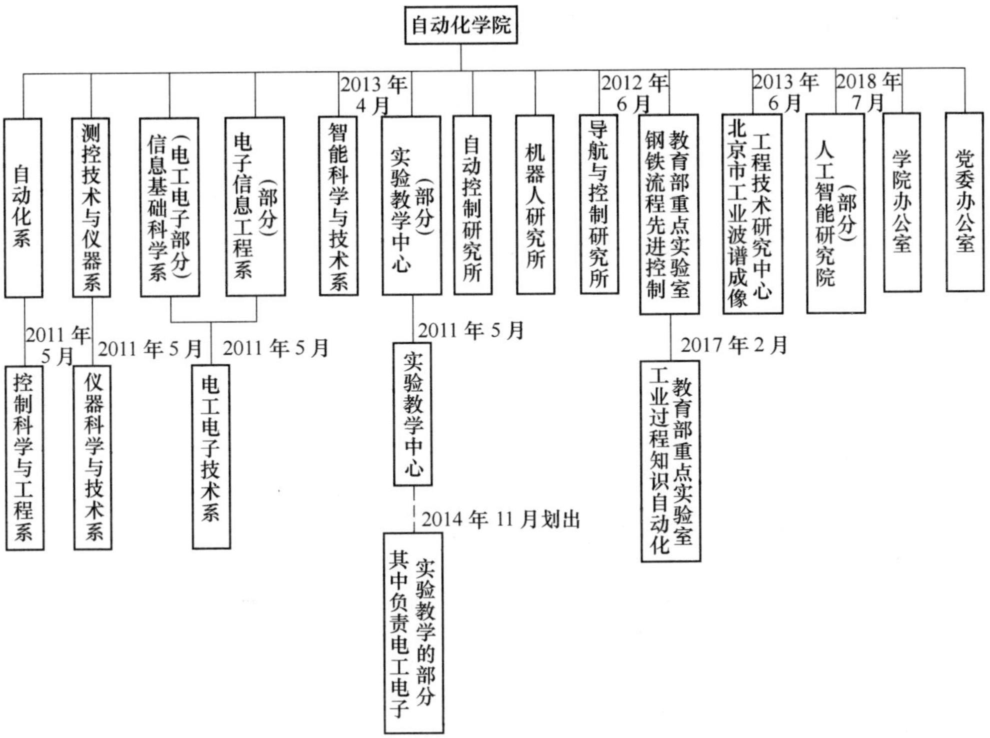

图 4 自动化学院（2011 年~）组织机构变化图

当前自动化学院的发展规划及前景目标是：以人才培养为根本，形成适应社会发展需求和紧跟自动化学科发展的特色创新人才培养体系；坚持以优势资源为基础、以团队建设为抓手，开展科学研究，推进“一个中心，三个平台”体系建设，力争在某些领域达到国际知名、国内领先。一个中心即以学科建设为中心，三个平台即工业过程知识自动化教育部重点实验室、北京市工业波谱成像工程技术研究中心、人工智能研究院。

第二章　人才培养与教学工作

第一节　专业学科建设

一、本科专业建设

1959 年 7 月，“工业企业电气化与自动化”专业成立并于当年招生，学制五年。

1972 年，“工业企业电气化与自动化”专业更名为“冶金企业及矿山自动化”。

1972 年 7 月，增设“冶金自动化仪表”和“电子计算机应用”专业。

1973 年 5 月 7 日，北京钢铁学院革委会在上报冶金工业部《关于北京钢铁学院专业调整的建议》中，建议将“冶金企业及矿山自动化”专业更名为“工业电气自动化”。

自 1975 年自动化系成立以后，随着形势的发展，所属几个专业陆续进行了几次更名。到 1984 年 8 月，自动化系 3 个专业的名称分别为工业电气自动化、工业自动化仪表和计算机及应用。

1986 年 1 月组建计算机系，“计算机及应用”专业转由计算机系承办，自动化系保留“工业电气自动化”和“工业自动化仪表”两个专业。

1993 年 9 月，自动化系与机器人研究所合并成立自动化信息工程学院，同时将设置的 2 个本科专业更名，“工业电气自动化”专业更名为“工业自动化”，“工业自动化仪表”专业更名为“自动化仪表”。

1994 年，“自动化仪表”专业更名为“检测技术及仪器仪表”。

1996 年 10 月，根据国家教育委员会发布的工程专业引导目录，自动化信息工程学院与计算机系合并成立信息工程学院，同时将“工业自动化”专业更名为“自动化”专业。学院共设置 3 个本科专业：自动化、检测技术及仪器仪表、计算机及应用。

1997 年，增设“电子信息工程”专业。

1998 年，由于教育部本科专业目录变动，“检测技术及仪器仪表”专业调整为“测控技术与仪器”专业，“计算机及应用”专业调整为“计算机科学与技术”专业。

2002年，增设“通信工程”专业。

2004年3月，增设“信息安全”专业。

2007年3月，增设“智能科学与技术”专业，信息工程学院的本科专业数达到7个。

2007年12月29日，“计算机科学与技术”专业获批国家特色专业。

2009年11月28日，“自动化”专业获批国家特色专业。

2011年1月，以信息工程学院为基础分别成立自动化学院和计算机与通信工程学院。划归自动化学院的3个本科专业为：自动化、测控技术与仪器、智能科学与技术。

2019年3月21日，获批教育部首批“人工智能”本科专业，同时智能科学与技术专业停止招生。

二、研究生学科建设

1978年，我国高等学校恢复招收研究生。1979年9月自动化系“自动化及计算机应用”专业招收首届研究生。1980年“自动化及计算机应用”专业更名为“计算机”，1981年再次更名为“工业自动化”专业。

1981年11月3日，经国务院学位委员会批准，“工业自动化”专业获我国首批硕士学位授予权。

1983年3月15日，国务院学位委员会颁布了《高等学校和科研机构授予博士和硕士学位的学科、专业目录（试行草案）》，试行一级学科、二级学科分类，“工业自动化”专业并列称为“工业自动化”二级学科。

1986年7月28日，经国务院学位委员会批准，“工业自动化”二级学科获博士学位授予权，“自动控制理论及应用”“自动化仪表及装置”二级学科获硕士学位授予权。

1990年11月20日，经国务院学位委员会批准，“模式识别与智能控制”二级学科获硕士学位授予权。

到1993年自动化信息工程学院成立前夕，自动化系具有一个二级学科博士学位授权点，三个二级学科硕士学位授权点。博士学位授权点为：工业自动化；硕士学位授权点为：自动控制理论及应用、自动化仪表及装置、模式识别与智能控制。

1994年3月，“工业自动化”二级学科获批冶金工业部重点建设学科。

1997年，国务院学位委员会、国家教育委员会联合发布了《授予博士、硕士学位和培养研究生的学科、专业目录》，信息工程学院对应进行了二级学科调整，“工业自动化”调整为“控制理论与控制工程”，“自动化仪表及装置”调整为“检测技术与自动化装置”，“模式识别与智能控制”调整为“模式识别与智能系统”，“计算机应用”调整为“计算机应用技术”。

1998年6月，经国务院学位委员会批准，“计算机软件与理论”二级学科获硕士学位授予权。

2000年12月28日，经国务院学位委员会批准，“计算机系统结构”二级学科获硕士学位授予权。

2001年，教育部批准北京科技大学与比利时鲁汶工程技术学院合作培养“电子媒体工程”专业硕士研究生。

2003年9月8日，经国务院学位委员会批准，“计算机应用技术”二级学科获博士学位授予权，“通信与信息系统”二级学科获硕士学位授予权。

2003年，获批设立“控制科学与工程”一级学科博士后流动站。

2006年1月25日，经国务院学位委员会批准，“控制科学与工程”一级学科获博士学位授予权（包括：控制理论与控制工程、检测技术与自动化装置、模式识别与智能系统3个二级学科），“计算机系统结构”“通信与信息系统”二级学科获博士学位授予权，“控制科学与工程”“计算机科学与技术”“信息与通信工程”“电子科学与技术”一级学科获硕士学位授予权，“测试计量技术及仪器”二级学科获硕士学位授予权。

2007年8月20日，教育部批准“控制理论与控制工程”二级学科为国家重点（培育）学科。

2007年，获批设立“计算机科学与技术”一级学科博士后流动站。

到2011年自动化学院成立前夕，已建成了比较完善的、从学士到博士的培养基地，共有：两个博士后流动站，即：控制科学与工程、计算机科学与技术；一个一级学科博士学位授权点，即：控制科学与工程；两个二级学科博士学位授权点，即：计算机应用技术、通信与信息系统；四个一级学科硕士学位授权点，即：控制科学与工程、计算机科学与技术、信息与通信工程、电子科学与技术。

2011年3月31日，经国务院学位委员会批准，“仪器科学与技术”一级学科获硕士学位授予权，其中包括“测试计量技术及仪器”二级学科硕士学位授予权。

2013年1月29日，“控制科学与工程”学科在教育部组织的全国第三轮学科评估中，位列前20%。

2017年12月28日，“控制科学与工程”学科在教育部组织的全国第四轮学科评估中，位列B+。

2018年3月22日，经国务院学位委员会批准，“仪器科学与技术”一级学科获博士学位授予权。

2019年5月16日，“人工智能科学与工程”入选北京高校高精尖学科建设名单。

截至2019年7月，自动化学院设有一个博士后流动站（控制科学与工程）；有两个一级学科博士学位授权点（控制科学与工程、仪器科学与技术）、两个宽口径培养人才的一级学科硕士学位授权点（控制科学与工程、仪器科学与技术）、两个工程专业硕士学位授权点（控制工程、仪器仪表工程）。

第二节　招生工作

一、工业企业电气化与自动化教研室时期（1959~1975年）

1959~1965年，工业企业电气化与自动化（简称工企自动化）专业招生工作一直按照国家计划正常进行，学制为五年。1959~1965年招生情况见表1。

表1　1959~1965年招生情况

序号	年度	招生人数	
		工企自动化	总计
1	1959	33	33
2	1960	108	108
3	1961	84	84
4	1962	60	60
5	1963	53	53
6	1964	74	74
7	1965	88	88
合计		500	

1966年文革开始后，全国高等院校停止招生工作。

70年代初期大学开始恢复招生，直接从工农兵中选拔学员进入大学学习。1972~1976年，北京钢铁学院自动化、仪表、计算机三个专业共招收了4届工农兵学员，学制为三年。1972~1976年工农兵学员招生情况见表2。

表2　1972~1976年工农兵学员招生情况

序号	年度	招生人数			
		自动化	仪表	计算机	总计
1	1972	33			33
2	1973	74			74
3	1975	34	30	30	94
4	1976	92	33	41	166
合计		233	63	71	367

注：1. 1974年没有招生；

2. 为方便了解工农兵学员招生情况，将自动化系时期招收的最后一届工农兵学员放在表2中统计；

3. 表中“工业电气自动化”专业简称“自动化”，“冶金自动化仪表”专业简称“仪表”，“电子计算机应用”专业简称“计算机”。

二、自动化系时期（1976~1992 年）

1977 年全国恢复高考后，自动化系招收了 77 级新生 170 人，学制改为四年。由于历史原因，77 级的入学考试于 1977 年 12 月进行，入学时间相应延至 1978 年 3 月。1978 年 9 月，从 78 级新生开始恢复秋季入学。

1988 年 7 月，经学校批准，自动化系试行招收计划外自费大专班学生，人数为 100 人，学制两年，此后未再续招。

1989~1991 年，国家教育委员会进行教育制度改革试验，试验内容为：以系为单位统一招收新生，入学后暂不分专业，第六学期开始按专业重新分班，直至完成大学阶段学业。这次试行没有达到预期效果，1992 年恢复按专业招生制度。

1977~1992 年本科招生情况见表 3。

表 3　1977~1992 年本科招生情况

序号	年度	招生人数			
		自动化	仪表	计算机	总计
1	1977	80	45	45	170
2	1978	57	34	29	120
3	1979	44			44
4	1980	63	31	32	126
5	1981	56	30	30	116
6	1982	64	30	30	124
7	1983	64	57	67	188
8	1984	63	35	27	125
9	1985	69	49	34	152
10	1986	31	46		77
11	1987	57	30		87
12	1988	85	34		119
13	1989				152
14	1990				143
15	1991				133
16	1992	104	30		134
合　计					2010

注：1. 1978 年，招收 1 个计算机大专班，北京生源，30 人，未列入表中；
2. 1986 年 1 月，计算机系成立，相应计算机专业招生及在读人数不再纳入自动化系统计范围；
3. 1988 年计划外招收自费大专生 100 人，未列入表中；
4. 1989~1991 年三年按系招生，暂不分专业，1992 年开始恢复按专业招生；
5. 1990~1992 年共招收大专生 99 人，未列入表中。

1979 年自动化系招收了首届“自动化及计算机应用”（后更名为“工业自动化”）专业硕士研究生 8 人。1987 年第一次招收了“工业自动化”专业博士研究生。1979~1992 年研究生招生情况见表 4。

表 4　1979~1992 年研究生招生情况

序号	年度	博士研究生	硕士研究生	合计
1	1979		8	8
2	1980		4	4
3	1981		6	6
4	1982		7	7
5	1983		10	10
6	1984		15	15
7	1985		19	19
8	1986		19	19
9	1987	2	30	32
10	1988	2	26	28
11	1989		31	31
12	1990	2	27	29
13	1991	2	23	25
14	1992	1	36	37
合　计		9	261	270

三、自动化信息工程学院时期（1993~1996 年）

1993 年 7 月，学校与唐山钢铁公司签订合作教育协议，同时在唐钢成立北京科技大学研究生分部，并招收 28 名“机电控制及自动化”专业硕士研究生，单独编班。该研究生班是全国首批厂校合办跨一级学科宽口径硕士研究生班，为探索跨机械工程、控制工程及计算机工程三个领域培养复合型高级工程技术人才模式做出了贡献。通过大胆实践并科学总结，该研究生培养模式取得了满意的效果。

1993~1996 年本科生招生情况见表 5。1993~1996 年研究生招生情况见表 6。

表 5　1993~1996 年本科生招生情况

序号	年度	招　生　人　数		
		自动化	仪表	总计
1	1993	102	34	136
2	1994	101	28	129
3	1995	101	30	131
4	1996	89	30	119
合　计		393	122	515

注：1993 年招收的大专生 21 人，未列入表中。

表 6　1993~1996 年研究生招生情况

序号	年度	博士研究生	硕士研究生	合　计
1	1993		48	48
2	1994	8	41	49
3	1995	10	34	44
4	1996	10	37	47
合　计		28	160	188

注：1993 年 7 月，招收“机电控制及自动化”专业硕士研究生 28 人，未列入表中。

四、信息工程学院时期（1997~2010 年）

随着学院规模的扩大，招生人数逐渐增加，本科专业从三个扩增到七个。同时，按照教育部的要求，于 21 世纪初对“计算机科学与技术”和“电子信息工程”两个专业进行了扩招。学院一年招收的本科生人数最多时达到 23 个班 700 人。

1997 年，“检测技术及仪器仪表”专业停止招生。1998 年由于教育部专业目录变动，“检测技术及仪器仪表”专业调整为“测控技术与仪器”专业，1999 年恢复招生。

2001 年 9 月，学院与比利时鲁汶工程技术学院合办的“电子媒体工程”专业硕士研究生班开始招生，学生赴比利时鲁汶工程技术学院学习一年。

1997~2010 年本科生招生情况见表 7。1997~2010 年研究生招生情况见表 8。

表 7　1997~2010 年本科生招生情况

序号	年度	招　生　人　数							
		自动化	测控	计算机	电信	通信	信息安全	信息 F	总计
1	1997	119		126					245
2	1998	143		145	31				319
3	1999	131	65	132	65				393
4	2000	124	62	183	63				432
5	2001	127	62	182	121				492
6	2002	126	56	183	127				492
7	2003	121	56	179	123	29			508
8	2004	122	59	178	117	56	31		563
9	2005		59					47	700
10	2006		62					39	659
11	2007		62					40	673
12	2008		62					45	557

续表 7

序号	年度	招生人数							
		自动化	测控	计算机	电信	通信	信息安全	信息 F	总计
13	2009		60						543
14	2010		62						529
合计									7105

注：1. 从 2005 年开始，除测控专业外，其他专业实行大类招生；
2. "电子信息工程"专业简称"电信"；
3. "信息 F"为国防生班；
4. 1997 年招收的大专生 55 人，未列入表中。

表 8 1997~2010 年研究生招生情况

序号	年度	博士研究生	硕士研究生	电子媒体工程	合计
1	1997	13	37		50
2	1998	27	53		80
3	1999	26	74		100
4	2000	34	115		149
5	2001	40	141	18	199
6	2002	42	101	54	197
7	2003	41	123	68	232
8	2004	26	125	18	169
9	2005	42	151	27	220
10	2006	39	188	19	246
11	2007	42	155	26	223
12	2008	29	164	21	214
13	2009	30	139	18	187
14	2010	30	118	54	202
合计		461	1684	323	2468

五、自动化学院时期（2011~2019 年）

按照高校"通才教育"的改革模式，从 2017 年开始，学院重新进行大类招生，第一年统一进行"通识教育"，第二年分专业。大类招生在一定程度上减少了考生填报专业志愿的盲目性，帮助学生更准确地找到自己的兴趣点。

2019 年，首批"人工智能"专业开始招生，招收规模为 90 人，同年"智能科学与技术"专业停止招生。

2011～2018 年本科生招生情况见表 9。2011～2019 年研究生招生情况见表 10。

表 9　2011～2018 年本科生招生情况

序号	年度	招　生　人　数			
		自动化	测控	智能	总计
1	2011	152	57	31	240
2	2012	162	58	31	251
3	2013	154	50	60	264
4	2014	160	61	63	284
5	2015	154	60	60	274
6	2016	150	63	91	304
7	2017				370
8	2018				370
合　计					2357

表 10　2011～2019 年研究生招生情况

序号	年度	博士研究生	硕士研究生	总计
1	2011	21	116	137
2	2012	12	130	142
3	2013	17	128	145
4	2014	13	127	140
5	2015	17	128	145
6	2016	29	147	176
7	2017	22	159	181
8	2018	16	174	190
9	2019	22	192	214
合　计		169	1301	1470

第三节　培养目标与培养方案

一、本科生培养

从 1959 年至 1966 年文革开始前，工企自动化专业学生按照五年制本科教育体制和教学计划进行了比较正规的基础教育和专业培养。文革开始后 1961~1965 年入学的学生（即 66~70 届毕业生，通称“老五届”）在校期间的学业教育受到一定程度的影响。

1972 年高校恢复招生后，各专业工农兵学员的培养按照“开门办学”模式进行，除在校集中课堂教学外，相当多的时间到工矿企业进行现场教学和参加实际工作锻炼，并直接参与企业的工程项目实施。

1977 年恢复高考以后，各专业本科生的培养方案及课程设置重新修订，后期又进行了多次修改。

截至目前，自动化学院各专业最新版培养方案及课程设置如下。

（一）自动化专业

培养目标：培养具有健全人格、社会责任感和职业道德，具备创新精神和创业意识、团队合作能力、国际化视野，掌握自动化领域坚实的基本理论、基本知识和专业技术，具备良好的科学思维能力和解决自动化工程问题能力的高素质专门人才。学生毕业后可在相关学科领域继续深造，或从事科学研究、技术开发与管理、工程应用、生产制造、运行维护等工作。

课程设置：自动化专业本科生课程设置见表 11。

表 11　自动化专业本科生课程设置

课程性质	课程类别	课程名称		
必修	通识课程	大学生心理健康	大学生职业发展与就业指导	体育
		军事理论	大学生公共安全教育	思想道德修养与法律基础
		基础外语	中国近现代史纲要	马克思主义基本原理概论
		毛泽东思想和中国特色社会主义理论体系概论	经济与管理	形势与政策
		线性代数 A	程序设计基础	工科数学分析
		复变函数与积分变换 A	工科物理 B	工程制图 B
		概率论与数理统计 A		
	学科平台课程	电路分析基础 A	工程导论	信号与系统分析
		模拟电子技术 A	工程优化数学基础	数字电子技术（双语）
		微机原理及应用	自动控制原理 A	现代控制理论
		参数检测及仪表 B		
	专业核心课程	可编程控制器及应用	过程控制	电机及拖动
		电力电子技术	嵌入式控制系统	运动控制系统
	实践课程	英语训练（3 选 1）	创业训练（3 选 1）	计算机实践（3 选 1）

续表 11

课程性质	课程类别	课程名称		
必修	专业实习	金工实习 C	课程设计（微机原理）	EDA 课程设计
		自动化生产线实训	运动控制系统设计	毕业设计（论文）
		课程设计（自动控制理论）	电子技术实习 B	课程设计（嵌入式控制）
		工程项目开发设计	生产实习	
	实验	电路实验技术	模拟电子技术实验	工科物理实验 B
		数字电子技术实验		
	创新创业	社会实践	创新创业活动	
	国防公益	军训	志愿服务与公益劳动	
选修	专业选修课程	多角度思考与分析方法	电磁波谱信息检测技术	航天与自动化
		传感器与未来人类活动	智能感官与感知	机器人与智能控制系统
		无人机技术	物联网	面向对象程序设计
		控制系统仿真	软件工程	应用力学基础 A
		现代传感器技术	分布式控制系统	DSP 原理及应用
		模式识别基础	数据库技术及应用	常用电器控制技术
		控制网络技术	人工智能基础	单片机原理与应用
		流程工业过程控制	管理信息系统概论	非线性控制基础
		系统辨识与参数估计	智能控制理论基础	最优化与最优控制
		智能机器人控制	工业组态软件	虚拟仪器
		多媒体通信技术	数据仓库与数据挖掘方法	嵌入式操作系统
		数字图像处理技术	工业企业信息管理系统概论	先进控制技术导论
		智能电网技术基础	系统工程导论	工业企业供电及节能技术
		可编程逻辑器件及应用	电力系统自动化	

（二）测控技术与仪器专业

培养目标：培养人格健全、富有社会责任感和使命感，具有创新创业意识和国际视野，具备深厚的人文社会科学素养、扎实的自然科学知识和专业技能，掌握测控技术与仪器方面的基础知识和基本技能，具有测控系统与仪器设计、实现和应用能力、自主学习能力的高素质专门人才。学生毕业后可在相关学科领域继续深造，或从事科学研究、技术开发与管理、工程应用、生产制造、运行维护等工作。

课程设置：测控技术与仪器专业本科生课程设置见表 12。

表 12　测控技术与仪器专业本科生课程设置

课程性质	课程类别	课程名称		
必修	通识课程	大学生心理健康	大学生职业发展与就业指导	体育
		军事理论	大学生公共安全教育	思想道德修养与法律基础
		基础外语	中国近现代史纲要	马克思主义基本原理概论
		毛泽东思想和中国特色社会主义理论体系概论	经济与管理	形势与政策
		线性代数 A	程序设计基础	工科数学分析
		复变函数与积分变换 A	工科物理 B	工程制图 B
		概率论与数理统计 A		
	学科平台课程	电路分析基础 A	工程导论	信号与系统分析
		模拟电子技术 A	误差理论与数据处理	应用力学基础 B
		数字电子技术（双语）	自动控制原理 B	微机原理及应用
		参数检测及仪表 A		
	专业核心课程	计算机网络	光电检测技术	自动检测技术
		过程控制系统	智能仪器	
	实践课程	英语训练（3 选 1）	创业训练（3 选 1）	计算机实践（3 选 1）
	专业实习	计算机辅助设计	金工实习 C	传感器课程设计
		控制系统课程设计	智能仪器课程设计	毕业设计（论文）
		电子技术实习 B	生产实习	
	实验	电路实验技术	模拟电子技术实验	工科物理实验 B
		数字电子技术实验		
	创新创业	社会实践	创新创业活动	
	国防公益	军训	志愿服务与公益劳动	
选修	专业选修课程	多角度思考与分析方法	电磁波谱信息检测技术	航天与自动化
		传感器与未来人类活动	智能感官与感知	机器人与智能控制系统
		无人机技术	物联网	软件工程
		计算机电路辅助设计	DSP 原理及应用	可编程控制器及应用
		可编程逻辑器件及应用	数字图像处理	仪器与系统可靠性
		单片机程序设计实验	微机电系统概论	虚拟仪器
		高频电子电路	嵌入式系统及应用	医学成像原理与技术
		量子信息检测	工业组态软件	

（三）人工智能专业（原智能科学与技术专业）

培养目标：培养适合社会主义现代化建设需要、适合当代及未来社会需求、经济发展、德智体美全面发展，实践能力和适应性强的高级技术型、应用型、复合型专门人才。培养具备基本的人文社会科学素养，掌握扎实的自然科学知识，具有宽广的国际视野和优良的专业综合素质，具备信息获取、传递、处理、决策及执行的完备知识体系，能从事人工智能理论研究、智能信息处理技术研发、智能产品设计和人工智能系统集成等方面的工作，具有人工智能工程创新能力，具有团队精神和管理与协调大型工程项目能力的复合型高级工程技术人才。学生毕业后可从事人工智能相关研发和管理等工作，也可以进入控制科学与工程、仪器科学与技术等学科攻读硕士研究生。

课程设置：人工智能专业本科生课程设置见表13。

表13 人工智能专业本科生课程设置

课程性质	课程类别	课 程 名 称		
必修	通识课程	大学生心理健康	大学生职业发展与就业指导	形势与政策
		大学生公共安全教育	体育	中国近现代史纲要
		军事理论	基础外语	思想道德修养与法律基础
		马克思主义基本原理概论	毛泽东思想和中国特色社会主义理论体系概论	经济与管理
		工科物理 B	程序设计基础	工科数学分析
		线性代数 A	复变函数与积分变换 A	概率论与数理统计 A
		工程制图 B		
	学科平台课程	电路分析基础 B	模拟电子技术	信号与系统分析
		智能工程导论	离散数学 B	数字电子技术（双语）
		控制工程基础	微机原理及应用	信息论与编码
		数据结构预算法分析		
	专业核心课程	模式识别	人工智能基础 A	嵌入式系统
		机器学习	智能感知	智能机器人
	实践课程	英语训练（3 选 1）	创业训练（3 选 1）	计算机实践（3 选 1）
	专业实习	金工实习 C	电子技术实习 B	微机原理课程设计
		模式识别与机器学习	嵌入式系统设计与实现	深度学习实战
		智能机器人应用设计	生产实习	毕业设计（论文）
	实验	工科物理实验	电路实验技术	模拟电子技术实验
		数字电子技术实验		
	创新创业	社会实践	创新创业活动	
	国防公益	志愿服务与公益劳动	军训	

续表 13

课程性质	课程类别	课程名称		
选修	专业选修课程（智能认知方向）	人工智能新进展	智能优化算法	Python 语言程序设计
		计算机仿真技术及应用	软件工程	自然语言处理
		数据库技术及应用	博弈论导论	计算机网络
		图像处理与分析	Kalman 滤波及其应用	强化学习
		知识图谱	机器视觉	多智能体协调控制
	专业选修课程（智能无人系统方向）	机器人与智能控制系统	航天与自动化	工程力学
		仿生机器人	飞行器系统设计	多智能体协调控制
		FPGA 硬件设计	DSP 原理及应用	机器人导航技术
		机器人动力学与控制	智能控制理论基础	智能无人系统
		智能制造		

图 5 为人工智能专业培养方案论证会。

图 5 人工智能专业培养方案论证会

二、研究生培养

2019 版博士研究生、硕士研究生培养方案如下。

（一）控制科学与工程

培养目标：控制科学与工程学科对博士研究生以学术素养、创新能力的培养为主，对硕士研究生以学术素养、应用能力的培养为主。

控制科学与工程学科博士学位获得者应热爱祖国、遵纪守法、德智体全面发展、具备严谨科学作风和敬业精神；应具备良好的学术表达能力；应在控制科学、控制工程领域掌握坚实宽广的基础理论和系统深入的专业知识；应具有独立从事科学研究的能力或科技开发的能力；应在理论或技术方面取得创新性成就。

控制科学与工程学科硕士学位获得者应热爱祖国、遵纪守法、德智体全面发展、具备严谨科学态度和敬业精神；应具备良好的学术表达能力；应掌握本学科基础理论和基本技能；应具有独立从事科学研究工作的能力；应完成具有一定工作量和一定难度的科研工作。

课程设置：控制科学与工程学科博士、硕士研究生课程设置见表14。

表14 控制科学与工程学科博士、硕士研究生课程设置

类别	课程名称		
公共必修课	中国马克思主义与当代	中国特色社会主义理论与实践研究	公共外语
公共选修课	自然辩证法概论	马克思主义与社会科学方法论	计算方法 A/B（留学生）
	数理统计	随机过程	统计与优化
	运筹学	模糊数学	数学模型
	工程中的有限元方法	数学物理方法	泛函分析
	现代数学基础	小波分析及其应用	非线性有限元及其应用
	物理学与新技术	英文科技文献阅读与论文写作	学术交流英语（国际会议交流英语）
	经管类选修课		
学科基础课	系统与控制中的矩阵理论	线性系统理论	动态系统建模
	稳定性理论	现代信号处理	模式识别
	智能感官	最优控制	自适应控制
	非线性系统控制	鲁棒控制	多变量反馈控制
	预测控制	智能控制理论及应用	人工神经网络
	分布参数系统	随机系统的滤波与控制	动态系统的故障诊断和容错控制
	系统与控制中的优化方法	人工智能及其应用	信息论基础
	数字信号处理	数字图像处理	模糊信息处理方法
	传感器理论与研究方法	机器人学	现代伺服控制技术
	数据挖掘与知识发现		
学科专业课	控制科学与工程前沿	模糊控制技术	自抗扰控制
	最优自适应控制与增强学习（双语）	图与网络优化	演化博弈论
	实用网络技术	机器学习	深度学习
	仪表通信技术	信号调理电路	ITS 与 GIS 技术导论
	无线传感器网络与物联网（双语）	过程控制系统工程设计	嵌入式控制系统工程设计
	数值最优化在控制系统设计中的应用	现代交流电机控制技术及电气传动系统工程设计	检测技术案例分析
	图像分析与理解系统设计		

（二）仪器科学与技术

培养目标：仪器科学与技术学科对博士研究生以学术素养、创新能力的培养为主，对硕士研究生以学术素养、应用能力的培养为主。

仪器科学与技术学科博士学位获得者应热爱祖国、遵纪守法、德智体全面发展、具备严谨科学作风和敬业精神；应具备良好的学术表达能力；应在仪器科学与技术领域掌握坚实宽广的基础理论和系统深入的专业知识；应具有独立从事科学研究的能力或科技开发的能力；应在理论或技术方面取得创新性成就。

仪器科学与技术学科硕士学位获得者应热爱祖国、遵纪守法、德智体全面发展、具备严谨科学态度和敬业精神；应具备良好的学术表达能力；应掌握仪器科学与技术基础理论和基本技能；应具有独立从事科学研究工作的能力；应完成具有一定工作量和一定难度的科研工作。

课程设置：仪器科学与技术学科博士、硕士研究生课程设置见表15。

表15　仪器科学与技术学科博士、硕士研究生课程设置

类别	课程名称		
公共必修课	中国马克思主义与当代	中国特色社会主义理论与实践研究	公共外语
公共选修课	自然辩证法概论	马克思主义与社会科学方法论	计算方法 A/B（留学生）
	数理统计	随机过程	统计与优化
	运筹学	模糊数学	数学模型
	工程中的有限元方法	数学物理方法	泛函分析
	现代数学基础	小波分析及其应用	非线性有限元及其应用
	物理学与新技术	英文科技文献阅读与论文写作	学术交流英语（国际会议交流英语）
	经管类选修课		
学科基础课	现代信号处理	线性系统理论	微弱信号检测
	统计信号处理	动态系统建模	数字图像处理
	模式识别	传感器理论与研究方法	定位与导航
	无线传感器网络与物联网（双语）	多传感器信息融合	动态系统故障诊断与容错控制
学科专业课	仪器科学与技术前沿	视觉测量技术	仪表通信技术
	信号调理电路	虚拟仪器	激光工程
	高级电子仪器硬件设计	机器学习	随机系统的滤波与控制
	人工智能及其应用		

（三）控制工程（工程硕士）

培养目标：控制工程（工程硕士）学位获得者应掌握本领域坚实的基础理论和系统深入的专业知识，以及先进的技术、方法和模型，具有独立承担专业技术工作、解决实际应用问题的能力。应该具有严谨求实的科学作风，了解本领域的社会需求，具有对本领域基础理论的应用能力、良好的团队合作精神和职业素养、较强的技术创新能力和社会实践能力；具有较强的工程实践能力、知识转移能力、技术整合能力、市场推广能力、本领域生产管理或公共管理能力。

课程设置：控制工程（工程硕士）课程设置见表16。

表16　控制工程（工程硕士）课程设置

类别	课程名称		
公共必修课	中国特色社会主义理论与实践研究	硕士生公共英语	
公共选修课	自然辩证法概论	马克思主义与社会科学方法论	计算方法 A/B（留学生）
	数理统计	随机过程	统计与优化
	运筹学	模糊数学	数学模型
	工程中的有限元方法	数学物理方法	泛函分析
	现代数学基础	小波分析及其应用	非线性有限元及其应用
	物理学与新技术	英文科技文献阅读与论文写作	学术交流英语（国际会议交流英语）
	经管类选修课		
领域基础课	系统与控制中的矩阵理论	线性系统理论	动态系统建模
	现代信号处理	现代伺服控制技术	模式识别
	人工智能及其应用	智能感官	最优控制
	非线性系统控制	智能控制理论及应用	先进控制理论与方法
	稳定性理论	随机系统的滤波与控制	分布参数系统
	动态系统的故障诊断和容错控制	系统与控制中的优化方法	数字信号处理
	信息论基础	传感器理论与研究方法	数字图像处理
	机器人学	数据挖掘与知识发现	
领域专业课	控制科学与工程前沿	鲁棒控制	多变量反馈控制
	自适应控制	预测控制	自抗扰控制
	最优自适应控制与增强学习（双语）	人工神经网络	图与网络优化
	机器学习	深度学习	演化博弈论
	模糊信息处理方法	仪表通信技术	信号调理电路
	无线传感器网络与物联网（双语）	实用网络技术	ITS 与 GIS 技术导论
	过程控制系统工程设计	嵌入式控制系统工程设计	数值最优化在控制系统设计中的应用
	现代交流电机控制技术及电气传动系统工程设计	检测技术案例分析	图像分析与理解系统设计

（四）仪器仪表工程（工程硕士）

培养目标：仪器仪表工程（工程硕士）学位获得者应热爱祖国、遵纪守法、德智体全面发展，具有良好的职业素养，应掌握仪器仪表领域坚实的基础理论和宽广的专业知识，了解本领域社会需求，具有较强的解决实际问题的能力，能够承担本领域专业技术工作或管理工作。

课程设置：仪器仪表工程（工程硕士）课程设置见表17。

表17 仪器仪表工程（工程硕士）课程设置

类别	课程名称		
公共必修课	中国特色社会主义理论与实践研究	硕士生公共英语	
公共选修课	自然辩证法概论	马克思主义与社会科学方法论	计算方法A/B（留学生）
	随机过程	数理统计	统计与优化
	运筹学	模糊数学	数学模型
	工程中的有限元方法	数学物理方法	泛函分析
	现代数学基础	小波分析及其应用	非线性有限元及其应用
	物理学与新技术	英文科技文献阅读与论文写作	学术交流英语（国际会议交流英语）
	经管类选修课		
领域基础课	现代信号处理	线性系统理论	微弱信号检测
	统计信号处理	动态系统建模	数字图像处理
	模式识别		
领域专业课	仪器科学与技术前沿	传感器理论与研究方法	定位与导航
	激光工程	视觉测量技术	仪表通信技术
	信号调理电路	多传感器信息融合	虚拟仪器
	动态系统故障诊断与容错控制	人工智能及其应用	机器学习
	检测技术案例分析	无线传感器网络与物联网（双语）	高级电子仪器硬件设计
	环境安全监测案例分析	图像分析与理解系统设计	

三、课外培养环节

在本科生培养上，除课堂教学外，还采用多种形式培养本科生的工程实践和科研能力。第一，开展了与专业相关的各类知识技能培训，2016年以来，每年覆盖千余人次，其中焊工和单片机培训作为基础培训，做到大一学生全覆盖。第二，积极加强团系合作，在教务处大力支持下，突出学科专业优势，依托学院控制科学与工程系创办了单片机应用大赛，依托仪器科学与技术系创办了传感器创新大赛，辐射带动作用明显，2016 年以来共 8 个学院 784 人参加单片机大赛、14 个学院 1637 人参加传感器创新大赛。第三，举办索奥创新创业论坛，让学生了解前沿科技知识，提升创新创业意识和能力，2016 年以来已举办十数讲论坛，千余人参加。第四，积极组织科技创新立项，为本科生搭建参与科研的平台，2016 年以来本科生参与率 100%。

此外，学院积极鼓励和支持本科生、研究生参加各类学术论坛活动及国内外学术会议，开展与国外著名大学间的联合培养工作。同时在研究生培养方面，学院创办研究生学术论坛暨“赛博论坛”活动，目前已开展了 12 届，通过专家报告会、学术讲座、博士生沙龙等活动，极大地提高了研究生的学术水平，并进行了很好的学术道德与学术诚信教育。

第四节　国际交流、合作办学及联合培养

自 1993 年以来，学院拓宽办学思路，开展了国际合作办学活动。与学校国际处联合签订了多项国际合作办学协议，包括：美国加州大学伯克利分校、伊利诺伊大学芝加哥分校和香槟分校、罗德岛大学，英国邓迪大学，法国图尔工程师学院，爱尔兰利莫瑞克大学，西班牙加泰罗尼亚大学，澳大利亚墨尔本大学，日本东京大学等。

同时，学院加强与海外大学的合作交流及联合培养工作。如与美国伊利诺伊大学芝加哥分校、佛罗里达大学、马里兰大学、罗德岛大学，英国爱丁堡大学，日本高知工科大学，千叶大学，中国香港科技大学等签署合作交流及联合培养协议，促进在科研和研究生培养方面开展全方位的合作。

2011 年以来，学院先后派出近 200 名本科生、50 名研究生，前往国外高校进行交换生学习和联合培养。数百名学生参加了在国外高校举办的学术会议，如：英国牛津大学、曼彻斯特大学、利兹大学、斯旺西大学，美国达特茅斯学院、加州大学河滨分校、西弗吉尼亚大学、爱荷华大学、俄克拉荷马州立大学、伊利诺伊大学芝加哥分校，法国奥尔良大学，澳大利亚昆士兰大学，加拿大麦克马斯特大学，瑞典隆德大学，日本北海道大学，韩国浦项工业大学等。此外还与中国台北科技大学、台湾东海大学、台湾逢甲大学等进行校际间的交流培养。

学院一方面派遣学生出国学习交流，另一方面积极招收外国留学生。为促进国际化建设进程，热情邀请和组织数百名国外大学生、中学生和学生家长参观学院实验室、介绍本科教育体系。多年来，在学院就读的外国留学生数量也有一定的增长，截至目前本科生、研究生的留学生人数达数十名。

第五节　教学成果

学院高度重视教学及教学研究工作，鼓励教师申请教学研究项目，申报教学获奖，编写教材应用于课堂教学中，同时加强青年教师教育教学能力的培养，进一步提高教师的教学水平。60年来，获得各级各类教学奖励100余项，较好地推动了学院教育教学培养质量的提升。

学院获得省部级奖励情况见表18。学院编写正式出版教材情况见表19。

表18　获得省部级及以上教学奖励情况

序号	成果名称	奖励名称	获奖人员	获奖时间
1	《关于电工学改革的探索》	全国高校电工学教学经验交流会论文一等奖	惠风光	1985年
2	《工业企业供电》	冶金工业部优秀教材一等奖	白尔清	1987年
3	试题库建设与教学质量改革	冶金工业部教学成果一等奖	高颂烈	1987年
4	全力抓好重点课程建设不断提高人才培养质量	全国普通高校教学改革优秀成果奖	高颂烈	1989年
5	冶金院校协作组“电工学试题库”研制	辽宁省科技进步奖三等奖	杨志坚	1993年
6	搞好校内电子实习基地建设和计算机系课程实验改革	冶金工业部教学成果二等奖	杨世成、牟世堂、尹怡欣、张振强	1995年
7	《电力拖动》	冶金工业部优秀教材一等奖	周绍英	1995年
8	《自动检测技术》	冶金工业部优秀教材一等奖	王绍纯、赵家贵	1995年
9	改革开放式实验教学，深化实验课程的教学改革	冶金工业部教学成果二等奖	赵开群等	1996年
10	宝钢教育奖	宝钢优秀教师奖	杨世成	1997年
11	研究生专业课程“工业自动化专题”的设置和改革	冶金工业部教学成果三等奖	吴并臻、王俊然、余达太	1998年
12	数学物理方法教学系列软件CAI	冶金工业部教学成果一等奖	尹怡欣、郑秋宝、陈景茗、周治宁、吴崇试	1998年
13	《检测技术及应用》	北京市精品教材	张朝晖	2006年
14	《数字电子技术》	国家级双语教学示范课程	穆志纯、尤佳、杨淑华、史雪飞、伍春洪	2007年
15	青年教师教学基本功竞赛	北京高校第六届青年教师教学基本功比赛理工类A组二等奖	李江昀	2009年

续表 18

序号	成果名称	奖励名称	获奖人员	获奖时间
16	《物联网工程概论》	国家精品教材奖	王志良、王粉花	2011 年
17	北京市微课比赛	优秀作品奖	史雪飞	2013 年
18	北京市微课比赛	优秀作品奖	李江昀	2013 年
19	全国高等学校青年教师教学竞赛	首届全国高等学校青年教师电工学课程教学竞赛二等奖	刘磊明	2015 年
20	全国高等学校青年教师教学竞赛	全国高等学校青年教师电子技术基础、电子线路课程授课竞赛一等奖	刘艳	2016 年
21	全国高等学校青年教师教学竞赛	第二届全国高等学校青年教师电工学课程教学竞赛二等奖	尤佳、薛燕	2017 年
22	电工学课程教学比赛	北京高等教育学会电工学课程教学比赛二等奖	史雪飞、陈静	2017 年
23	北京市教学名师	北京市第十三届“教学名师”奖	张朝晖	2017 年
24	全国高校青年教师教学竞赛	第二届全国高等学校青年教师电子技术课程教学竞赛三等奖	尤佳	2018 年
25	基于 CDIO 的自动化生产线实训平台	全国高等学校教师自制实验教学仪器设备创新大赛一等奖	崔家瑞、李擎、阎群、王尚君、徐银梅、李希胜	2018 年
26	工程教育背景下自动化专业复合型创新人才培养体系构建与实施	2017 年北京市高等教育教学成果二等奖	李擎、崔家瑞、张朝晖、景鹏、付冬梅	2018 年
27	北京市教学名师	北京市第十四届“教学名师”奖	付冬梅	2018 年
28	宝钢教育奖	宝钢优秀教师奖	李擎	2018 年

表 19 学院编写正式出版教材情况

序号	教材名称	参编人员	出版社	出版时间
1	冶金工业供电	白尔清	冶金工业出版社	1979 年
2	可控硅电路	赵殿甲、杨国樑、许启瑞、诸祖同	冶金工业出版社	1980 年
3	工业企业供电	白尔清	冶金工业出版社	1985 年
4	自动检测技术	王绍纯、刘国俊、赵家贵	冶金工业出版社	1985 年
5	电工学解题指导	惠风光	高等教育出版社	1987 年
6	工业自动化仪表手册（第 4 册）	吴庆明	机械工业出版社	1988 年
7	自动显示仪表	鹿崇发	冶金工业出版社	1989 年

续表 19

序号	教　材　名　称	参编人员	出版社	出版时间
8	电机学	牛秀岩、白尔清	冶金工业出版社	1990 年
9	电力拖动	周绍英	冶金工业出版社	1990 年
10	仪表控制系统	吴庆明、刘国俊	冶金工业出版社	1991 年
11	Special English in Electrical	陈明、张浔	冶金工业出版社	1991 年
12	电机与拖动（上、下册）	周绍英、牛秀岩	中央广播电视大学出版社	1994 年
13	自动检测技术（第 2 版）	王绍纯、赵家贵	冶金工业出版社	1995 年
14	数据库原理及其应用	孙铁	高等教育出版社	1999 年
15	常用办公软件	孙铁	国家劳动和社会保障出版社	2000 年
16	Windows98 及其应用	孙铁	国家劳动和社会保障出版社	2000 年
17	中文版 Access 2000 应用及实例集锦	毛一心、付冬梅	人民邮电出版社	2000 年
18	电子电路原理	董平、陈梦	机械工业出版社	2001 年
19	8X86 汇编语言程序设计	王成耀	人民邮电出版社	2002 年
20	电子电路 CAD 程序及其应用	钟家桢	西安电子大学出版社	2002 年
21	电子技术实验	董平、李春雷、姜燕钢	电子工业出版社	2003 年
22	Visual FoxPro 6.0 应用及实例集锦	毛一心	人民邮电出版社	2003 年
23	交流调速控制系统	李华德	电子工业出版社	2003 年
24	计算机专业英语	穆志纯、王欣	中央广播电视大学出版社	2004 年
25	AutoCAD2005 中文版标准实例教程	左昉	机械工业出版社	2005 年
26	检测技术及应用（第 1 版）	张朝晖、赵家贵、康瑞清、蓝金辉、陈先中、赵小燕、史雪飞	中国计量出版社	2005 年
27	电工电子技术实验教程（第 1 版）	韩守梅、刘蕴络	兵器工业出版社	2006 年
28	ANSYS10.0 机械设计高级应用实例	左昉	机械工业出版社	2006 年
29	Unigraphics NX4.0 中文版机械设计专家指导教程	左昉	机械工业出版社	2006 年
30	可编程控制器原理及应用	李希胜、孙昌国、舒雄鹰	中国计量出版社	2006 年
31	JSP2.0 动态网站开发实例指南	左昉	机械工业出版社	2006 年
32	循序渐进 PowerFlex 变频器	李晓理	机械工业出版社	2007 年

续表 19

序号	教 材 名 称	参编人员	出版社	出版时间
33	中文版 Oracle9i 应用及实例集锦	毛一心	人民邮电出版社	2007 年
34	传感器原理与应用（第 1 版）	蓝金辉	电子工业出版社	2007 年
35	电力计量	李希胜	中国计量出版社	2007 年
36	计算机类专业大学生职业发展与就业指导	赵宝永	高等教育出版社	2008 年
37	循序渐进 SLC500 控制系统与 PanelView 训练课	李晓理	机械工业出版社	2008 年
38	电力拖动自动控制系统	李华德、李擎、潘月斗、孙昌国	机械工业出版社	2009 年
39	Java 精解案例教程	李江昀	清华大学出版社	2009 年
40	数字信号处理及应用	孙衢	北京邮电大学出版社	2009 年
41	工程光学（第 2 版）	侯庆文	中国计量出版社	2009 年
42	电力拖动控制系统：运动控制系统	李华德	电子工业出版社	2009 年
43	算法分析与设计（C++描述）	刘冀伟	清华大学出版社	2010 年
44	单片机原理及应用	舒雄鹰	中国计量出版社	2010 年
45	轻松掌握 struts2	迟健男	清华大学出版社	2010 年
46	计算机原理与汇编语言程序设计	赵宝永	科学出版社	2011 年
47	嵌入式系统与单片机实践教程	王粉花	清华大学出版社	2011 年
48	电工电子技术实验教程（第 2 版）	刘蕴络、韩守梅	兵器工业出版社	2011 年
49	物联网工程概论	王志良、王粉花、王新平	机械工业出版社	2011 年
50	传感器原理与应用（第 2 版）	蓝金辉	电子工业出版社	2011 年
51	现代交换技术	刘丽、吴华怡	机械工业出版社	2011 年
52	物联网工程实训教程——实验、案例和习题解答	王新平、王粉花	机械工业出版社	2011 年
53	数据库技术与 web 应用	刘丽、袁立	清华大学出版社	2011 年
54	检测技术及应用（第 2 版）	张朝晖、赵家贵、康瑞清、蓝金辉、陈先中、赵小燕、史雪飞	中国质检出版社	2011 年
55	数字图像处理与分析	曾慧	清华大学出版社	2012 年
56	物联网技术与应用	石志国、王志良、丁大伟	清华大学出版社	2012 年
57	仪器与系统可靠性	康瑞清	北京交通大学出版社	2012 年
58	微型计算机原理及接口技术	董洁、王粉花、王丽君	机械工业出版社	2013 年

续表 19

序号	教 材 名 称	参编人员	出版社	出版时间
59	嵌入式系统与单片机基础教程	王粉花、李擎、胡广大、王玲	机械工业出版社	2013 年
60	电力电子技术	董洁	清华大学出版社	2013 年
61	模拟电子技术实验与实践指导	史雪飞、林颖、陈静、薛燕、冯涛	机械工业出版社	2013 年
62	传感器技术及应用	康瑞清、吴华怡、郝彦爽	机械工业出版社	2013 年
63	传感器与测试技术	胡广大、崔家瑞、刘涛	机械工业出版社	2013 年
64	电力拖动自动控制系统（第 2 版）	潘月斗、李擎	中央广播电视大学出版社	2014 年
65	数字电子技术实验与课程设计（第 1 版）	尤佳、李春雷、伍春洪、杨淑华	机械工业出版社	2014 年
66	自动检测技术（第 3 版）	李希胜、康瑞清	冶金工业出版社	2014 年
67	电工电子技术实验教程（第 3 版）	刘蕴络、韩守梅、木春梅、王常策	冶金工业出版社	2015 年
68	传感器原理与应用（第 3 版）	蓝金辉	兵器工业出版社	2015 年
69	物联网组成原理	王新平、王宏	电子工业出版社	2015 年
70	检测技术及应用（第 3 版）	张朝晖、康瑞清、史雪飞、陈先中、赵小燕	机械工业出版社	2015 年
71	物联网移动应用开发实训教程	王宏、王新平	中国质检出版社/中国标准出版社	2015 年
72	过程控制	彭开香、董洁、刘艳、李江昀	冶金工业出版社	2016 年
73	电路分析基础实验与实践教程	冯涛、杨淑华、李擎、栗辉	冶金工业出版社	2016 年
74	嵌入式 Linux 编程与实践教程	王粉花，李擎，王尚君，栗辉	化学工业出版社	2016 年
75	工业自动化生产线实训教程	李擎、崔家瑞、阎群、徐银梅、杨旭、张笑菲、栗辉、王尚君	冶金工业出版社	2016 年
76	微机原理及接口技术习题与实验指导	董洁、刘丽	冶金工业出版社	2017 年
77	单片机系统实践教程	李擎、阎群	冶金工业出版社	2017 年
78	数据挖掘学习方法	王玲	冶金工业出版社	2017 年

续表 19

序号	教 材 名 称	参编人员	出版社	出版时间
79	数字电子技术实验与课程设计（第2版）	尤佳、李春雷、伍春洪、杨淑华	冶金工业出版社	2017 年
80	现代交流电机控制技术	潘月斗	机械工业出版社	2018 年
81	面向工程应用的 DSP 实践教程	杨旭、李擎、崔家瑞、付冬梅	机械工业出版社	2018 年
82	面向工程应用的 DSP 实践教程	杨旭	科学出版社	2018 年
83	Control network technology	李擎、刘艳、李江昀、张维存	冶金工业出版社	2019 年

第三章　科研工作

第一节　概　　述

科学研究工作是研究型高等院校的中心工作之一，不仅在提高国家科技创新水平和科研成果直接转化为生产力方面举足轻重，而且对推动和促进人才培养、教学工作、专业及学科建设，都具有极其重要的作用。

60 年来，从工企自动化专业成立之初十分薄弱的科研基础上起步，几代自动化学人砥砺奋进，紧紧追随世界科技发展潮流，积极投身于国家经济建设主战场，努力践行自主创新，取得了丰硕的科研成果，涌现出一批以孙一康、涂序彦、余达太、舒迪前等为杰出代表的科研领军人物，并形成了目前以中青年教师为骨干、蓬勃发展的科研新局面。

60 年来，学院承接了千余项国家科研课题和横向项目，其中国家重大项目和百万以上横向项目数十项，科研经费达数亿元；获得国家级奖项及表彰 6 项、省部级科技进步奖 60 余项；发表科研论文数千篇，其中发表在国内外顶级和重要期刊上的高影响因子、高被引论文百余篇，被国际三大科技文献检索系统 SCI、EI、ISTP（CPCI）收录的论文达千余篇；获授权发明专利、实用新型专利、软件著作权千余项，出版学术著作近百部，充分展示了学院科研水平与实力的不断提升。

第二节　代表性科研项目

一、武钢一米七热轧计算机控制新系统

武钢 1700mm 宽带热连轧机（简称武钢一米七轧机）是 20 世纪 70 年代中期作为国家重点工程（“〇七工程”[1]），从日本引进的我国第一条全线计算机控制、具有国际先进水平的热连轧机。其计算机控制系统作为整个生产线的心脏，控制规模和难度堪称冶金工业过程控制之最。到 80 年代后期，该轧机计算机系统资源已接近耗尽，硬件设备逐渐老化，故障率明显增加，由此导致全轧线停产

[1] 由于“武钢一米七轧机”建设在当时国家重点工程中位列第七，所以又称“〇七工程”。

的危机日益严重，其更新换代成为摆在武钢面前的极为紧迫的重大课题。但当时仅有几家国外大电气公司有能力承担这类工程，并为此开出了天价改造费用。经反复权衡，武钢做出了“硬件系统引进，软件立足国内”的重大决策，由国内技术力量承担系统设计和全套应用软件开发的艰巨任务。

1989 年，孙一康教授作为项目主要技术负责人带领北科大轧钢自动化团队参加了该轧机计算机控制系统的改造工程。科研团队牢牢抓住这一战略机遇，与武钢及重庆钢铁设计研究院技术人员密切协作，从新系统的设计、数学模型开发、全套应用软件编程与现场调试，直到成功投产，全过程参与了这一重大工程，并充分发挥技术骨干作用，为项目圆满成功及团队在该领域国内领先地位的奠定，做出了重要贡献。

武钢一米七轧机计算机控制新系统的自主开发成功，在我国率先打破了大型轧机自动化系统重复成套引进的格局，开我国复杂工业控制系统全部控制软件立足国内的先河。该项目以其先进性、重要性、艰巨性和巨大的经济效益，1995 年获冶金工业部科技进步奖特等奖，1996 年获国家科技进步奖一等奖。

二、工业机器人控制技术及装置

机器人是“制造业皇冠顶端的明珠”，其研发、制造、应用是衡量一个国家或地区科技创新和高端制造业水平的重要标志。余达太教授创立的北京科技大学机器人研究所和他所带领的团队在我国率先进入机器人科研领域，成功研制了我国第一台国产大型工业机器人。

余达太教授带领的科研团队坚持“依靠自己的力量，立足于创新，搞一些开创性的工作，扎下自己的根”这一技术路线，在国家“六五”“七五”“八五”科技攻关期间，打破了国外的技术封锁，攻克了一系列技术难关，采用模块化、系列化、机种化结构，研制成功了“YG-1 弧焊工业机器人”，为我国自行开发研制工业机器人闯出了一条新路，加速了我国工业机器人攻关任务的进程，对我国机器人技术的发展起到了重要的推动作用。团队研制的工业机器人在一汽、上汽、南汽、株洲南方摩托车厂、北京叉车总厂等企业成功应用，取得了很好的社会和经济效益。“工业机器人控制技术及装置”项目被计委、科委、财政部联合授予重大科技成果奖，团队获冶金工业部科技进步奖一等奖 1 项、二等奖 1 项、三等奖 1 项，获机械电子工业部科技进步奖二等奖 1 项。科研团队及余达太教授由于在国家“七五”科技攻关中获得重大成果而受到国家表彰。

三、面向指标优化的高炉布料过程建模与控制

高炉炼铁生产的总体趋势是大型化、可视化、自动化和智能化。在高炉炼铁生产的四大制度中，上部调节制度（布料制度）是影响炉况的最主动、最活跃

的因素，而没有布料过程的可视化和自动化，不仅布料制度难以优化，高炉炼铁生产的可视化和自动化也将无从谈起。

尹怡欣教授带领的科研团队所从事的“面向指标优化的高炉布料过程建模与控制”研发项目，在国家“863”和自然科学基金重点项目的支持下，以宝武钢铁集团7号高炉为典型应用对象，重点研究解决高炉布料过程“检测难、建模难、控制难、优化难”的问题，取得了多方面的突破性进展，并形成了面向指标优化的现代大型高炉布料过程检测、建模、控制与优化的理论与实现技术体系，为高炉生产的可视化和布料过程的自动化提供了理论和实现技术。该项目的部分成果已应用于宝武钢铁集团公司、南京钢铁集团公司、首钢集团公司和华菱涟源钢铁股份有限公司，取得了很好的社会和经济效益。该项目获得了2014年中国钢铁工业协会和中国金属学会冶金科学技术奖二等奖（见图6），获得专利近10项。

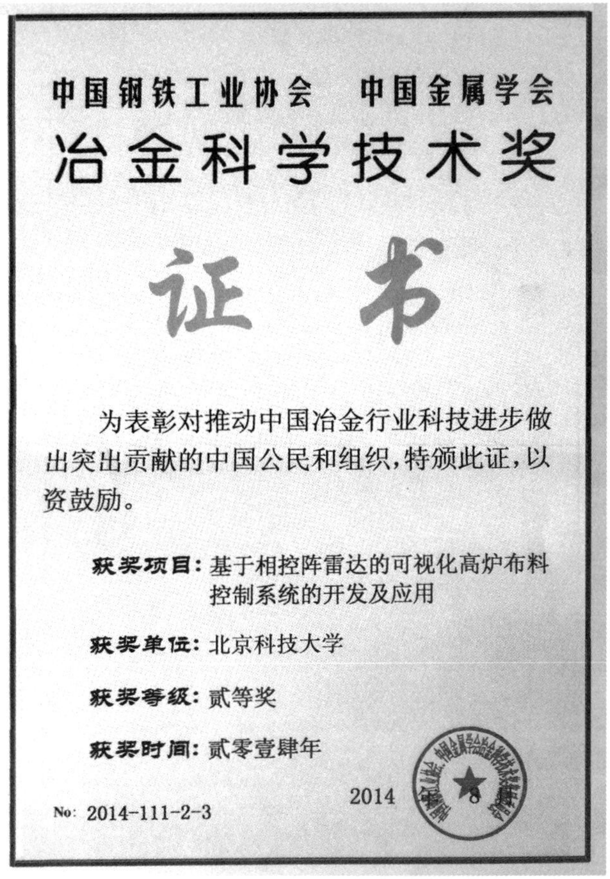

中国钢铁工业协会　中国金属学会

冶金科学技术奖

证书

为表彰对推动中国冶金行业科技进步做出突出贡献的中国公民和组织，特颁此证，以资鼓励。

获奖项目：基于相控阵雷达的可视化高炉布料控制系统的开发及应用

获奖单位：北京科技大学

获奖等级：贰等奖

获奖时间：贰零壹肆年

No：2014-111-2-3　　2014

图6　“基于相控阵雷达的可视化高炉布料控制系统的开发及应用”获奖证书

四、仿生扑翼飞行机器人

仿生扑翼飞行机器人是受自然界飞行生物飞行模式启发而设计的一类刚柔耦合飞行机器人，具有能耗低、隐蔽性好、噪声小、机动性高、可微型化等特点，在军民融合领域拥有广泛的应用前景。

由国家“万人计划”科技创新领军人才、教育部青年长江学者贺威教授带领的科研团队针对仿生扑翼飞行机器人基础理论与关键技术中的难题，开展了鸟类扑翼飞行的机理研究，揭示了鸟类低雷诺数、高机动、高效率的气动飞行原理；基于新型智能材料和微传感器技术构建了“感知—导航—控制”一体化系统，设计了多自由度智能化自主飞行控制方法；自主研制了 6 款仿生扑翼飞行机器人，实现了自主起飞、自主避障、实时航拍等任务，性能指标达到了国际先进水平（见图 7）。相关研究得到了国家自然科学基金重点项目、国家优秀青年科学基金项目、国家基金委面上项目、英国皇家学会牛顿高级学者基金项目、科技部 973 项目子课题、军委科技委国防创新特区项目、国家重点研发计划专项子课题等项目的支持，发表 SCI 论文 80 余篇，其中 ESI 高被引论文 20 余篇，申请或授权国家发明专利 25 项、申请美国专利 1 项。

自主研发扑翼飞行机器人	性能参数	自主研发扑翼飞行机器人	性能参数
	质量：83.2g 翼展：80cm 躯干长度：62cm 续航时间：20min		质量：158g 翼展：120cm 躯干长度：70cm 续航时间：8min
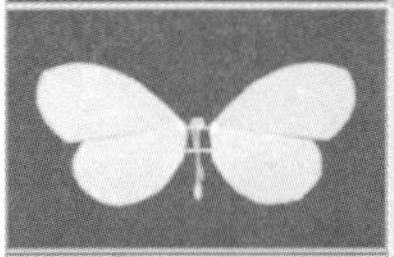	质量：90g 翼展：90cm 躯干长度：25cm 续航时间：5min		质量：50g 翼展：45cm 躯干长度：30cm 续航时间：5min
	质量：37g 翼展：56cm 躯干长度：36cm 续航时间：5min		质量：33g 翼展：42cm 躯干长度：31cm 续航时间：5min

图 7　仿生扑翼飞行机器人参数

五、多体制探测与智能识别技术

多体制探测与智能识别技术研究，是以卫星、无人机、遥感、智能交通的重大应用需求为牵引，采用可见光、红外、多光谱、高光谱、激光雷达、磁、声、振动等不同体制探测手段，实现多体制目标探测与智能识别。

蓝金辉教授带领的科研团队在国家科技重大专项、国家自然科学基金、国家“十三五”等项目的支持下，重点围绕复杂背景下多尺度目标探测虚警率高、识别难度大、处理速度低的问题，在智能感知技术、智能识别算法、硬件系统等技术领域，开展理论研究、关键技术攻关、系统集成、应用推广等内容的研究，形成了多体制目标探测与智能识别的理论体系，为目标探测与识别技术在遥感、智能交通、环保、安防等行业的实际应用提供可靠的技术保障。该技术已经在环境保护部的太湖示范基地、中国国土资源部的江西德兴矿区、遥感卫星应用国家工程实验室的大气和水环境污染监测、内陆湖泊地区的地表覆盖分类监测、青藏高原境内冰川信息的提取与分类等方面开展应用，同时该技术也应用于车路协同的道路信息检测、车辆信息检测及安全预警（见图 8）。团队在高水平期刊和会议上发表学术论文 100 余篇，其中 SCI、EI 检索论文 60 余篇，单篇最高他引次数 190 次，获授权发明专利近 20 项，登记软件著作权 5 项，主持和参编专著、译著、国家级规划教材 5 部。

图 8 多体制探测与智能识别技术

六、健康养老智能交互服务关键技术

人口老龄化是我国所面临的重大难题，广大老年人的养老服务问题已成为保障和改善民生的关键。我国的养老产业市场巨大，但专业化、高质量的老年人护理与服务设施还极其贫乏，特别是养老服务信息化的建设仍处于萌芽阶段，符合家庭与社区老年人实际需求的智能交互技术、产品与服务模式严重缺失。

肖文栋教授带领的科研团队承担了国家重点研发计划课题——“健康养老智

能交互服务关键技术研究”。课题针对老年人实际需求，实现老年人生理健康监测、心理健康监测与干预、生活照料、突发状况检测、位置服务、行为分析、诈骗防范等50余种智能交互基础服务功能，完成智能交互基础服务数据接口开发，进行了健康养老大数据分析方法的设计，面向居家养老与社区养老搭建了信息平台，构建了旅居养老服务业务平台，实现养老基地管理、老人用户管理、老人健康监测、手机APP移动服务、电子支付、旅游公司服务外包等一系列服务（见图9）。2018年课题开始以来，已发表学术论文20篇，获得授权发明专利4项，申请相关软件著作权3个。

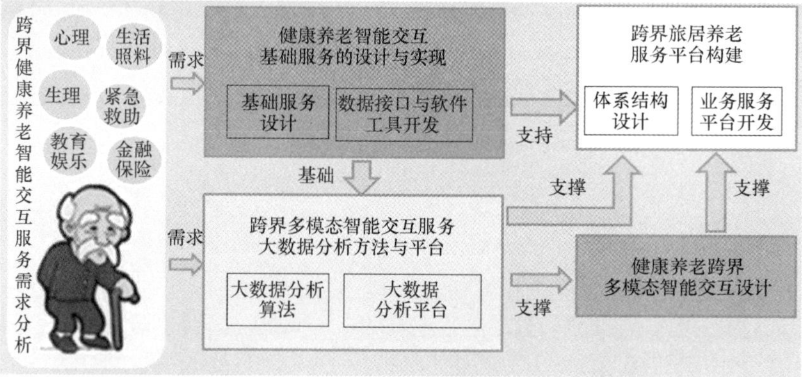

图9　健康养老智能交互服务关键技术

第三节　科研成果

一、获奖情况

（一）获得国家级奖项及表彰

获得国家级奖项及表彰见表20。

表20　获得国家级奖项及表彰

序号	项目名称	奖项类别与等级	获奖人员	获奖时间
1	机器人控制技术及装置	国家“七五”科技攻关表彰大会重大科技成果奖	机器人研究所	1991年
2	国家“七五”科技攻关突出个人	国家“七五”科技攻关表彰大会突出贡献奖	余达太	1991年
3	武钢一米七热轧计算机控制新系统	国家科技进步奖一等奖	孙一康、杨卫东	1996年

续表 20

序号	项目名称	奖项类别与等级	获奖人员	获奖时间
4	太钢 1549mm 热连轧工程三电系统	国家科技进步奖二等奖	杨卫东	1998 年
5	鞍钢 1700 中薄板坯连铸连轧生产工艺技术	国家科技进步奖二等奖	孙一康、童朝南	2003 年
6	流射沸腾冷却强化多功能淬火控冷装备与工艺开发及创新	国家科技进步奖二等奖	童朝南、彭开香	2008 年

（二）获得省部级二等奖及以上奖项

获得省部级二等奖及以上奖项见表 21。

表 21　获得省部级二等奖及以上奖项

序号	项目名称	奖项类别与等级	获奖人员	获奖时间
1	武钢一米七热轧计算机控制新系统	冶金工业部科技进步奖特等奖	孙一康、杨卫东、童朝南	1995 年
2	鞍钢 1700 中薄板坯连铸连轧（ASP）生产工艺技术	冶金科学技术奖特等奖	孙一康、童朝南、高海	2002 年
3	交流串级调速在热连轧上的应用	冶金工业部重大科研成果奖	舒迪前	1977 年
4	上钢十厂 450mm 半连续热轧带钢机组控制系统的设计	上海市重大科技成果奖	舒迪前	1978 年
5	YG-1 型弧焊工业机器人	冶金工业部科技进步奖一等奖	余达太、张明浩、李春寿、林文兴、胡健中	1989 年
6	太钢 1549mm 热连轧工程三电系统	冶金工业部科技进步奖一等奖	杨卫东	1997 年
7	流射沸腾冷却强化多功能淬火机开发	冶金科学技术奖一等奖	童朝南、彭开香	2002 年
8	神经网络技术在复杂腐蚀体系的应用	中国防腐蚀技术协会科学技术奖一等奖	付冬梅	2004 年
9	综采（放）工作面冲击地压实时在线监测安全预警系统研究	国家安全生产监督管理局、国家煤矿安全监察局安全生产科技成果一等奖	杨淑华	2015 年

续表 21

序号	项目名称	奖项类别与等级	获奖人员	获奖时间
10	“快速变频幅脉冲冷却控制模具扁钢在线预硬化”生产线技术装备开发	冶金科学技术奖一等奖	童朝南、李江昀	2015 年
11	山东矿区冲击地压类型、发生机理与治理关键技术	中国煤炭工业科学技术奖一等奖	杨淑华	2016 年
12	材料环境腐蚀数据信息系统创新与工程应用	教育部高等学校科学研究优秀成果科技进步奖一等奖	付冬梅	2017 年
13	基于精确感知与智能决策的铝电解 MES	中国有色金属工业科学技术奖一等奖	尹怡欣、崔家瑞	2017 年
14	军用轻质材料及其部件自然环境腐蚀与控制集成应用技术	中国兵器装备集团公司技术进步奖一等奖	付冬梅	2018 年
15	交流串级调速在热连轧上的应用	山西省科技进步奖二等奖	舒迪前	1979 年
16	太钢轧辊厂罩式退火炉微机自适应群控制	冶金工业部科技进步奖二等奖	舒迪前、刘宏才	1987 年
17	中国控制系统计算机辅助设计（CCSCAD）软件包	冶金工业部科技进步奖二等奖	舒迪前、刘宏才	1987 年
18	机器人计算机软件控制系统	冶金工业部科技进步奖二等奖	林文兴、张明浩、余达太、胡健中	1992 年
19	弧焊机器人技术开发与机器人控制技术及装置	机械电子工业部科技进步奖二等奖	马香峰、余达太、李春寿、张明浩、林文兴	1992 年
20	高速高精轧制控制技术开发	有色金属工业总公司科技进步奖二等奖	童朝南、穆志纯	1997 年
21	大型连铸机自控系统的研究开发	冶金工业部科技进步奖二等奖	自动化系	1997 年
22	安钢 300 立方米高炉冶炼神经网络专家系统	河南省科技进步奖二等奖	王京	1997 年
23	直进式拉丝机变频调速自动控制系统	宁夏回族自治区科技进步奖二等奖	周绍英、陈明、储方杰、王尚君	1998 年
24	现代控制技术在《邯钢变频调速项》目中的应用	冶金工业部科技进步奖二等奖	李华德、孙韶元、李擎	1999 年
25	流射沸腾冷却强化（FBCE）多功能淬火系统研究开发	教育部科技进步奖二等奖	童朝南、彭开香	2002 年

续表 21

序号	项目名称	奖项类别与等级	获奖人员	获奖时间
26	高海拔变压吸附制氧技术及其在青藏铁路风火山隧道工程中的应用	教育部科技进步奖二等奖	侯庆文	2004 年
27	高原变压吸附制氧与高原隧道施工安全保障研究与应用	国家安全生产监督管理局、国家煤矿安全监察局安全生产科技成果二等奖	侯庆文	2004 年
28	中国旅游目的地营销系统平台	北京市科学技术奖二等奖	尹怡欣	2005 年
29	青藏铁路沱沱河制氧站的研制与应用	山西省科学技术奖二等奖	侯庆文	2005 年
30	微震监测技术在煤矿防治水中的应用与研究	中国煤炭工业科学技术奖二等奖	杨淑华	2008 年
31	锡铁山铅锌矿数字化技术研究（三项合并）	中国有色金属工业科学技术奖二等奖	刘蕴络	2010 年
32	基于相控阵雷达的可视化高炉布料控制系统的开发及应用	冶金科学技术奖二等奖	尹怡欣、陈先中	2014 年
33	单兵背负式燃料电池电源系统	中国人民解放军科学技术进步奖二等奖	阎群	2015 年
34	深井条带开采冲击地压发生机理与防治研究	中国煤炭工业科学技术奖二等奖	杨淑华	2016 年
35	冶金矿山智慧矿山研究与应用	冶金科学技术奖二等奖	李擎	2017 年
36	煤矿冲击地压防治“七模块”技术体系与装备及其应用	中国煤炭工业科学技术奖二等奖	李擎	2018 年

二、重点项目

重点项目（2007~2019 年）见表 22。

表 22　重点项目（2007~2019 年）

序号	项目编号	项目名称	项目分类	负责人	立项时间
1	2006AA04Z177	高炉雷达关键技术研制及料面连续 3D 监测系统	“863”计划	陈先中	2007 年
2	2006AA11A172	车用驱动电机关键技术研发	“863”计划	余达太	2007 年
3	2007AA04Z217	机器人用异步电动机高精度伺服驱动技术研究	“863”计划	孙昌国	2007 年
4	2007AA12Z320	地磁匹配导航关键技术研究	“863”计划	李希胜	2008 年

续表 22

序号	项目编号	项目名称	项目分类	负责人	立项时间
5	2007AAJ103	2008051220301 863	“863”计划	刘冀伟	2008 年
6	2007AA11Z238	大功率激光驱动模块的研制	“863”计划	左昉	2008 年
7	2009AA04Z156	基于相控阵雷达的高炉节能控制系统关键技术研究	“863”计划	尹怡欣	2009 年
8	2012CB821203	空间多关联运动体跨尺度建模与控制	“973”计划	张维存	2012 年
9	2013AA040705	基于精确感知与智能决策的铝电解 MES 开发及应用	“863”计划	尹怡欣	2013 年
10	2013AA030901	化学物质敏感的亲和型聚合物材料和压电传感系统的研究及在食品安全领域的应用	“863”计划	谷宇	2014 年
11	2009BAG12A07-D03-1	CRH2 轴箱体研制	国家科技支撑计划	张利欣	2010 年
12	2012BAI12B01	耳科疾病组织修复与重建功能	国家科技支撑计划	李希胜	2012 年
13	61333002	面向指标优化的高炉布料过程建模与控制	国家自然基金重点项目	尹怡欣	2013 年
14	61522302	柔性结构振动控制	国家自然基金优秀青年科学基金项目	贺威	2015 年
15	2017YFB0304605-05	苛刻环境下铁路车辆关键部件用钢应用评价研究与标准化	国家重点研发计划重点专项	张利欣	2017 年
16	2017YFB0306403-01	大规模定制下铝/铜板带材生产流程智能化工艺模型库	国家重点研发计划重点专项	彭开香	2017 年
17	2017YFB1400101-01	众智科学基础理论与方法研究	国家重点研发计划重点专项	谷宇	2018 年
18	2017YFB1300102-01	仿鸟柔性扑翼飞行机器人关键技术研究	国家重点研发计划重点专项	张爽	2018 年
19	2017YFB1401203	健康养老智能交互服务关键技术研究	国家重点研发计划重点专项	肖文栋	2018 年
20	2018YFC1407103-01	北极陆-气多要素遥感监测	国家重点研发计划重点专项	张玉珍	2018 年
21	2013-143	板带冷轧机板形仪及控制系统技术开发	重大横向项目	童朝南	2013 年

续表 22

序号	项目编号	项目名称	项目分类	负责人	立项时间
22	2014-357	矿山边坡风险监测预警系统及示范	重大横向项目	李擎	2014 年
23	2014-205	纵列式全自动汽车板簧四工序一体机设计研制	重大横向项目	孙乐殿	2014 年
24	2015-431	加热炉红外测温装置与燃烧空燃比智能控制系统	重大横向项目	徐正光	2015 年
25	2015-402	流量运营业务支撑平台（FOSS1. 2）软件开发合同	重大横向项目	肖文栋	2015 年
26	2015-704	基于大数据挖掘的用户行为分析	重大横向项目	肖文栋	2015 年
27	2016-239	移动机器人认知平台加工	重大横向项目	冯文森	2016 年
28	2017-027	智慧管网物联网平台及应用示范	重大横向项目	张森	2017 年
29	2018-124	基于 VME 总线技术的带钢热连轧控制系统及质量控制关键技术开发	重大横向项目	彭开香	2018 年
30	2018-373	流程工业综合自动化仿真系统研发	重大横向项目	童朝南	2018 年
31	2018-560	皮带系统无人值守管理平台	重大横向项目	李擎	2018 年
32	2018-676	基于大数据的冶金流程智能化排产及物流管理系统软件	重大横向项目	刘艳	2018 年
33	2019-0217	AI 智慧零售研究中心	重大横向项目	李江昀	2019 年
34	2019-0174	基于物联网与大数据技术的既有建筑健康保障与智能运行系统关键技术开发	重大横向项目	杨旭	2019 年
35	2019-0170	清运车动力辅助系统锂离子电容器模组设计制造技术研究	重大横向项目	刘丽	2019 年

三、著作

出版著作情况见表 23。

表 23　出版著作情况

序号	著作名称	出版社	参编人员	出版时间
1	冶金车间电力设备	冶金工业出版社	赵殿甲	1959 年
2	电阻应变仪及其在轧机测定中的应用	冶金工业出版社	孙一康	1960 年

续表23

序号	著作名称	出版社	参编人员	出版时间
3	带钢热连轧数学模型基础	冶金工业出版社	孙一康	1979年
4	计算机控制-原理与应用	科学出版社	舒迪前	1988年
5	工程检测技术及模拟信号变换	中国轻工业出版社	赵家贵、林克贞	1989年
6	实时处理与控制	中国科学技术出版社	王顺晃、舒迪前	1992年
7	冶金生产过程计算机控制	冶金工业出版社	童朝南	1993年
8	自适应控制	东北大学出版社	舒迪前	1993年
9	连铸500问	冶金工业出版社	赵家贵	1993年
10	智能控制系统及其应用	机械工业出版社	王顺晃、舒迪前	1995年
11	电力电子新器件及其应用技术	国防工业出版社	王志良	1995年
12	新型电子电路应用指南-信号放大电路	电子工业出版社	杨世成	1995年
13	系统辨识与参数估计	冶金工业出版社	刘宏才、尹怡欣	1996年
14	预测控制系统及其应用	机械工业出版社	舒迪前	1996年
15	工业机器人的操作机设计	冶金工业出版社	马香峰、余达太	1996年
16	新型PID控制及其应用	机械工业出版社	尹怡欣	1998年
17	检测技术	中国计量出版社	赵家贵	1998年
18	工业机器人应用工程	冶金工业出版社	余达太、马香峰	1999年
19	新编传感器电路设计手册	中国计量出版社	赵家贵	2002年
20	带钢冷连轧计算机控制	冶金工业出版社	孙一康	2002年
21	带钢热连轧的模型与控制	冶金工业出版社	孙一康	2002年
22	信息社会中的自动化新技术	机械工业出版社	王志良	2004年
23	人工生命及应用	北京邮电大学出版社	涂序彦、尹怡欣	2004年
24	电子电路设计	中国计量出版社	赵家贵	2005年
25	大系统控制论	北京邮电大学出版社	涂序彦	2005年
26	人工智能回顾与展望	科学出版社	涂序彦	2006年
27	热轧生产自动化技术	冶金工业出版社	刘玠、杨卫东、刘文仲	2006年
28	冷轧生产自动化技术	冶金工业出版社	孙一康、童朝南、彭开香	2006年
29	冶金计量	中国计量出版社	蓝金辉、陈先中	2006年
30	冶金过程自动化基础	冶金工业出版社	孙一康、王京	2006年
31	“软件人”研究及应用	科学出版社	曾广平、涂序彦、王洪泊	2007年
32	行业信息化知识库建设实现技术	北京出版社	刘冀伟	2007年

续表 23

序号	著作名称	出版社	参编人员	出版时间
33	过程参数检测技术及仪表	中国计量出版社	李希胜	2009 年
34	深空通信	国防工业出版社	刘涛	2009 年
35	大容量异步电动机双馈调速系统	机械工业出版社	董冀媛	2009 年
36	VB. NET 数据库编程	清华大学出版社	刘冀伟、张维存	2009 年
37	车辆防抱死制动控制理论与应用	国防工业出版社	李果	2009 年
38	石化计量	中国计量出版社	张朝晖、迟健男	2009 年
39	Ad Hoc Networks：New Research	NOVA Publishers	吴华怡	2009 年
40	人工情感	机械工业出版社	徐银梅	2009 年
41	热轧带钢轧后层流冷却控制系统	冶金工业出版社	李擎、潘月斗	2010 年
42	冷热轧板带轧机的模型与控制	冶金工业出版社	孙一康	2010 年
43	从硬件到软件-嵌入式系统应用实战	机械工业出版社	王粉花、迟健男	2010 年
44	Multiobjective Optimizationin IMRT Treatment Planning	LAMBERT Academic Publishing	邵立珍	2010 年
45	MicroLogic 核心控制系统	机械工业出版社	李晓理	2010 年
46	视觉测量技术	机械工业出版社	迟健男	2011 年
47	视线追踪	机械工业出版社	迟健男	2011 年
48	软件项目管理	吉林大学出版社	赵宝永	2011 年
49	ControlLogix 系统在给水处理行业中的应用	机械工业出版社	李晓理	2011 年
50	生物特征识别技术—人耳自动识别	科学出版社	穆志纯、袁立、曾慧	2012 年
51	Micro800 控制系统	机械工业出版社	李晓理	2013 年
52	Intelligence Science and Big Data Engineering	Springer	孙长银	2013 年
53	高超声速飞行器终端滑膜控制技术	科学出版社	孙长银	2014 年
54	汽车转向/制动系统协同控制理论与应用	国防工业出版社	李果	2014 年
55	现代交流调速系统	机械工业出版社	潘月斗	2014 年
56	Robust control for strict-feedback for nonlinear systems and its application	科学出版社	孙长银、余瑶	2014 年

续表 23

序号	著作名称	出版社	参编人员	出版时间
57	深入理解云计算-基本原理和应用编程技术	机械工业出版社	刘丽	2015 年
58	迭代自适应动态规划理论及应用	科学出版社	宋睿卓	2015 年
59	非线性分布参数系统模糊 PDE 建模与分布控制方法	科学出版社	王俊伟、孙长银	2016 年
60	计算机网络基础	清华大学出版社	王国霞	2016 年
61	Self-Learning Optimal Control of Nonlinear Systems: Adaptive Dynamic Programming Approach	Springer	宋睿卓	2017 年
62	全球变化遥感产品的生产与应用	科学出版社	张玉珍	2017 年
63	Design of Digital Control System for Electric Drive	冶金工业出版社	潘月斗	2018 年
64	Quality Safety Monitoring and Stability Control for Hot Strip Mill Process	冶金工业出版社	董洁	2018 年
65	Event-Triggered Identification of Systems with Quantized Observations	冶金工业出版社	郭金	2019 年
66	Adaptive Dynamic Programming: Single and Multiple Controllers	Springer	宋睿卓	2019 年

四、论文及专利

（1）2011 年以来，发表在控制领域顶级期刊的代表性论文见表 24。

表 24　发表在控制领域顶级期刊的代表性论文

序号	论　文　题　目	期刊名称	作者	发表年月
1	Recursive projection algorithm on FIR system identification with binary-valued observations	AUTOMATICA	郭金	2013 年 11 月
2	Finite-Frequency Model Reduction of Two-Dimensional Digital Filters	IEEE TRANSACTIONS ON AUTOMATIC CONTROL	丁大伟	2015 年 6 月
3	Asymptotically efficient identification of FIR systems with quantized observations and general quantized inputs	AUTOMATICA	郭金	2015 年 7 月
4	Recursive identification of FIR systems with binary-valued outputs and communication channels	AUTOMATICA	郭金	2015 年 10 月
5	Cooperative control of a nonuniform gantry crane with constrained tension	AUTOMATICA	贺威	2016 年 4 月

续表 24

序号	论 文 题 目	期刊名称	作者	发表年月
6	Identification of Wiener systems with quantized inputs and binary-valued output observations	AUTOMATICA	郭金	2017 年 4 月
7	Decision-Based System Identification and Adaptive Resource Allocation	IEEE TRANSACTIONS ON AUTOMATIC CONTROL	郭金	2017 年 5 月
8	Distributed Nash equilibrium seeking for aggregative games with coupled constraints	AUTOMATICA	梁舒	2017 年 11 月
9	Noise leads to quasi-consensus of Hegselmann-Krause opinion dynamics	AUTOMATICA	苏伟	2017 年 11 月
10	Noise leads to quasi-consensus of Hegselmann&ndash；Krause opinion dynamics	AUTOMATICA	苏伟	2017 年 11 月
11	An optimal fault detection approach for piecewise affine systems via diagnostic observers	AUTOMATICA	李琳琳	2017 年 11 月
12	Adaptive relative pose control of spacecraft with model couplings and uncertainties	ACTA ASTRONAUTICA	孙亮	2018 年 2 月
13	Distributed Nonsmooth Optimization with Coupled Inequality Constraints via Modified Lagrangian Function	IEEE TRANSACTIONS ON AUTOMATIC CONTROL	梁舒	2018 年 6 月
14	Pointwise exponential stabilization of a linear parabolic PDE system using non-collocated pointwise observation	AUTOMATICA	王俊伟	2018 年 7 月
15	Distributed sub-optimal resource allocation over weight-balanced graph via singular perturbation	AUTOMATICA	梁舒	2018 年 9 月
16	Distributed sampled-data control of Kuramoto-Sivashinsky equation	AUTOMATICA	康文	2018 年 9 月
17	Unified iterative learning control for flexible structures with input constraints	AUTOMATICA	贺威	2018 年 10 月
18	Noise-induced Synchronization of Hegselmann-Krause Dynamics in Full Space	IEEE TRANSACTIONS ON AUTOMATIC CONTROL	苏伟	2018 年 10 月
19	Event-triggered identification of FIR systems with binary-valued output observations	AUTOMATICA	郭金	2018 年 12 月
20	Performance-based fault detection and fault-tolerant control for automatic control systems	AUTOMATICA	李琳琳	2019 年 1 月
21	Distributed stabilization of Korteweg-de Vries-Burgers equation in the presence of input delay	AUTOMATICA	康文	2019 年 2 月

续表 24

序号	论 文 题 目	期刊名称	作者	发表年月
22	Distributed quasi-monotone subgradient algorithm for nonsmooth convex optimization over directed graphs	AUTOMATICA	梁舒	2019 年 3 月
23	Sampled-data output feedback control design for a semi-linear parabolic PDE in the sense of spatial	AUTOMATICA	王俊伟	2019 年 5 月

（2）2011 年以来 ESI 高被引、热点、高影响因子代表性论文见表 25。

表 25　2011 年以来 ESI 高被引、热点、高影响因子代表性论文

序号	论 文 题 目	被引频次	作者	发表年月
1	Contribution rate plot for nonlinear quality-related fault diagnosis with application to the hot strip mill process	62	彭开香	2013 年 4 月
2	Adaptive Dynamic Programming for a Class of Complex-Valued Nonlinear Systems	79	宋睿卓	2014 年 9 月
3	Multiple Actor-Critic Structures for Continuous-Time Optimal Control Using Input-Output Data	77	宋睿卓	2015 年 4 月
4	Adaptive total PLS based quality-relevant process monitoring with application to the Tennessee Eastman process	45	董洁	2015 年 4 月
5	Weighted Fuzzy Observer-Based Fault Detection Approach for Discrete-Time Nonlinear Systems via Piecewise-Fuzzy Lyapunov Functions	92	李琳琳	2016 年 12 月
6	Vibration Control of Flexible Marine Riser Systems with Input Saturation	87	贺威	2016 年 2 月
7	Adaptive Neural Network Control of an Uncertain Robot with Full-State Constraints	410	贺威	2016 年 3 月
8	Neural Network Control of a Robotic Manipulator with Input Deadzone and Output Constraint	122	贺威	2016 年 6 月
9	Adaptive Neural Network Control of a Flapping Wing Micro Aerial Vehicle with Disturbance Observer	67	贺威	2017 年 1 月
10	Control Design for Nonlinear Flexible Wings of a Robotic Aircraft	115	贺威	2017 年 1 月
11	Model Identification and Control Design for a Humanoid Robot	45	贺威	2017 年 1 月
12	Vibration Control of a Flexible Robotic Manipulator in the Presence of Input Deadzone	136	贺威	2017 年 2 月
13	Real-Time Fault Detection Approach for Nonlinear Systems and its Asynchronous T-S Fuzzy Observer-Based Implementation	67	李琳琳	2017 年 2 月

续表 25

序号	论 文 题 目	被引频次	作者	发表年月
14	Distributed Adaptive Sliding Mode Control Strategy for Vehicle-Following Systems with Nonlinear Acceleration Uncertainties	21	郭祥贵	2017 年 2 月
15	Modeling and Vibration Control for a Moving Beam with Application in a Drilling Riser	44	贺威	2017 年 5 月
16	Vibration Control of an Industrial Moving Strip in the Presence of Input Deadzone	30	贺威	2017 年 6 月
17	Adaptive Neural Network Control of a Marine Vessel with Constraints Using the Asymmetric Barrier Lyapunov Function	72	贺威	2017 年 7 月

（3）2011 年以来授权发明专利见表 26。

表 26　2011 年以来授权发明专利

序号	专 利 名 称	第一发明人	授权时间
1	一种红外光图像与可见光图像实时摄取与自适应融合装置	付冬梅	2011 年
2	一种基于 DSP 和 FPGA 的实时运动目标识别系统	蓝金辉	2011 年
3	基于主动表观模型和外耳长轴的人耳图像归一化方法	穆志纯	2011 年
4	一种 FMCW 雷达测距精确校正的测量装置与补偿校正方法	陈先中	2011 年
5	一种基于太阳能供电的无线网络测距系统	陈先中	2012 年
6	一种多传感器的异形轴类工件尺寸在线测量系统及方法	蓝金辉	2012 年
7	一种城市环形道路交通流预测系统	蓝金辉	2012 年
8	一种多域波长路由光网络的路径建立方法	刘涛	2012 年
9	一种用于高温含尘测量的雷达天线冷却抗粘附装置	陈先中	2012 年
10	一种适用于焦化粗苯回收的在线建模与优化方法	穆志纯	2012 年
11	一种机器人用异步电动机伺服驱动方法及系统	孙昌国	2012 年
12	基于实测数据和布料模型的数据结合融合进行料面检测方法和系统	陈先中	2013 年
13	一种雷达、视频、激光系统组合的测量高炉料面的装置	陈先中	2013 年
14	基于遗传算法建立的无钟料高炉炉顶布料控制方法	尹怡欣	2014 年
15	用于旋转体轴载电子设备的非接触供电装置	赵小燕	2014 年
16	一种回转腔体的立式在线装卸及精密测量平台及测量方法	张朝晖	2014 年
17	无钟高炉料线深度调节的数据驱动 PID 控制器设计方法	尹怡欣	2014 年
18	角反射器及角反射器阵列	胡广大	2014 年
19	一种新的测量高炉料面形状的机械式扫描雷达装置	陈先中	2014 年
20	OFDM 系统中存在 I/Q 不平衡时的盲载波频率偏移估计方法	刘涛	2015 年

续表 26

序号	专　利　名　称	第一发明人	授权时间
21	基于低压电力线的载波表自组网方法	李擎	2015 年
22	一种敏感器主安装盒和被动式光学敏感器	胡广大	2015 年
23	一种基于溜槽位置判断的多点雷达协同成像装置及方法	陈先中	2015 年
24	一种低时延的容迟容断传感器网络的组播路由算法	刘涛	2015 年
25	一种基于计算机视觉的特种部队车辆仪表自动识别系统及算法	白真龙	2015 年
26	一种基于手势识别技术的 3D 虚拟交互方法及系统	王粉花	2016 年
27	基于低压电力线载波的自组网抄表方法	崔家瑞	2016 年
28	基于容迟容断传感器网络的捆绑层改进算法	刘涛	2016 年
29	一种城市道路交通态势评估系统	蓝金辉	2016 年
30	一种三维信息复原提取的道路遗洒物识别方法	蓝金辉	2016 年
31	一种三维模型局部球面调和特征提取方法	曾慧	2017 年
32	一种基于 VANET 的路网交通信息快速传播方法	张崎	2017 年
33	分布式无线气象编码监测方法、装置及系统	刘涛	2017 年
34	一种能够实时监测高炉料面变化的雷达扫描装置	陈先中	2017 年
35	一种基于视频的道路障碍物识别分类方法	蓝金辉	2017 年
36	带有时变直流偏移的 OFDM 系统的载波频率偏移估计方法	刘涛	2017 年
37	太赫兹吸收谱的测试样品架、切换式测试系统和测试方法	张朝晖	2017 年
38	一种太赫兹实验环境的智能监测系统及监测方法	赵小燕	2017 年
39	一种基于手势控制器的控制系统	景鹏	2017 年
40	一种时滞系统的自抗扰控制系统的设计及整定方法	王丽君	2017 年
41	一种金属信道模型的构建方法及系统	刘涛	2017 年
42	一种基于 MTMO 非线性不确定性反步法的四旋翼位姿控制方法	孙长银	2017 年
43	一种基于关联规则树的轧钢产品质量的预测方法及系统	王玲	2017 年
44	一种无轨公交电车智能分线系统及分线方法	崔家瑞	2017 年
45	一种针对扑翼飞行器的振动控制方法及装置	贺威	2017 年
46	一种钢管运行速度的监测方法	杨旭	2017 年
47	一种基于高炉雷达数据的料层分布可视化方法	陈先中	2017 年
48	一种城市道路障碍物识别系统	蓝金辉	2018 年
49	一种无轨公交电车智能搭线方法及装置	崔家瑞	2018 年
50	一种小型红外成像系统	蓝金辉	2018 年
51	一种基于嵌入式的图像处理及传输系统	赵小燕	2018 年
52	一种针对带有输出约束的柔性机械臂的振动控制方法	贺威	2018 年
53	一种基于铝电解槽等效电路模型的极距测量方法及系统	尹怡欣	2018 年

续表 26

序号	专利名称	第一发明人	授权时间
54	一种铝电解槽单个阳极数学模型的确定方法	尹怡欣	2018 年
55	一种太阳能发光车道线	张崎	2018 年
56	一种基于联合数据驱动生产过程的质量故障定位方法	彭开香	2018 年
57	一种核辐射探测灵敏度放大器	魏清阳	2018 年
58	一种基于物联网技术的高炉雷达料面监测系统	陈先中	2018 年
59	一种运输带上物体体积测量方法	李江昀	2019 年
60	一种基于阻抗变化的电解槽液位在线自主测量系统及方法	张朝晖	2019 年
61	一种测距和测温结合的高炉料面检测方法	陈先中	2019 年
62	一种机电分离的高炉雷达扫描装置	陈先中	2019 年
63	一种基于雷达的高炉料流轨迹测量装置及测量方法	陈先中	2019 年
64	一种带约束云工作流调度的自适应多目标进化方法	刘丽	2019 年

第四节　国内外学术交流与合作

学院多方位地与国内外大学和科研机构建立合作关系，包括与美国伊利诺伊大学芝加哥分校、澳大利亚卧龙岗大学、日本 Veriserve 株式会社，日本室兰工业大学、高知工科大学信息学院、千叶大学以及中国科学院自动化研究所复杂系统管理与控制国家重点实验室等签署协议，在科研方面开展全方位的交流与合作。

学院积极承办和协办高水平的国内外学术会议，邀请国内外专家学者来校访问，并已常态化。近年来每年主办多场百人以上学术活动，保持了学院学术氛围和国际交流氛围。例如：2011 IEEE 科学计算开源软件国际会议（OSSC）、2011 中国智能自动化会议（CIAC）、2012 中国制导、导航与控制学术会议、智能科学与大数据工程国际会议（ISCIDE2013）、第六届（2014）控制科学与工程前沿论坛、全国第二十届（2015）自动化应用技术学术交流会、第八届（2018）全国可穿戴计算学术会议、第 15 届智能无人系统国际会议，2018 年机器人与人工智能国际研讨会、中国教育发展战略学会人工智能与机器人教育专业委员会第一届理事会成立大会暨 2018 年中国人工智能与机器人教育发展论坛等。据统计，仅在自动化学院成立以后，学院邀请国外教授或学者来校作学术报告、讲课和进行学术交流多达 200 多次。聘请美国、澳大利亚、日本、新加坡等知名高校的专家学者，以及国内高校、科研院所和企业单位的院士、教授、董事长作为学院的客座或兼职教授。

学院鼓励引进来走出去，积极选派教师赴海内外高校进行长期学术访学及参加国际学术会议等。近年来，每年公派出国进行短期学术交流活动的约有 40 人次。据统计，仅 2011~2019 年，参加上述活动的人数就达 300 余人次。

广泛开展与国内外知名大学和机构的科研合作。自 2011 年以来，成功联合申报科研项目数十项：与天津大学联合承担国家重点研发计划重点专项项目“健康养老智能交互服务关键技术研究”，与北京大学联合承担国家“973 计划”项目“空间多关联运动体跨尺度建模与控制”，与贵阳铝镁设计研究院有限公司联合承担国家“863 计划”项目“基于精确感知与智能决策的铝电解 MES 开发及应用”，与北京航空航天大学合作研究国家自然基金项目“高炉内部多相多场复杂环境 FMCW 体制雷达目标特性提取方法”，与上海交通大学机械系统与振动国家重点实验室合作研究自主课题“复杂工况下轧机机-电-液耦合系统振动相关故障的诊断方法及容错控制研究”，与鞍钢集团合作研究重大横向课题“矿山边坡风险监测预警系统及示范”，与英国玛丽女王大学联合申请英国皇家协会项目“船泊系统浮式海浪能量转换器的控制”，与澳大利亚新南威尔士大学、美国达特茅斯学院合作研究国家自然基金项目“基于模糊技术的非线性系统故障诊断与容错控制研究”和“基于间接互惠的演化动力学中声望共享系统的建立”等。

第四章 党政工团工作

第一节 党建工作

六十年来，学院历届党委坚持以马克思列宁主义、毛泽东思想、邓小平理论、“三个代表”重要思想、科学发展观、习近平新时代中国特色社会主义思想为指导，认真贯彻落实党的路线方针政策，坚持加强自身组织建设、思想建设和作风建设，带领全体党员、广大师生，在教学、科研、党政工团的工作中，发挥党委的领导核心作用，求真务实，勇于创新，锐意进取，共同建设自动化学院美好的新愿景。

一、加强政治理论学习，提高思想教育水平

（一）明确指导思想，发挥政治核心作用

学院党委加强政治理论学习，把“党的群众路线教育”和“中国梦”相结合，落实《中国共产党普通高等学校基层组织工作条例》精神，开展“全国和北京高校思想政治工作会议”和“全国教育大会”的学习，积极打造“组织育人、实践育人、网络育人”的思想政治教育平台。

认真执行学校党委的各项指示，把以人为本、实事求是、理论联系实际的作风相结合，以“加强理论学习，组织建言献策，强化实践锻炼”为重点，制定学院发展规划、年度工作计划；秉承“敛华求实，创新惟存”的院训，扎实工作，改革创新，落实完成学院党委提出的各项任务，开创学院工作新局面。

建立健全党委会、党政联席会会议制度，每学期初召开党政领导班子、支部书记和系所干部会议，在教学、科研、师资队伍及学科建设、人才培养、国际合作交流、学生、工会等全方位的工作中开拓创新，不断前行（见图 10）。

（二）紧跟时代脚步，弘扬党代会精神

按照党中央和学校党委的要求，学院党委积极开展落实各项工作，深入贯彻学习指示精神。在习近平新时代中国特色社会主义思想学习中，深入贯彻党的十八大、十九大会议精神，把“中国梦宣传教育”和“党的群众路线教育实践”重要任务相结合，成立“十九大精神宣讲团”，走进班级宣传会议精神。宣传贯

图 10　2018 年学院教职工党支部书记抓党建工作述职会

彻“四讲四有”的合格党员新要求，认真组织开展基层党支部立项和红色“1+1”活动，丰富和提高党支部活动的质量内容。党的十七大期间，学院党委以“宣传学习无死角，贯彻落实有成效”为目标，提出学习十七大，实践“五步”学习法。即：第一步理论热身，第二步广泛动员，第三步掀起高潮，第四步学用相长，第五步边学边看。这种创新方法和形式被学校推荐参评北京市学习十七大的优秀活动。党的十六大期间，学院党委汇编了《解读十六大》的学习读本，邀请中国社会科学院、中央党校、中央社会主义学院学者和凤凰卫视“资讯台”著名评论家曹景行、记者闾丘露薇、首席政治评论员阮次山为全体教职工、学生做形势报告和大会采访报告，得到了广大师生员工的强烈反响和欢迎。

（三）规范思想教育理念，抓好党建促进发展

学院党委认真学习落实党风廉政建设工作。在年度工作计划制定、责任体系中抓好党务、院务信息公开。学院设有党政联席会、学术委员会、学位评定委员会、岗位聘任委员会等决策机构，在职权范围内严格民主决策。同时，学院党委将意识形态工作纳入领导班子重要议事日程，与中心工作紧密结合，同部署、同落实、同检查、同考核。

为加强学习型、服务型、创新型党组织建设，推进“两学一做”教育的常态化、制度化，学院党委不断完善机制建设、规范议事程序，先后制定了《党委会议事规则》《党政联席会议事规则》《贯彻落实“三重一大”决策制度的实施办法》等文件。

与此同时，学院党委高度重视“统战群团”的党建工作，不断深化加强教育改革建设。召开“追忆光辉岁月，共谋院校发展”座谈会，邀请老教师们参加学院的发展规划，积极征求听取他们的建议和意见；成立学院“关工委”，发挥离退休教职工在学生思想政治教育和教学督导中的重要作用；成立学院“团工委”，助力青年教师的成长，为学院发展贡献力量。

二、开展党的先进性教育，践行社会主义核心价值观

（一）推进“两学一做”，创新述责测评活动

为深入学习贯彻习近平新时代中国特色社会主义思想，落实“两学一做”学习教育，加强和改进大学生党员队伍的教育管理，北京科技大学以“网络信息技术”为支撑，以“公开承诺、履职践诺、公开述责、民主测评、反馈提升”为途径，委托自动化学院自主研发述责测评网站及手机客户端，开展大学生党员述责测评系统工程，成为新时期加强学生党员队伍建设的重要举措。

在学校党委领导和统一部署下，学院始终将学生党建工作放在首要位置，结合学生党员教育管理工作中存在的问题和不足，自 2007 年以来，积极探索述责测评工作的实施办法，从党员履责手册到目前的党员述责测评网上平台的建立，不断创新和完善的工作方式方法，推动了学院党建工作的进一步发展。2015 年，在自动化学院硬件、软件的支持保障下，该项工作在文法学院、马克思主义学院进行试点，2017 年，我校党委决定面向全校进行推广，使得该系统成为新时期我校加强学生党员队伍建设的重要平台。2014 年获批教育部高校辅导员工作精品、2016 年获批北京市基层党建创新项目孵化工程支持，360 度全方位的评价维度指标体系使得党员群众对党员可以作出更加全面客观的评价。

党员述责测评系统工程理念的提出，不仅充分利用网站、手机 APP 等互联网平台，采取学生喜闻乐见的方式开展工作，提升工作效率，扩大有效覆盖面，而且与“两学一做”教育工作完美契合，作为“两学一做”教育活动的重要补充和工作载体，以“公开承诺、履职践诺、述责述诺、民主评诺、选树典型”为途径，实现了大学生党员继续教育，引导大学生树立正确的价值观，切实发挥高校党建工作的育人和思想引领作用。

（二）重视德育教育，夯实党支部双评工作

从 20 世纪 80 年代开始，学院党委成立了德育工作领导小组。1995 年，编辑出版了《大学生生活指南》，所有教师都担任了班主任工作，有计划地对大学生进行政治教育和形势教育。同时还采用评选“五好积极分子”、劳动鉴定、思想鉴定、生活探讨会和师生谈心等多种方式进行思想政治工作。

开展党员先进性教育以来，学院党委认真开展“学党章党规、学系列讲话，做合格党员”等一系列教育活动。在党员民主评议、党支部测评、支部书记培训、优秀党日活动中增强基层党组织的凝聚力、战斗力，确保学院各项工作计划的落实和完成。创新党员教育和服务形式，开展“助学零距离”活动；宣传贯彻“四讲四有”的合格党员新要求，认真组织开展基层党支部立项和红色“1+1”活动，丰富和提高党支部活动的内容和质量。

特别是在“保持共产党员先进性”教育活动中，学院党委组织编写的《没有上锁的保险箱——写给大学生家长》一书荣获“北京市优秀出版物奖”；学院党委获得学校“党建工作创新奖”；学院党委“双评工作”的方法在全校党支部书记会议上交流发言，并在高校党建理论成果《北京高校党建研究》上发表。

（三）以制度为抓手，严控党员发展质量

学院党委贯彻“坚持标准、保证质量、改善结构、慎重发展”的方针，指导学生党总支编写《发展党员材料》指导手册，规范积极分子的培养过程，真正做到全程监督、全程指导，保障积极分子培养质量，累计发展党员约 2000 名。同时组织学生业余党校，确定积极分子 700 余人。积极组织学生党支部申报“创先争优”支部立项，参与率达到 100%。

为提升学生党员的党性修养，学院党委深入指导党支部定期开展组织生活，吸引学生广泛参与；每学期不定期举办党支部书记培训班，着力提升党支部书记的政治理论水平和工作技能；积极搭建党支部书记培训、交流平台，创新举办“书记开讲了”，由学院党委书记为支部书记及新发展党员上党课，支部书记主讲《中国共产党党章》《中国共产党廉洁自律准则》《中国共产党纪律处分条例》等；辅导员通过申报党建研究课题、专题研讨等方式提升党性修养与职业技能；依托学生工作办公室例会开展专题学习研讨活动，推动学院学生工作的创新和发展（见图 11）。

图 11　研究生党支部庆祝中国共产党成立 96 周年

（四）打造实践育人平台，创新学生党支部建设

走基层，探民生，推进红色“1+1”支部共建活动。不断强化辅导员对红色“1+1”活动的过程指导与监督，参与率由过去不足 70%到现在的 100%，且连续 6 年申报率和完成率均为 100%。2011 年以来，9 个支部获校级红色“1+1”支部共建优秀党支部，4 个党支部获北京市三等奖，10 余个党支部荣获北京市优秀

奖，并涌现出一大批形式新颖、种类多样的活动项目，收到了良好的育人效果（见图 12）。培养榜样意识，推进先锋工程计划。大力实施“党员先锋工程实施计划”，本科生“助学零距离”活动不断夯实成效，成立“学风引领团”，帮扶的学业困难学生由最初的十几人增加至五十余人，实现挂科门次下降近 50%，力争在不久的将来实现零挂科率。

图 12　红色“1+1”活动工作汇报

六十年来，学院党委始终将党员质量作为党建核心的工作目标。坚持以“优化结构，提高质量，发挥作用，成熟一个发展一个”的原则，实现了学生党建工作的科学、稳健发展。以先进性教育为契机，贯彻“坚持标准、保证质量、改善结构、慎重发展”的方针，始终坚持认真落实党员发展工作的要求，在入党动机、推荐评优、组织考察、党课学习、思想汇报、群众意见、积极分子培养等各方面严格把关，确保党员发展工作质量。每年举办学生业余党校，提高入党积极分子对党的理论学习和认识。聘请党委组织员，严格审核了解掌握入党积极分子的入党动机，特别是通过谈话环节，启发激励入党积极分子为党的事业奋斗拼搏的信心、责任和担当。在组织发展工作中，举办学生业余党校入党积极分子培训班，编写了初级党校手册。

第二节　学生工作

学院坚持“立德树人”根本宗旨，秉承“敛华求实、创新惟存”的院训，紧密围绕学校、学院育人中心工作，贯彻落实“三全育人”工作理念，夯实基础、传承创新，不断强化学生工作的育人实效。

一、把稳政治方向，推进学生党建和思想政治教育

在学校党委的坚强领导下，坚持以马克思列宁主义、毛泽东思想、邓小平理

论、“三个代表”重要思想、科学发展观、习近平新时代中国特色社会主义思想为指导，不断加强学生党建和思想政治教育工作。

建院早期，实行学生日常思想政治工作与政治理论教学相结合，集体教育与个别教育相结合，正面教育与群众自我教育相结合的方法，评选“五好积极分子”，劳动鉴定、思想鉴定、生活探讨会和师徒谈心等方式对学生进行思想教育。党的十六大召开后，编辑了《解读十六大》学习辅导材料，创造性地开展了保持共产党员先进性教育活动，精心设计了“十六大后的中国”系列报告，获得学校“党建工作创新奖”。2007 年在深入宣传、学习十七大精神的过程中，提出并实践了理论热身、广泛动员、掀起高潮、学用相长、边学边看的“五步”学习法并被推荐代表学校参评北京市学习十七大优秀活动。党的十八大后，学院完善了“党员述责测评”网络系统工程建设，得到了校党委的高度重视和大力支持，在全校推广并被中国教育电视台和《中国青年报》关注和报道。党的十九大后，学院组建“十九大精神”学生党员宣讲团，走进班级宣讲学习十九大精神，覆盖面达 100%。

以“坚持标准、保证质量、改善结构、慎重发展”为方针，学院编订《发展党员材料》指导手册，组织学生业余党校，规范积极分子培养过程，提高了党员发展质量，为党组织输送了大量新鲜血液。

学院党委积极开展“党员先锋工程”“基层立项”“红色 1+1”“助学零距离”等活动，强化党支部战斗堡垒作用；学生党员通过网上党校、志愿服务、社会实践、学习交流等各种方式学习、实践党的理论，充分发挥先锋模范作用。多个学生党支部、班集体和个人获得了北京市优秀党支部、先进班集体、优秀团支部、“北京市三好学生”、“校长奖章”、“五四青年奖章”、优秀学生干部、优秀团干部等称号（见图 13）。

图 13　学生党支部建设工作会议

二、把住学风主线，提升学生学业水平和创新实践能力

学院坚持“科技引领学风、教学与实践协同”，贯彻“全员育人、全方位育人、全过程育人”的教育理念，不断完善学业辅导、学生竞赛和实践工作体系，提升学生学业水平、创新意识和实践技能。

学院充分发挥“班导师+全程导师+辅导员+小班主任”的四师同堂联动和学院“学业辅导中心”“学委联盟”作用，开展新生论坛、新生成长对话课、学业辅导等，激发学生自主学习动力；创新开展学风建设月活动，设计新生成才规划、英语学习、专业学习和成果展示等环节，取得了良好效果。创办于20世纪90年代的“索奥科技中心”，已成为学校最大的学生科技类社团，构建了从创意、创新到创业、从大一到大四的系统化、分层次的实践培养体系，是学生创新实践的重要平台。举办“单片机应用大赛”“传感器创新大赛”，强化学生专业实践技能。学生团队在“互联网+”大学生创新创业大赛、“创青春”全国大学生创业大赛、全国大学生智能汽车竞赛、全国大学生机器人大赛、“西门子杯”中国智能制造挑战赛等竞赛中屡创佳绩，学生竞赛获奖率接近40%，成绩位居全校前列。

学院积极引导学生将实践成果转化为论文、科技竞赛作品，加强进一步的研究和创新。学生社会实践多次获得校级暑期社会实践金奖团队、暑期社会实践“十佳”标兵等称号，有多支社会实践团队获得了人民网、中国日报网等媒体的广泛关注和宣传报道。

三、把准成长目标，做好学生生涯规划和就业指导

学院搭建“课堂授课、岗位实践、网络引导、校友领航”四位一体的学生生涯规划和就业指导工作体系，帮助学生明确发展目标、合理规划大学生活，实现满意就业。

通过贯穿各年级的《大学生生涯规划与就业指导课程》以及“生涯辅导月”“生涯体验日”“就业工作坊”“求职训练营”“模拟面试大赛”等第二课堂的活动，帮助学生树立生涯规划意识、掌握规划基本工具、明确未来发展目标、提升就业技能。深挖校友育人资源，搭建校友“前沿课程育人”“生涯领航育人”“捐资助学育人”“岗位实践育人”四大育人平台，组织“领航计划”校友生涯规划系列讲座、“索奥创新创业论坛”等活动，帮助学生接触前沿科技、了解真实职场。积极联系用人单位、开拓就业市场，开展“AI未来”人工智能名企行活动，带领学生走访参观行业名企并与多家企业建立就业实习基地，近年来与200余家重点单位保持紧密联系，平均每年都举办院级专场招聘宣讲会20余场，建立高效信息发布渠道，利用网站、微信群、公众号等平台发布就业实习信息，

为学生提供充足的就业岗位。

近年来，本科生深造率维持在60%左右，研究生就业率接近100%，毕业生到重点地区、重点行业、重点单位就业人数逐年增加。毕业生深造率、就业率和就业质量连续多年位居学校前列。

四、把牢稳定根基，呵护学生全方位健康成长

学院认真落实“三贴近、四深入、五个制度”的辅导员工作要求，构建立体工作网络，建立学生动态信息档案，推进“关爱学子”计划，全方位呵护学生健康成长成才。

学院高度关注学生心理健康，依托学校资源开展系列心理素质教育活动，组织学生上好相关课程，扎实开展日常深度辅导和心理预约咨询工作，深入推进“阳光行动”，建立预警和危机干预机制，构建心理健康教育互助体系，为学生提供良好成长氛围和环境。

学院严格履行“不让一个学生因家庭经济困难而失学”的承诺，建立贫困学生的受助台账，发放国家助学金、爱心成就未来助学金、新长城自强助学金等各类社会捐助助学金和新疆籍少数民族特困补助，同时积极挖掘校友资源，设立了“孙一康奖学金”等多个校友专项奖助学金，助力学生成长成才，家庭经济困难学生受资助覆盖率连续多年达100%。

五、把紧研究生教育实效，强化研究生学术诚信和学术能力建设

学院实施“党、班、团、梯队”一体化的研究生教育管理体系，通过“党建”带动班团和梯队建设、学院党委委员联系学生党支部等制度，加强对研究生的党建指导、思想引领和学术能力建设。

学院秉承“启迪智慧，薪火相传”的主题，以“六学一服一美”为活动载体（学术诚信教育、学术生涯辅导、学术三分钟演讲比赛、学术之星评选、学术论坛、贝壳学术会、研究生科技服务与挂职锻炼、最美科研瞬间摄影比赛）扎实开展研究生教育培养工作。创新开展研究生“赛博论坛”“名师讲堂”“名家讲坛”“教授面对面”“博士生沙龙”等多种形式的研究生学术活动，每年举办国内外知名专家学术报告20余场、各类学术交流活动40余次，为研究生开展科研活动和学术交流搭建了良好平台。

学院评选出的多名“学术之星”获得了北京科技大学“学术之星”提名奖，并在“学术三分钟”等校级比赛中摘金夺银。在研究生科技服务与挂职锻炼活动中也多次获得学校优秀组织奖和标兵团队等称号。

学院研究生会组织“自青春”系列文体活动，通过师生轻体运动会、师生乒乓球赛、拔河比赛、篮球赛等多种形式增进研究生班级的凝聚力、归属感。

六、把好队伍建设，推进学生工作不断迈上新台阶

学院始终重视辅导员队伍建设，努力打造专业化、专家化学生工作队伍。在长期实践中，形成了以主管学生工作副书记为领导，以辅导员为主体的全员学习机制，做到“在学习中工作，在工作中创新”。积极组织辅导员“走出去交流，潜下心科研”，参加教育部、北京市的专题学习、挂职锻炼。

学生工作相关成果先后获批教育部高校辅导员工作精品项目、北京市基层党建创新项目孵化工程、全国高校辅导员工作优秀论文一等奖、全国研究生思想政治教育工作研究征文一等奖、全国高校辅导员优秀博文奖等奖项。多名辅导员荣获全国高校辅导员年度人物提名奖、北京高校优秀德育工作者、北京科技大学十佳辅导员等荣誉。学生工作多次荣获北京科技大学党建和思想政治教育专项奖、学业辅导专项奖、学生资助工作专项奖、研究生学术论坛优秀组织奖和科技服务、挂职锻炼优秀组织奖、本科生深造率优胜奖、研究生签约率优胜奖、总就业率优胜奖、辅导员队伍建设专项奖等奖项。

第三节　工会工作

学院工会工作历来有着光荣的传统。六十年来，在校院两级工会领导和学院党委支持下，学院工会把“以人为本”作为建家的指导思想，摸索总结出以“教工所需、工会所能、党政所望”为工作的基本思路。与党政工作的重点相结合，学院工会充分发挥桥梁和纽带作用，积极调动基层的活力与智慧，使建家工作制度化、规范化、经常化，努力把学院建成“党政信任、教工信赖、参政有力、维权有方”的优秀教职工之家。

一、以和谐进步为宗旨，建设一个模范之家

学院工会结合学院中心工作，积极发挥工会的特点和优势，营造团结、进步的和谐氛围，增强了学院的凝聚力、向心力。

1996 年自动化仪表教研室获得了校工会唯一授予的“优秀教职工之家”称号。1997 年信息工程学院被北京市教育工会授予“北京市工会先进集体”称号；2002 年 12 月，被北京市总工会授予“模范职工小家”称号；2003 年被全国总工会授予“模范职工之家”称号；2007 年、2010 年、2013 年、2017 年，连续四次顺利通过“全国模范职工之家”的验收。

二、规范管理，建设一个民主协商之家

从首届教代会开始至今，学院各届党政领导班子坚持每年召开教职工大会或

教职工代表大会，使教代会制度化、规范化、经常化、合理化，促进和建立了良好的工作作风和方法。坚持党务院务公开，增强教职工参政议政的意识，维护教职工的权益，保障教职工享有的合法权益不受侵害；建立学院领导接待日，及时听取解决教职工的意见和问题；建立行政管理科学化，利用自主研发的系统平台、微信、飞信、QQ 群、公示栏等形式，公开公示学院各项管理制度决策，接受民主监督和教职工的审查，推动学院民主建设进程，提高教职工的主人翁地位和学院的人文精神。

三、以人为本，建设一个和谐温暖之家

六十年来，学院工会全心全意为教职工服务，关心教职工的工作学习和生活，积极建设和谐温暖之家。以工会小组为单位，建立“纵向到底、横向到边”的帮扶救助网络；为教职工办理健康保险，邀请专家学者举办健康知识讲座，组织年度体检和义诊；每年邀请图书出版社举办图书展览，为教职工阅读、购买新版教材和各类工具书提供信息和便利；成立青年教师联谊会分会，在青年教职工住房、婚姻恋爱、子女教育、教学科研等问题上积极与院领导、学校职能部门沟通，解决或缓解青年教师生活、工作、学习中的困难；为每个三级小家购置冰箱、微波炉等家电，改善教职工工作环境；建立“情牵心系自动化——离退休教工微信群”，开辟退休教师之间交流的新园地，每年敬老月通过祝寿、电话问候等形式关心离退休教职工，及时全面地了解掌握离退休教职工的日常情况。

四、团结友爱，建设一个健康快乐之家

1997 年，学院工会创新发起了群众性喜闻乐见的“体育文化月”活动，一直持续至今，已成为学院的文化传统和精神。特别是在“非典”时期面对严峻的疫情，教职工以积极乐观、阳光健康的心态，向非常时期的困难环境发出了“为祖国健康工作五十年”的口号，坚强不屈的精神和良好的健康素质，为这段经历写下了多姿多彩的一页。如今又增添了服装服饰表演、诗歌朗诵、女性讲座等项目，更加丰富了“健康、和谐、文化、时尚”的理念。

在校党委、校工会主办的“爱我中华”、中华人民共和国成立四十、五十、六十周年文艺汇演、“中国工农红军长征 70 周年”等歌咏比赛，以及健美操、太极拳、太极剑、排球、篮球、乒乓球、运动会等各项比赛中，学院都以积极热情、团结进取的精神获得了优异的成绩。

每年新年伊始，学院工会都组织召开全院教职工联欢聚会和离退休教职工的团拜会。届时党政工团、新老教职工欢聚一堂，微笑、问候、祝福、友谊、真诚处处可见，传递着自动化人求真务实，自强不息的品质和精神。

五、言传身教，建设一个德才兼备之家

以学院优良传统和师德表率为典范，开展“师爱为魂，学高为师，身正为范”的师德教育，继承和发扬师道尊严的优良传统，涌现出大批优秀教师、师德先进，其中有：全国优秀教师孙思先，北京市优秀教师郝天佑、陈力、郑保元、钟家桢、付冬梅（见图14），北京市师德先进穆志纯（见图15），北京市名师张朝晖（见图16）、付冬梅，宝钢优秀教师杨世成、李擎等。

图14 2017年付冬梅荣获“北京市优秀教师”称号

图15 2014年穆志纯荣获“北京市师德先进个人”称号

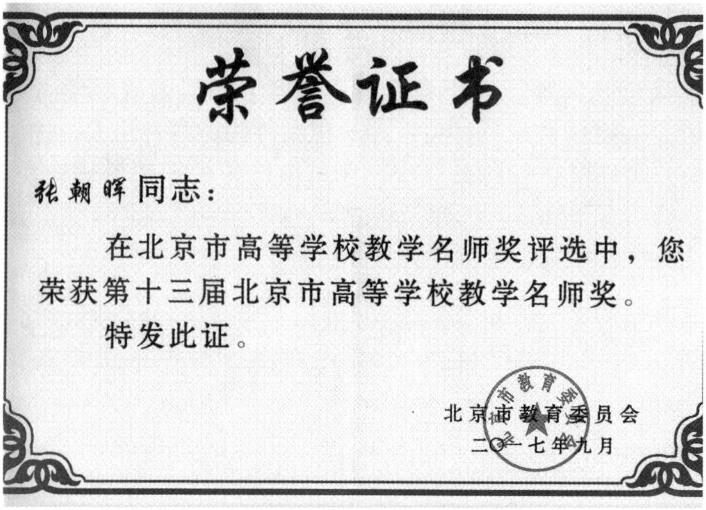

图 16　2017 年张朝晖荣获第十三届北京市高等学校教学名师奖

坚持每两年一次的“学院青年教师教学基本功大赛”，学院教授和领导，如高庆狮、涂序彦、余达太、杨炳儒、尹怡欣、李擎、张朝晖等都曾亲自助威助力。同时积极组织参加学校如“我爱我师”“师德先进”等评选活动。邀请国内外专家学者举办专题讲座，使教师特别是青年教师的教学水平和知识结构不断提高更新，保持了对学术前沿的了解和探讨。

为帮助青年教师的成长，学院与青年教师共同协商制定个性化的职业生涯发展规划，实施青年教师双导师制；同时对于入校时间较长，对学院、学校发展做出贡献的老“讲师”，通过各种途径积极帮助他们提升科研、教学潜力，重塑职业目标与规划。经过长期的坚持和发展，逐渐形成了提升教师科研能力的培育体系，助力学院师资队伍的可持续发展。

一路走来，静思回首，是赞扬，还是鼓励；是荣誉，还是鞭策；让我们与成长共勉！

翘首远望，继续前行，是执着，还是激情；是责任，还是使命；让我们与信念同辉！

向 60 年来志同道合、无私奉献的历届工会前辈和同仁致敬！

第五章　教师风采

在自动化学院六十年的发展历程中，几代教职员工心怀理想、竭尽绵薄，无怨无悔地奉献了自己的宝贵青春以至毕生精力。他们当中有桃李满天下的优秀教师，有硕果累累的杰出科技人员，也有对莘莘学子高度负责满腔热情的学生工作者。在学院60年庆典之际，重温历史，铭记每位杰出前辈的名字和缅怀他们的事迹，借以褒奖先行者，更为激励后来人，薪火传承、继往开来，将我们共同的事业推向更加辉煌的明天。

第一节　孙一康团队

孙一康教授带领的轧钢自动化团队的建立，可追溯到20世纪70年代中期国家重点工程武钢1700mm热连轧机建设时期。从1983年起，以自动控制研究所的成立为契机，团队开始重组，许多青年教师和科技人员先后加入，开启了轧钢自动化工程项目实施及计算机控制系统研发的新阶段。短短不到十年时间，该团队在我国轧钢自动化领域强势崛起，特别是所参加的若干大型热连轧机建设与改造工程的圆满成功，更使得团队进入我国带钢热连轧计算机控制领域前列，成为不可小觑的引领力量之一。在团队不断壮大的过程中，进一步衍生出在冶金自动化领域目前极为活跃的几支科技队伍，形成了一个规模可观的方面军，共同创造了骄人的业绩，成为我国冶金自动化的一支重要力量。

30多年来，孙一康教授审时度势，为研究所制定并实现了“两步走”发展战略，即以“武钢一米七热轧计算机控制新系统”为主要标志的“硬件系统引进，软件自主研发”的第一阶段，和以“鞍钢1700mm中薄板坯连铸连轧生产工艺技术”为主要标志的“硬件系统集成，软件自主开发”的第二阶段。通过这两次技术进步为国家和企业节省了大量建设资金，也使我国轧钢自动化的科研和技术水平有了重大突破，成为我国大型复杂工业控制系统构建的两种主要模式。

30多年来，轧钢自动化科研团队作为计算机控制方面的核心力量先后参加了国内多条宽带热连轧机的建设，以及多家钢铁企业各类轧机的局部自动化改造工程。主要包括：武钢1700mm热连轧计算机控制系统，太钢1549mm热连轧三电系统，鞍钢1780mm、1700mm、2150mm、1580mm热连轧计算机控制系统，济钢1700mm热连轧计算机控制系统，鞍凌1700mm热连轧计算机控制系统。

30多年来，孙一康教授领导的轧钢自动化科研团队及自动控制研究所获得了10余项科研成果，4项国家科技进步奖（一等奖1项，二等奖3项）和多项省部级科技进步奖（其中特等奖2项，一等奖3项）；发明专利5项；出版著作10余部；发表科研论文300余篇；培养博士研究生50多名、硕士研究生数百名。

孙一康，教授，自动化系第一任系主任，轧钢自动化团队的领军人物，我国带钢热连轧自动化的创始人和奠基人之一。1991年获国务院政府特殊津贴。

早在1961年，年仅29岁的孙一康就以其突出的科研贡献破格晋升为副教授。20世纪70年代中期，孙一康教授作为国家重点建设项目——武钢“〇七工程”的专家组成员，通过艰苦卓绝的努力，消化引进的1700mm热连轧机计算机控制技术，为该轧机的建成投产做出了突出贡献。其间，受冶金工业部委托，他主持举办了多期冶金自动化培训班，为宝钢、武钢、鞍钢等大型钢铁企业培养了500多名工程技术人员，其中很多人已成为本领域的专家和栋梁之材。同时，在这一工程中培养锻炼了教师队伍，为自动化系各专业发展做出了重要贡献。

几十年来，孙一康教授带领轧钢自动化科研团队参加了多条宽带热连轧机的建设工程，为我国轧钢自动化科研和技术水平的重大突破做出了杰出贡献，创造了巨大的经济效益。先后荣获国家科技进步奖一等奖和二等奖，两次荣获省部级科技进步奖特等奖。

孙一康教授几十年笔耕不辍，先后出版专著4部，发表论文50余篇，培养了数十名博士和硕士研究生。退休之后直至耄耋之年，孙一康教授始终关注着热连轧机计算机控制技术的进步和祖国钢铁工业自动化的发展。“老骥伏枥，志在千里”，孙先生用自己不懈奋斗的一生完美地诠释了这一人生格言，堪称典范。

童朝南，教授，曾任自动控制研究所所长、自动化系副主任、自动化信息工程学院副院长。在轧钢自动化团队中发挥了重要的骨干作用。1993年被评为“北京市青年学科带头人”，1993年获国务院政府特殊津贴。

长期从事自动化专业基础课和专业课教学，作为主要编者参编了国家重点图书《冷轧生产自动化技术》。

从20世纪80年代开始，作为技术骨干或技术负责人先后参加了多条宽带热连轧机计算机控制系统的建设和改造工程，为企业攻克重大技术难关，做出了突出贡献。先后获得国家科技进步奖2次、省部级科技进步奖6次，发表论文百余篇，培养博士生近30名。

杨卫东，教授，曾任自动控制研究所副所长。在轧钢自动化团队中发挥了重要的骨干作用。1996年获国务院政府特殊津贴。

主讲多门自动控制方面的本科和研究生课程，作为主要编者参编了国家重点图书《热轧生产自动化技术》。

长期从事控制理论应用及轧制控制方面的研究。在孙一康教授的带领下，作为部委科研项目执行负责人，开始了我国最早的热连轧计算机控制系统的研发工作。作为技术骨干或技术负责人参加了我国多条宽带、中宽带及窄带热连轧机计算机控制系统的研制、建设和改造工程，并做出了突出贡献。先后荣获国家科技进步奖一等奖、二等奖，冶金工业部科技进步奖特等奖、一等奖，发表科研论文50余篇，培养博士、硕士研究生近百名。

刘文仲，研究员，曾是自动化系教师，曾任高效轧制国家工程研究中心副主任、总工程师、北京科技大学设计研究院有限公司副总经理。1995年获国务院政府特殊津贴。

长期从事轧制过程控制计算机系统的设计和数学模型的研究工作，主持开发了具有自主知识产权的冶金过程控制中间件和热连轧数学模型成套软件。作为技术骨干或负责人参加了多个热连轧计算机控制工程并做出突出贡献，先后荣获国家科技进步奖一等奖、二等奖、三等奖，两次荣获省部级科技进步奖特等奖，被国家四部委联合授予“国家重点科技攻关计划先进个人”称号。作为主要编者参编了国家重点图书《热轧生产自动化技术》。

王京，教授，曾任自动化系自动控制教研室副主任、自动控制研究所副所长、自动化系副主任、高效轧制国家工程研究中心总工程师和自动化部负责人。2010年获国务院政府特殊津贴。

长期从事轧制过程的数字化传动系统研究工作，是国内较早将大型数字化（直流、交流）电气传动系统应用于轧制过程中的研究人员，为我国大型数字传动的工程应用、国产化作出了突出贡献。主持“高炉冶炼神经网络专家系统”等多个研究项目，获省部级科技进步奖二等奖1项，参编著作3部，发表论文50余篇，培养博士、硕士研究生近百名。

第二节　余达太团队

余达太教授创立的北京科技大学机器人研究所和他带领的科研团队一直致力于机器人系统理论及其控制技术、电动车智能控制技术以及氢燃料电池控制技术等方面的研究、创新与突破，我国第一台国产大型工业机器人在这里诞生！团队成员有李春寿、张明浩、林文兴、杨扬等。

余达太教授领导的科研团队在无国外样机的情况下，坚持“依靠自己的力量，立足于创新，搞一些开创性的工作，扎下自己的根”这一技术路线，攻克了一系列技术难关，出色地完成了高精度伺服系统、多 CPU 计算机硬件控制系统等十多项专题与子专题的国家重大科技攻关任务，成功研制了我国第一台全部利用自主技术的弧焊及点焊机器人并将其应用于工业生产领域，得到了国内外相关领域专家的一致赞誉，为我国机器人技术的自主发展做出了重要贡献，我国工业机器人也从此在世界上占有了一席之地。

余达太教授领导的科研团队近 40 年来通过正式鉴定和验收的国家与省部级科研课题 20 余项，通过验收的横向项目若干，获省部级科技进步奖一等奖、二等奖、三等奖 10 余项，发明专利 5 项，发表论文 200 余篇，培养博士研究生 60 余名。

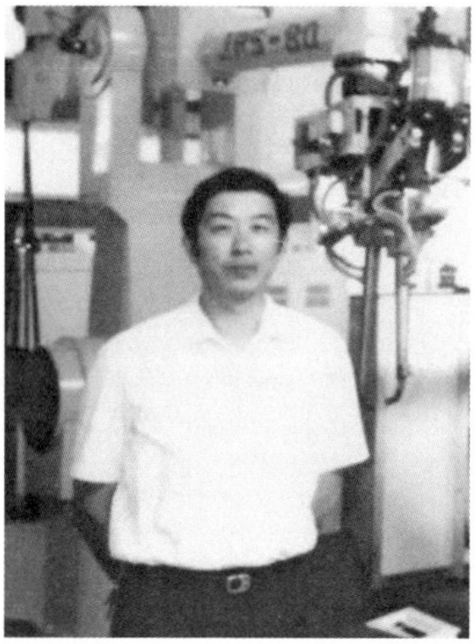

余达太，教授，机器人研究团队的领军人物，被誉为“中国机器人先驱”。曾任机器人研究所所长、自动化信息工程学院和信息工程学院院长、北京科技大学校长助理。兼任国家教育部科技委学部委员、国家自然科学基金评审委员、中国机器人工程协会常务理事以及美国 SME、日本 ROBOT、SICE、ISCIE 等国际机器人学会委员等。1992 年获国务院政府特殊津贴。

长期从事自动控制理论、机器人系统理论、机器人控制技术以及工业智能控制技术、电动车智能控制技术、氢燃料电池控制技术、武器自动化等研究、开发工作。曾获国家计委、科委、财政部授予的“有突出贡献的科技人员”称号，国家计委工业技术进步荣誉奖、重大科技攻关成果表彰，机电部、冶金部、北京市等多种奖励和表彰，并曾受到江泽民、李鹏、宋健等国家领导人的亲切会见。出版专著 3 部，发表论文 80 余篇，培养了费爱国院士等一批知名专家和学者。

李春寿，研究员，曾任自动控制教研室副主任兼实验室主任、机器人研究所副所长，是我国第一台国产大型工业机器人伺服系统的总设计师。1992 获国务院政府特殊津贴。

长期从事伺服控制系统的研究，主讲古典控制理论、现代控制理论、自动控制系统等课程，参与“七五”“八五”“弧焊和点焊工业机器人控制技术与装置”等科技攻关项目，率先采用动态负荷跟踪驱动技术。

张明浩，研究员，是我国第一台国产大型工业机器人计算机硬件部分的总设计师。1993 年获国务院政府特殊津贴。

主讲电工基础、模拟与数字电路、计算机原理（硬件）等课程。

主持并参与“小型电子计算机研制与应用”“弧焊和点焊工业机器人控制技术与装置”“工业机器人在汽车制造业流水线工作站的设计制造和应用”等国家科技攻关项目，在计算机高速并行处理技术、灵活插补技术方面取得显著成绩。

林文兴，副研究员，曾任机器人研究所副所长，是我国第一台国产大型工业机器人软件系统的总设计师。兼任全国工业自动化系统与标准化技术委员会工业机器人分技术委员会委员、首届中国机器人足球协会副会长。1993 年获国务院政府特殊津贴。

主要从事计算机、机器人学与人工智能的教学与科研工作。全程参加了国家“七五”“八五”全电动弧焊机器人、点焊机器人的科技攻关项目，主要负责机器人软件系统研发，较早采用自动编程技术，成功实现了机器人控制的计算机实时操作系统和机器人语言系统研究开发，填补了我国在这方面的技术空白。

杨扬，教授，曾任机器人研究所智能室主任、自动化信息工程学院副院长、智能、语言与计算机科学研究所副所长、信息工程学院电子信息工程系主任。兼任自动化学会教育委员会委员、信息网络研究中心主任、人工智能学会秘书长。被评为“北京市青年学科带头人”。

主要从事智能控制、机器人柔性装配、语音信号识别与合成、图像处理与图像压缩等方面研究。“肢体外循环系统的计算机控制”获北京市自然科学基金二等奖，主持和参与国家自然科学基金项目“机器人柔性装配系统的控制”、国家 863 计划项目“端到端网络性能测试系统（ENPT）”、973 计划项目“海量信息传输控制模型及其系统自组织时空有序行为研究”等项目均得到专家组高度评价。

第三节　涂序彦教授

涂序彦，教授，国内外自动控制和人工智能领域的知名学者，“多变量协调控制理论”和“最经济控制理论”的创立者，“大系统控制论”和“智能管理”学科的奠基者，“生物控制论”倡导者，“人工智能”理论、方法和应用技术的开拓者。在理论研究和工程应用方面都取得了创造性成果，在多项国家重大科研任务中做出了突出贡献，为发展我国人工智能事业做出了重要贡献。1992 年获国务院政府特殊津贴。

参与筹建中国人工智能学会，历任第 2、3、4 届中国人工智能学会理事长，现为荣誉理事长、中国人工智能学会学术指导委员会主席、北京人工智能学会名誉理事长。获吴文俊人工智能科学技术终身成就奖。

出版教材《人工智能及其应用》，获优秀教材一等奖；创建“协调学”和“大系统控制论”两个新学科，开拓了我国“智能管理”的新方法、新技术。

主持研发了中国第一个人工智能专家系统——著名老中医关幼波的肝炎诊断、治疗专家系统，获国家卫生部奖励，并向全国推广应用；主持“国家经济信息专家系统关键技术”研究，提出大型“多级专家系统”新方法，获国家“七五”攻关重大科技成果奖；在三峡科研任务中，为解决升船机多点同步控制问题，提出并研制了多电机“自行协调”旋转系统；作为总体负责人之一承担国家重点科研任务“科学卫星姿态控制系统”研究，提出“天文卫星准三轴稳定的姿态控制系统”创新方案；主持研制的“自寻优控制器”“模糊控制器”等智能控制器，多次获省部级科技进步奖；承担国家自然科学基金项目“智能控制系统”，提出“多级自寻优智能控制器”“多级模糊控制”“产生式自学习控制”等新方法。出版专著 6 部，主编论文集 1 部，其中《大系统控制论》于 2005 年荣获北京市高等教育精品教材立项；《智能控制论》荣获华夏英才基金资助。

第四节　优秀教学科研工作者

本部分优秀教学科研工作者按姓氏笔画排序。

王绍纯，教授，曾任自动化系仪表教研室主任，兼任中国电工技术委员会电机保护控制专业委员会主任委员、中国金属学会连铸电气与自动化学术委员会委员、冶金工业部教师高级职务计算机及自动控制学科评议组成员。曾获校级先进工作者、优秀共产党员等称号，1992 年获国务院政府特殊津贴。

从教 40 多年，主要从事自动化仪表方面课程教学。20 世纪 70 年代在国内较早提出将测量中的共性技术加以提炼并开设“自动检测技术”课程，主讲过自动检测技术、自动调节原理等 7 门课程。主编的教材《自动检测技术》，获冶金工业部优秀教材一等奖。

主要从事传感技术领域的科学研究，主持国家科技攻关项目多项，主持国家自然科学基金项目 1 项，获省部级科技进步三等奖 2 项，发表论文 30 余篇，培养博士研究生 1 人、硕士研究生 20 多人。

尹怡欣，教授，曾任自动化学院院长、党委书记，兼任中国人工智能学会副理事长、智能控制与智能管理专业委员会主任、中国自动化学会理事、智能自动化专业委员会副主任、专家咨询工作委员会常委等。1998 年获国务院政府特殊津贴。

从教 30 多年，主讲多门课程，获冶金工业部教学成果一等奖 1 项。

主要从事复杂系统建模与控制、智能控制理论与应用、工业过程控制等领域的研究，主持参与多项省部级以上项目，获省部级科学技术奖一等奖 1 项、二等奖 2 项。主持和参与国家自然科学基金项目 5 项、国家“863”目标导向型课题和重大课题 2 项；参编专著《新型 PID 控制及其应用》《人工生命及应用》；在 TAC、TNN、Automatica 等期刊发表论文 160 余篇；培养博士研究生 40 余人、硕士研究生 120 多人。

刘宏才，教授，自动化系的创始人之一。1958 年参与筹建工企自动化专业，是本专业建设元老之一。曾任自动化系副主任，兼任中国金属学会冶金自动化分会理事和中国电工高技术学会电控系统与装置委员会理事。

主讲炼铁机械设备、热工测量与自动化、生产机械电力装备、可控硅电路、系统辨识与参数估计等课程。主编教材《系统辨识与参数估计》，参编《可控硅电路》教材。

参与国家“七五”攻关课题两个专题，获冶金工业部科技进步奖二等奖 2 项，发表论文 20 余篇，培养硕士研究生 17 名。1991 年应捷克 Liberce 技术大学的邀请前去讲学。

李华德，教授，曾任中国金属学会冶金自动化分会电气传动委员会委员、中国科协工程专家委员会委员。曾获校级优秀教师、先进工作者称号，2000 年获国务院政府特殊津贴。

从教 30 多年，主要从事自动控制技术课程的教学。主讲半导体交流技术、自动控制原理、最优控制等课程。主编的《运动控制系统》获 2006 年国家规划教材，主编的《电力拖动自动控制系统》获 2009 年国家规划教材及 2012 年“冶金优秀教材”，主编专著《交流调速控制系统》。

1972 年，在国内率先采用可控硅整流技术取代 1850kW 直流发电机组一台，获鞍山市、鞍山钢铁公司技术改革能手称号。参与国家“七五”“九五”等攻关项目 7 项，获省部级科技进步奖四等奖 1 项，发表论文 50 余篇，培养研究生多人。

杨世成，教授，曾任自动化系副主任、自动化信息工程学院副院长。兼任北京电子学会教育委员会委员，电子线路分会、电子测量分会、北京市高校电子线路研究会理事。曾获校级模范共产党员和优秀共产党员称号。

从教 40 多年，主要从事电子技术方面课程教学工作。主编教材《新型电子电路应用指南——信号放大电路》。参与“冶金高校专业实验教学系统的研究”、“九五”国家重点科技攻关项目子专题——电子技术基础（模拟部分）教学研究工作，并出版发行。获冶金工业部教学改革成果二等奖 1 项、宝钢优秀教师奖，发表教学研究论文多篇。

主要从事语音识别技术方面的研究，主持和参与国家自然科学基金项目多项，发表论文多篇，培养硕士研究生多名。

杨志坚，教授，1984 年获“全国冶金教育先进工作者”。

从教 36 年，主要从事电工电子技术基础课程教学，主讲过电机学、电子技术、单片机、操作系统等课程。编写《电工学》《电工学解题指导》《电工电子实验指导书》教材，发表教学研究论文多篇。1990 年参加冶金院校协作组“电工学试题库”研制，获辽宁省科技进步奖三等奖。

主持 863 项目，参加冶金工业部重点项目研究，发表论文多篇，培养硕士研究生多名。

吴并臻，教授，曾任仪表教研室副主任、自动化信息工程学院和信息工程学院副院长。

从教 30 多年，主讲自动检测技术、电动显示仪表等课程，主编《自动控制仪表》《集散控制系统及工程应用》教材，获冶金工业部研究生教学成果三等奖 1 项。

主要从事过程参数检测与控制系统领域的研究。先后承担“本钢一钢厂加热炉燃烧计算机控制系统”“鞍钢烧结厂计算机监控系统”“石家庄钢厂电炉煤氧喷吹测控系统”“包钢高炉煤粉仓可燃性气体测控系统”“汉阳钢厂棒材加热炉集散控制系统”等工程项目。获省部级科技进步奖三等奖和地市级科技进步奖一等奖各 1 项，发表论文 16 篇，培养硕士研究生 11 名。

林克贞，副教授，曾任仪表教研室党支部书记，作为主要成员参与了早期热工检测仪表小组的建立，为自动化仪表专业和仪表教研室的建设与发展做出了重要贡献。

长期从事自动化仪表教学工作，主讲热工测量仪表、自动控制仪表、智能仪表、微机接口技术等课程，编著《自动控制仪表》《数字机械量仪表》教材，参编《工程检测技术及模拟信号变换》教材。在 20 世纪 70 年代，积极参与组织武钢、宝钢、鞍钢等自动化仪表培训班。

主持国家“七五”“八五”攻关项目，参与项目 1 项，获上海市冶金局技术成果奖二等奖 1 项，培养硕士研究生约 10 名，指导朝鲜进修教师 2 名。

赵开群，教授，从教 37 年，主要从事电工、电子技术课程教学，设计了若干电子技术应用实验课，获冶金工业部教学改革成果二等奖 1 项。

参与“多功能伪随机信号相关仪的研制和系统在线识别”课题研究，获冶金工业部科技进步奖三等奖 1 项，发表论文近 10 篇，培养硕士研究生 6 名。

赵家贵，教授，曾任自动化仪表教研室副主任、党支部书记，自动化系党支部副书记，自动化系副主任、主任等职务。兼任北京高教学会检测技术研究会秘书长、理事长，北京自动化学会秘书长、副理事长，北京金属学会计算机与自动化分会主任。1996 年获“全国冶金教育先进工作者”称号。

从教 30 多年，主讲自动检测技术、智能仪表等本科生和研究生课程。主编

《工程检测技术及模拟信号变换》《新编传感器电路设计手册》《电子电路设计》教材；参编的《自动检测技术》获优秀教材一等奖。

主持和参加的科研项目包括：国家“七五”“八五”科技攻关项目“高炉群调度指挥炉况信息计算机系统”、“大型连铸机自控系统的研究开发”子项目、“二冷配水模型与控制”子课题、安阳钢铁厂“板坯连铸机二冷水模型与控制技术”等。获冶金工业部科技进步奖四等奖 1 项，培养 15 名硕士研究生。

赵殿甲，教授，北京科技大学建校元老之一。曾任教研室主任、工业电气自动化本科专业及工业自动化专业硕士点创办人之一，为学院的专业建设和学科发展做出了重要贡献。

从教 20 多年，主讲电工学、车间电力设备、电力拖动与控制等课程。主编《可控硅电路》《冶金车间电力设备》《电力拖动基础》教材。

主要从事工业自动化、电气传动与控制等领域的科研工作，是国内从事交流调速和直流电机直接数字控制（DDC）研究的先驱者之一。参与北京冶金研究所“ϕ150mm 初轧机主传动高炉上料系统无触点控制”、上钢十厂“热连轧机可控硅传动控制系统”、北京第三轧钢厂“主传动控制系统”等工程项目，发表论文多篇，培养硕士研究生多名。

钟家桢，教授，曾任信息工程学院自动化系副主任，电工电子教研室主任。兼任中国电子学会电路与系统分会、图论与系统优化分委会秘书长。曾获“北京市优秀教师”“毕业生最喜爱的教师”称号。

从教 30 多年，主讲电路基础、电网络分析等本科生课程，讲授电子电路 CAD、计算机辅助技术等研究生课程。主编《电子电路 CAD 程序及其应用》教材。

主要从事电路理论、电子技术应用、电子电路 CAD 领域的研究。参与“Y 型三辊冷轧金属丝线材技术的推广应用”科研项目，发表论文 10 余篇，培养硕士研究生 10 余名。

高颂烈，研究员，曾任自动化系电路及电子教研室主任、北京科技大学教务处副处长、处长、副校长，兼任北京市高校电路理论研究会理事、网络理论组副组长。曾获校级优秀共产党员、先进工作者，“北京市优秀教育工作者”（1987 年），“全国优秀教育工作者”（1989 年）称号，1992 年获国务院政府特殊津贴。

从教 25 年，主讲电工学、电路理论、网络综合等本科生和研究生课程。1978 年筹建电路、电子两个实验室。翻译出版《Basic Circuit Theory》《Network Analysis and Synthesis》教材，编写出版《电路习题集》《电路指导书》教材，获全国高等学校教改优秀成果奖 1 项、冶金工业部教改成果一等奖 1 项，发表教研论文 7 篇。

黄汝激，教授，曾任北京高校电路理论研究会理事、《电工文摘》编辑、《电路理论教学与研究》编委、《网络图论通讯》编委、中国电子学会电路与系统学会图论专业组编审委员。

从教 30 多年，主讲电工学、无线电电子学、晶体管电路、数字控制基础、电子线路的计算机辅助分析与设计、网络分析理论、数字信号处理基础等课程。

主要从事电路与系统和电磁场理论方面的研究，主要科研成果有：导出了电流系、永久磁体系和磁荷系的一般等效条件；提出并论证了广义分裂法与广义混合法的统一性，统一了大网络数值分析理论的两个学派；改进了图的主划分算法，并解决了求网络图的全部调和分解与最优调和分解问题；提出并建立了有向超图理论，解决了超网络和大网络的分层拓扑分析和拓扑综合问题。主要著作有《无线电电子学》《电磁场理论中的向量计算》《图论应用的新进展》，发表论文 40 多篇。

舒迪前，教授，自动化系的创始人之一，参与和主持了“工矿企业电气化与自动化”本科专业及工业自动化研究生硕士点的创建工作，为学院的专业建设和学科发展做出了奠基性的重要贡献。曾任中国电工技术学会理事、中国电工技术学会电控系统与装置委员会副主任委员、中国电工技术学会学术委员会委员及中国金属学会冶金自动化分会控制理论及应用委员会副主任委员。

主要从事随机自适应控制理论与应用、计算机控制系统、工业过程控制等方面的研究。主持和参与多项科研课题，获省部级科技进步奖二等奖 3 项、省部级重大科技成果奖 2 项，发表论文 60 余篇，编写《预测控制系统及其应用》《智能控制系统及其应用》《自适应控制》《计算机控制系统理论与应用》等专著，培养硕士研究生 40 余人。

穆志纯，教授，曾任自动化系主任、兼任 IEEE ICWAPR、OSSC 等模式识别和计算领域国际学术会议的组委会或程序委员会主席，IEEE SMC Beijing Capital Region Chapter 主席。2014 年获“北京市师德先进个人”。

从教 30 多年，主讲数字电子技术、专业英语、模糊控制技术、系统仿真、神经网络及其应用等多门本科生和研究生课程。2007 年主讲的数字电子技术获国家精品课程，主编《计算机专业英语》教材。

主要从事生物特征识别、图像理解、计算机控制等领域的研究。主编出版《生物特征识别技术——人耳自动识别》人耳识别方面的专著。主持国家自然科学基金项目 6 项、北京市自然科学基金项目 1 项、教育部高校博士点科研基金项目 1 项以及多项国家大中型企业的科研开发和改造升级项目。建立的 USTB Ⅰ - Ⅳ人耳数据库是国际上人耳识别研究领域最有影响的数据库之一，新建立的 USTB-Helloear 数据库是目前国际上规模最大的人耳数据库。获省部级科技进步奖二等奖 1 项、三等奖 3 项，发明专利 4 项，发表论文数十篇。曾受邀多次访问英国、法国的大学和国家科研署实验室，培养博士研究生 30 余人、硕士研究生 140 多人。

瞿寿德，教授，学院工业自动化专业硕士点创办人之一，1992 年获国务院政府特殊津贴。

从教数十年，主讲最优控制理论及应用、分布参数控制系统等课程。

主要从事冶金生产中涉及传热、传质、相变和流体力学的复杂动态过程控制领域的研究。带领课题组着重探讨冶金生产过程中分布参数系统的参数辨识、状态估计和实时控制的数值算法和在线实现问题，是学院从事复杂系统先进控制的主要开拓者之一，在“具有相变与移动边界的分布参数系统的估计与控制问题”和“图像序列分析和模式识别在复杂系统建模与优化上的应用”两个方向的研究上取得了重要成果，发表论文与学术报告 10 余篇，培养硕士研究生多名。

第五节　优秀班主任

学院自 1980 年设立班主任以来，经过多年探索，取得了丰富的经验，涌现了一批教书育人先进工作者和优秀班主任。

孙思先，电气传动教研室教授，作为班主任，教书育人工作业绩突出，1989 年被评为“全国优秀教师”，曾获“北京市优秀教师”、校级教书育人先进工作者称号。

郑保元，电工教研室教授，对班主任工作认真负责，深入细致，得到学生和家长赞扬，分别于 1990 年、1991 年、1992 年被评为校级优秀班主任，并于 1992 年获得“北京市爱国立功竞赛标兵”称号。

陈力，电工教研室教授，对工作满腔热忱，对学生关怀备至，分别于 1988 年、1991 年、1992 年被评为校级优秀班主任，并于 1992 年 9 月获“舒尔美”公司颁发的北京市恩师奖。

郝天佑，仪表教研室副教授，仪表 77 班班主任，他针对班上出现的专业思想不牢，想转专业的情况，在班上开展热爱专业教育，围绕这一主题开展了一系列活动，使班上形成团结向上风气，被评为校级优秀班主任，仪表 77 班被评为校级先进班集体。

第六节　优秀辅导员

自动化系自 1975 年成立时起，在学生政治思想工作方面成绩斐然，一直受到学校的肯定与表彰。1993 年学生政治工作组成立之后，所开展的各项工作更为多姿多彩，生气勃勃，所获得的宝贵经验则薪火相传，凝聚为自动化学院学生工作的优良传统。

早期从事学生政治思想工作的辅导员有：赵金生、周嗣群、刘伟嶂、童朝南、孙铁、袁春、孟庆元、张宜生、祝利克、韩伯涛等。这些老同志现今都已年过花甲，但他们为教书育人付出的不懈努力，对莘莘学子的高度负责和满腔热情，将被自动化学院遍及祖国大江南北的众多毕业生永远铭记。

注：编委会根据自动化学院60年筹备工作委员会（由学院相关领导、教师及各年级联络人组成）意见，本书中的教师风采章节仅介绍了部分60岁以上的老教师，今后在逢十纪念活动中，将陆续出版类似书籍，继续展现教师们的风采。

附　　录

附录1　教职工名录

一、退休及调离教职工（按姓氏笔画排序）

丁　左	丁守一	丁秀华	丁明星	于明学	于　波
于跃刚	万亚东	门凤英	马天光	马正午	马永坚
马　伟	马向辰	马连发	马忠贵	马香峰	王小妹
王小燕	王开平	王为人	王正鹏	王永英	王成耀
王先梅	王延柏	王兆鹏	王庆梅	王　宇	王　军
王　红	王志良	王志明	王志强	王克襄	王丽娜
王秀美	王　沁	王尚君	王国华	王忠民	王欣江
王　京	王学东	王宝祥	王宗杰	王建萍	王绍纯
王绍斌	王树庆	王　勃	王昭顺	王秋霞	王　顺
王顺晃	王俊然	王洪泊	王振声	王晓晓	王晓燕
王　钰	王健平	王海骊	王继海	王　萍	王常策
王银成	王维正	王　超	王　敬	王智勇	王　嵩
王　颖	王新侨	王璋玉	元佳聪	木春梅	牛秀岩
毛一心	毛国华	卞国兰	方之岗	方天丰	方安祥
方惠仁	尹怡欣	孔庆德	邓江波	左宗朴	石志国
叶　刚	叶德顺	田军峰	付兆远	付洪威	代和平
白尔清	白真龙	白培林	白彩凤	包　宏	冯文森
冯克清	冯莉芳	冯　涛	冯淑娟	宁久瑞	宁克玲
宁淑荣	司徒乃赢	边胜琴	邢凤霞	邢玉敏	朴向东
毕秀茹	曲　扬	吕治国	吕焕云	朱飞虹	朱忠才
朱承岳	朱毅钢	朱耀中	乔　红	乔　保	刘小良
刘少民	刘长平	刘长田	刘文仲	刘　功	刘东方
刘　立	刘立成	刘吉岭	刘伟强	刘伟嶂	刘庆文
刘羽飞	刘　克	刘丽红	刘连英	刘秀贤	刘宏才

刘宏伟	刘宏岚	刘国俊	刘 凯	刘京民	刘京燕
刘承安	刘贺平	刘莲英	刘 莉	刘爱真	刘 萍
刘鸿涛	刘增良	刘蕴络	刘德荣	刘豫生	齐润德
齐 悦	齐家国	闫延生	闫庆春	米平平	江亚东
江 岩	安建伟	许启瑞	许启蒙	孙一康	孙 义
孙长银	孙乐殿	孙民生	孙昌国	孙昌爱	孙 明
孙和平	孙思先	孙 铁	孙家崑	孙淑云	孙韶元
孙 衢	牟世堂	苏力萍	苏长浩	杜大川	杜运炜
杜利平	杜岩萍	杜建忠	李大齐	李大鹏	李小燕
李 元	李云松	李长令	李今民	李丹黎	李东江
李占才	李白男	李 民	李 扬	李 刚	李华德
李 江	李兴烈	李丽辉	李秀山	李秀兰	李秀志
李松石	李奇珍	李国华	李 凯	李金玲	李金彦
李育苗	李波亭	李泽飞	李治淳	李建江	李春寿
李春雷	李 玲	李 恪	李素琴	李晓明	李晓凌
李晓理	李晓燕	李 晔	李菊庆	李 梅	李淑贞
李淑香	李淑慧	李援朝	李辉东	李湘源	李富松
李瑞亭	李新宇	李滨江	李 静	李毅杰	李燕杰
李 曦	杨卫东	杨月昆	杨正坤	杨世成	杨 扬
杨光耀	杨 华	杨兴辉	杨志坚	杨志忠	杨秀凤
杨良士	杨国櫟	杨金标	杨金峰	杨宝书	杨树杰
杨炳儒	杨桂琴	杨晓东	杨海林	杨裕亮	肖忠辉
肖晓玲	吴小鸣	吴业云	吴永生	吴弘仁	吴庆明
吴并臻	吴 狄	吴宗利	吴保亮	吴 衍	何 功
何英英	何 欣	何惠莉	何德铸	余达太	谷 宇
谷秋芝	狄 涛	邹晓岚	汪红兵	沈志忠	沈 晓
宋士敏	宋继林	张万骠	张玉文	张志强	张 丽
张丽虹	张利民	张宏伟	张启芳	张明浩	张忠波
张佩珍	张宜生	张建勇	张 玲	张茵波	张 洁
张洪利	张洋平	张 浔	张勇军	张艳南	张振强
张桂铎	张桃红	张晓彤	张晓媛	张 爽	张景民
张 舒	张慧清	张 磊	张黎军	张德干	张德政
陆肖龙	陆春香	阿孜古丽	陈 力	陈 卫	陈天思
陈月云	陈为胜	陈红松	陈 纯	陈 明	陈泓娟
陈树荣	陈济平	陈晓凡	陈 梦	陈清辉	陈景茗

陈璋国	武兴华	武志学	武航星	苗福官	荀　棱
范之瑶	范文胜	范春旺	林万和	林卫平	林文兴
林克贞	林　颖	尚小卫	罗　瑛	罗　熊	金　田
金　波	金宝善	金星星	周大年	周凤山	周文凯
周伟庆	周　华	周庆生	周志勇	周　芳	周贤伟
周绍英	周通义	周隆盛	周维现	周　斌	周嗣群
周　霞	郑　卉	郑包林	郑学军	郑秋宝	郑保元
郑雪峰	郑福建	郑　榕	郑慧民	郑德玲	屈秀黎
屈　微	孟文博	孟庆元	孟宪铭	赵开群	赵东峰
赵业浩	赵冲冲	赵　羽	赵国利	赵金生	赵宝永
赵素贞	赵　峰	赵家贵	赵　娟	赵　清	赵殿甲
郝卫东	郝天佑	郝红卫	郝春晖	郝彦爽	荆淑清
胡广大	胡少华	胡长军	胡四泉	胡纪五	胡　玥
胡建中	胡素英	柏国华	柳明新	柳　泉	柳　博
钟延炯	钟克永	钟家桢	段世红	姜瑞宝	姜燕钢
娄兴殿	洪定国	洪　亮	洪　源	祝　乔	祝利克
费　健	姚亦飞	姚红串	姚秀峰	姚洪杰	姚宣霞
姚　娇	姚　琳	贺聿江	秦　岚	袁东光	袁国强
袁　春	袁星军	桂玮珍	校金章	栗万金	贾育杰
贾险峰	贾甦燕	夏克俭	夏晓华	原　魁	原根礼
顾进进	顾建国	钱　力	钱力行	钱忠贵	钱建中
倪忠远	倪翠兰	徐　龙	徐国英	徐玲霞	殷绪成
栾晓东	高同林	高庆狮	高佳佳	高彦宇	高颂烈
高殿水	郭秀兰	郭秀荣	郭　峰	郭惠芳	郭景兰
郭　强	唐　波	唐琳琳	涂序彦	诸祖同	陶丽红
陶育光	黄大京	黄小莉	黄全福	黄汝激	黄孝斌
黄承云	黄晓璐	黄　康	黄程阳	黄旗明	曹少中
曹　勇	曹振江	曹晓霞	曹　明	龚育良	常馨悦
崔玉芬	崔绍棠	崔贵荣	崔畔林	康韶峰	康　杨
鹿崇发	章锦清	阎　平	阎庆春	梁卫平	梁　哲
梁继奎	颉　斌	葛文荣	葛玉琢	董木森	董　平
蒋一凡	韩宁宁	韩守梅	韩　芳	韩伯涛	韩学周
韩建德	韩彦玲	惠风光	景水生	景　鹏	程道蕴
程瑞雪	储方杰	舒之铭	舒迪前	曾广平	曾庆峰
曾绍良	曾树全	曾宪锋	曾　浩	谢文玉	谢永红

谢成希　谢载贤　谢桂珍　谢海波　雷雪梅　路春梅
鲍展平　解　仑　解迎刚　蔡小烨　蔡宁莹　蔡志勇
蔡启明　蔡晓晔　谭吉林　谭惠清　熊志明　滕丽丽
颜贻宏　薛秀琴　薛　彪　霍　月　霍银梅　穆志纯
穆　珍　魏进朝　魏　星　魏媛媛　瞿寿德　瞿　杭

二、在职教职工（按姓氏笔画排序）

Okay Kaynak　丁大伟　马　亮　马　超　王　帆
王　旭　王　欢　王丽君　王　宏　王国霞　王　玲
王俊伟　王　恒　王振花　王　莉　王粉花　王新平
尤　佳　左　昉　石中锁　卢延荣　史雪飞　付冬梅
付　强　冯竹娟　乔　梁　伍春洪　刘志杰　刘　丽
刘　艳　刘　涛　刘皓挺　刘磊明　刘冀伟　安翠娟
孙　亮　孙新苗　苏　伟　李玉玲　李江昀　李希胜
李　果　李　莉　李琳琳　李　擎　杨永亮　杨　旭
杨守功　杨雨谋　杨美偲　杨　焘　杨淑华　肖文栋
吴华怡　余　瑶　邹　尧　宋睿卓　迟健男　张玉珍
张　兰　张利欣　张　凯　张艳玲　张笑菲　张浩杰
张　爽　张　崎　张　敏　张维存　张朝晖　张　森
陈先中　陈　旭　陈　岩　陈　静　邵立珍　范晓红
郑　谋　孟　曦　赵小燕　胡艳艳　侯庆文　洪　然
贺　威　秦志康　袁　立　栗　辉　贾永楠　徐正光
徐银梅　高　海　郭　金　郭祥贵　黄　健　崔家瑞
康　文　康瑞清　阎　群　梁　舒　彭开香　董　洁
董冀媛　蒋　原　韩　菊　程海雨　舒雄鹰　鲁亿方
童朝南　曾　艳　曾溢良　曾　慧　蓝金辉　潘月斗
薛　燕　魏清阳

附录2　历届辅导员名录

（按担任年级及姓氏笔画排序）

1966级本科：沈熙贵
1967级本科：韩建德
1968级本科：何福全
1969级本科：黄宏忠
1970级本科：吕　芳
1975级本科：童朝南
1976级本科：刘伟嶂
1977级本科：周嗣群
1978级本科：孙　铁　袁　春
1979级本科：孙　铁　孟庆元
1980级本科：张宜生
1981级本科：祝利克
1982级本科：韩伯涛
1983级本科：范文胜　贾险峰　穆　珍
1984级本科：刘　功　李燕杰　陈　卫
1985级本科：王智勇　李　梅
1986级本科：熊志明
1987级本科：柳　泉　陈　卫
1988级本科：王　辉　李燕杰　周维现
1989级本科：李燕杰　周维现
1990级本科：袁　林
1991级本科：许　越
1992级本科：赵　锋
1993级本科：聂　华
1994级本科：毛国华
1995级本科：狄　涛
1996级本科：尤　佳　洪　源
1997级本科：宋建斌　张广喜
1998级本科：刘　宁　纪　智　李艳霞　蒋宏潮
1999级本科：尤　佳　吕治国　刘　珍　刘炜杰　周　芳

2000 级本科：王威伟　张利欣　陈奇伟
2001 级本科：王仁重　杨海林
2002 级本科：艾铁博　孙　琳　呼金柱　郭　凌　路春梅
2003 级本科：孔　宇　党会建
2004 级本科：陈文涛　滕丽丽
2005 级本科：刘　婷　吴　衔　张正伟　高佳佳
2006 级本科：刘　鑫　李　骁　侯　娜　曾　艳　滕丽丽
2007 级本科：李翰超　肖晓玲　柳明新
2008 级本科：刘　焱　李　戊
2009 级本科：庞启航　赵　清　侯　娜
2010 级本科：王　旭　田　洋　刘　阔　常馨悦　曾　艳
2011 级本科：刘长鑫
2012 级本科：王　靖　尤　博
2013 级本科：陈通瀚　秦　岚　韩宁宁
2014 级本科：王　旭　刘　庆　鄢章发
2015 级本科：于　洋　冯佳丽　宋　凯　孟　曦　赵　清　韩宁宁
2016 级本科：李　娜　吴佳彬　侯　捷
2017 级本科：杨雨谋　杨志方
2018 级本科：俞浩博　霍文堉
2019 级本科：孟　曦　杨美偲
1983 级研究生：齐润德
1984 级研究生：王　京　齐润德
1985 级研究生：王　京
1986 级研究生：王　京
1987 级研究生：王　京　陈　卫
1988 级研究生：陈　卫
1989 级研究生：王顺晃
1990 级研究生：胡纪五
1991 级研究生：王克襄
1992 级研究生：王　京　刘　凯
1993 级研究生：白尔清
1994 级研究生：杨光耀
1995 级研究生：杨光耀
1996 级研究生：杨光耀
1997 级研究生：王克襄　杨光耀

1998 级研究生：王克襄　杨光耀
1999 级研究生：王克襄　杨光耀
2000 级研究生：王克襄　杨光耀
2001 级研究生：王克襄　杨光耀
2002 级研究生：王克襄　李丽辉　杨光耀
2003 级研究生：王克襄　李丽辉　李　娜　杨光耀　郝青梅
2004 级研究生：李丽辉　李　娜　郝青梅　景　鹏
2005 级研究生：王培凤　初俐君　张晓媛　韩学周　惠施华
2006 级研究生：王志强　王　慧　郝志红　翁　彧
2007 级研究生：王志强　王　钰
2008 级研究生：王志强　王　钰　王晓晓
2009 级研究生：王志强　高佳佳　程海雨
2010 级研究生：程海雨
2011 级研究生：柳明新　程海雨
2012 级研究生：赵　清　贾　超　程海雨
2013 级研究生：王　旭　孙　颖　赵　清
2014 级研究生：王　旭　张玉振
2015 级研究生：王子洋　王　旭　韩宁宁
2016 级研究生：刘佳惠
2017 级研究生：郑　谋　赵　清
2018 级研究生：郑　谋

附录3 历届学生名单

名单包括本科生、硕士研究生和博士生，按入学年份分级统计，并按姓氏笔画排序。

一、本科生

1959级（33人）

王大智	王宗宝	乌圣琦	左德敖	叶金龙	毕凤琴
乔宜庆	刘光宪	刘嘉祥	李奇珍	李　炜	李霞仓
杨书启	杨远英	何乃国	沈　荣	沈鹤鸣	忻缜民
张英儒	陈仲达	陈若颐	陈雄辉	周全成	周裕国
周慈英	胡聚德	贺贤贵	顾志明	钱佩贞	梁楚臣
彭星辉	谢小龙	蔡和诚			

1960级（108人）

丁声清	王也丽	王云福	王秀芳	王作光	王希文
王保恒	王桂琴	王根有	王敏生	王瑞珍	王滨龙
王增夫	叶明秋	叶盛健	田淑英	史福生	冯昌忠
朱龙宝	朱学贞	华金荣	刘世新	刘永亮	刘仲熙
刘秀玲	刘宝重	刘春茂	刘淑芳	闫延生	关玉芬
孙有璋	孙法清	孙树峰	孙惠森	严敏文	苏汉清
苏振生	李士义	李文韬	李建宇	李堂敏	李喜田
杨国樑	杨明松	杨宗祥	杨淑兰	吴平南	吴银安
何金生	沈成英	沈宪备	沈　靖	张君玉	张和春
张育堂	张惠民	张增印	张融融	陆文光	陆娴英
陈延怀	陈荣开	陈钟跃	陈素霞	陈德浩	苗福欣
范本海	尚少英	呼俊俭	金明里	周丽华	郑凤珠
赵玉昆	赵春燕	施小明	姜忠泰	姜承纪	娄茂华
洪炎明	祝德山	贺桂香	秦伟成	袁祥惠	耿如水
徐兴国	徐恒年	高铁汉	曹淑娟	龚德水	康必选
梁成章	梁金渭	董　毅	韩东阳	韩春富	韩慧惠
童远鸿	曾庆平	温纪兰	楼栋良	简如松	腾林根
蔡毛弟	蔡景全	廖岳生	廖政培	戴佐周	戴学孝

1961 级（84 人）

于福鸿	于德金	马秀文	马承基	马桂玲	王日增
王永俊	王希平	王春生	王葆华	王福元	邓忠友
冯　骥	扬德贵	曲慧存	华志文	刘令湘	刘永庆
刘兴武	刘克礼	刘连德	刘金龙	刘法魁	江宗蕊
安云生	孙桂兰	孙敬芬	苏汉清	苏建庸	李文光
李玉芝	李自平	李佳元	李德轩	杨进华	吴玉贤
吴修田	吴冀生	邱言锡	沙秀兰	张广德	张太平
张永伯	张远鹏	张连举	张金聚	张家冀	张博礼
张嘉禾	张嘉琴	陆炳坤	陈开国	陈忠杰	陈绵令
林廷生	罗朝章	金正光	周相太	周愉仙	周瑞贞
庞志雄	郎骥昌	孟宪捷	赵伯涛	赵雀寇	赵智忻
赵福珊	荣振环	夏加伦	顾立虹	钱　云	倪忠远
郭景兰	黄松富	黄　森	曹家道	戚映年	梁永吉
梁　善	韩维清	慕开圣	樊玉生	滕宝玉	戴日梅

注：1961 级原有两个班，即电 1 班和电 2 班，电 3 班是 1962 年因为专业调整，从物化 65 转过来排为电 3 班，但他们属于 1960 级。集体活动他们愿意和 1961 级同学在一起，所以将电 3 班的名单编入 1961 级。

1962 级（60 人）

于德金	马从有	王士考	王玉树	王连生	王恩诚
邓　铎	石德亮	白佐坤	冯瑞仓	朱仁翔	任运东
刘文森	刘玉成	刘庆昌	刘庚酉	刘恒谦	许安萱
孙喜刚	李文林	李宗发	李鸿禧	李　新	何宜森
邹淑芳	冷金华	沈祖葵	张日生	张长富	张玉芝
张宇衡	张荣珍	张瑞华	陆洪滨	陈延海	陈伯骏
陈境德	范书增	周本中	周欣华	郑　杭	郑广玉
郑文泉	昝淑兰	娄　强	秦玉荣	索鹏飛	顾利圻
席爱民	黄柏龙	崔杏君	康振海	覃才育	傅正富
曾尔宁	曾庆禄	温广新	裴有政	潘家齐	穆存智

1963 级（52 人）

丁晓亭	王伯钧	王顺昌	龙显智	白书良	冯浦生
庄一蕾	庄文露	刘永汉	刘宝顺	刘恒乾	祁婉茹

苏少龙 李月秀 李新民 杨芳若 杨振邦 吴秀珍
吴培贤 邹学良 沈思元 沈瑞亮 张世岑 张连印
张莹珍 陈希安 陈 明 陈春兰 陈 锐 林心南
林维芳 卓承永 周玉广 周家治 周豪键 郑瞻洪
赵恒山 胡启惠 钟靖寰 姚孝明 夏同云 顾伟楠
高明儒 黄宗汉 黄宗保 盛小静 章荣良 梁相钦
韩玉波 程秀康 魏 申 魏卓林

1964 级（74 人）

于洪权 马长涛 马昱双 马 崔 马德海 王之信
王怀久 王東复 王明春 王彦芬 王恒兴 王桂荣
区长剑 方玉林 邓万弟 卢锦钊 付康明 刘同顺
刘金凤 刘树英 刘彩云 苏长浩 李元富 李龙珍
李占山 李兴富 李作周 李国梁 李鸿钧 杨世印
肖 海 吴沁明 佘晓山 沈秋元 宋文法 张世明
张世维 张跃新 张锦彩 陈行俊 陈根宝 周宪春
冼细日 郑凤珠 郑国明 单长文 孟献久 赵天华
赵廷金 赵忠礼 赵学仁 钟小友 宫学栋 姚小焕
袁守城 贾汉斌 倪锡昌 徐惠民 凌华仁 黄留欣
曹丽芝 曹铁村 崇德亮 梁秀清 梁啟明 尉世晋
董礼先 董成杰 董明远 蒋其敏 谢鹏珊 谭大芳
滕云奇 魏九银

1965 级（88 人）

卜劲松 于清海 马玉来 马铁棍 王义生 王月祥
王立合 王孝颐 王振江 王桂荣 王婉珍 卢金中
田立成 田伟奇 田爱萍 田德兴 朱玉梅 朱石头
任振权 刘广生 刘五元 刘太友 刘长青 刘明顺
刘宗歧 阮春瑞 孙兆琪 孙承德 孙荣彬 苏根随
李永嘉 李发焜 李光荣 李光蓉 李宝珍 李相长
李桂兰 李留忠 李康和 李淑琴 杨怀旺 肖金笋
肖 海 吴广铠 吴春荣 邱洪俊 何保仁 何培元
宋克林 张万清 张云霞 张凤英 张世雄 张宝林
张常华 张善浦 张福田 陈中朝 陈志才 陈国风
陈忠礼 陈 养 陈道云 郑广贵 赵永杰 赵志忻

赵　靖	柳　林	侯占魁	侯志林	施嘉良	栗泉水
徐立中	郭瑞麟	浮振民	谈世敏	康　健	梁启明
蒋伯侃	蒋淑蓉	韩宗元	韩修介	韩美霞	程玉信
程　泽	裴全仁	谭有强	燕成印		

1972 级（33 人）

丁书生	于剑锋	马福成	王庆民	王贵财	王晋国
王海平	王润宁	刘龙才	李玉华	李世福	李成芬
李全海	李运城	李金锁	肖玉源	汪晓群	张润德
张履平	陈国平	陈金英	范桂玲	周嗣群	郑　军
赵金生	赵焕斋	聂齐家	徐恒昌	郭维金	曹作永
梁考祥	谢巧兰	翟所安			

1973 级（74 人）

王士钊	王元生	王　宁	王明生	王　京	王维珍
王　粹	方浩波	计志康	孔令锦	邓云洪	申云丰
兰广英	朱长法	朱正玉	朱承岳	刘永和	刘伟嶂
刘国建	刘强身	孙玉振	牟世堂	寿振平	杜小宏
李并生	李尚民	李周国	李定祥	李建辉	李洪增
李素梅	李援朝	杨卫东	杨立功	杨忠平	杨建新
何源来	沈友苏	张良安	张启芳	张　陆	张建国
张洪利	张家玮	张景娟	张黎军	陈法年	武兴华
罗木金	周祥顺	郑雪峰	郑维开	孟华新	赵　平
赵忠信	姚凤英	徐绍勤	栾永军	高希南	高瑛琳
郭大标	郭贤平	郭香云	席同喜	曹雪军	曹清森
康宝南	韩　涛	韩增生	喻述云	舒康平	童朝南
蔡宁莹	裴现宝				

1975 级（94 人）

丁艳萍	卫德昆	马树和	马奎林	王今乐	王玉莲
王生平	王军生	王治修	王胜华	王海兴	王祥明
王　慧	王巍巍	毛　建	文　瑾	卢绍印	付兆远
任　萍	刘成龙	刘向国	刘会文	刘丽杰	刘位申
刘桂桃	闫　鸿	孙　铁	孙铁山	孙海波	杜建荣
李少宣	李长庆	李光瑛	李丽芝	李丽莉	李学英

李宝川	李树林	李振玲	李铁山	李焕国	杨　华
余艳爱	汪　淼	宋纯山	张丕贞	张永明	张　军
张连芳	张　杰	张顺堂	张彦军	张洪涛	张跃奇
张黎宏	张　儒	陈铁楠	范进军	金庆培	金觉新
周新平	庞桂香	郑卫东	郑镇海	单群英	赵建明
赵洪明	赵　巍	郝灵凤	荆晓峰	胡久山	胡　宝
胡晓穗	胡象斌	姚洪杰	贾忠进	高　峰	高鸿环
郭元生	郭玉玲	郭新杰	诸瑞霞	梁　颖	董建安
韩连峰	喻耀成	程双庆	程玉凤	程慧生	靳艳萍
静　燕	霍五如	霍有玲	穆志纯		

1976 级（166 人）

于忠洋	马建平	王从刚	王玉琴	王亚成	王光驰
王仲伸	王阿敏	王雨根	王定邦	王春生	王俊海
王振香	王　萍	王　跃	王　银	王雁冰	王　强
王慧生	王德清	方金莉	艾义安	古中南	占合成
叶子莲	田　丽	史正敏	史　建	白秀玲	冯吉茂
闪瑾雷	朱启贺	朱　韬	全平芬	邬秋林	刘延华
刘克俭	刘余良	刘佩孚	刘学伟	刘建明	刘素满
刘振民	刘桂芬	刘淑娥	刘新明	刘福生	齐　力
江小弟	许红芳	弛雪英	孙世河	孙西平	孙国柱
孙晓谦	牟秀荣	严　光	严朱光	苏　光	苏捍华
李凤英	李凤宝	李刚林	李志英	李志雄	李丽芝
李秀荣	李学兵	李建平	李　虹	李雅力	李静安
李穗平	杨成钢	杨春雨	肖平桃	时　琳	吴万贺
邱旭阳	邱国栋	何　琪	何湘伟	邹　军	宋建军
宋桂荣	张　伟	张全胜	张岑山	张宜生	陈力光
陈立蕾	陈训来	陈光宇	陈　利	陈　英	陈洪志
陈　超	邵长利	邵克提	武建勇	林　毅	周大维
周伯新	周炎林	周　勇	周高一	周康立	周燕坪
郑　丽	法瑞生	孟新华	赵天富	赵同连	赵全印
赵洪涛	赵爱萍	赵琪琳	赵翠清	郝桂明	胡冬丽
胡秉迁	胡秉廷	胡金柱	胡思弘	胡俊云	药恋明
战复东	钦　斌	秋彩虹	侯宏光	侯海涛	姚亚林
秦　平	秦俊彪	袁　奇	袁星军	校金章	钱　沈

徐志强	徐秀明	徐　静	高以坚	郭启勇	郭建萍
郭洪才	唐林林	唐铭新	陶筱钢	桑敬莲	黄文华
黄跃星	黄清香	黄德慧	梁晋新	寇秋玲	扈其林
葛　铁	董立红	谢马急	雷　达	塞力罕	谭招念
翟燕杰	潘　康	霍海云	穆晓敏		

1977 级（126 人，电 77-1 班见 175 页）

马晋民	马继跃	王为人	王立彬	王远建	王承保
王桂芬	王　菁	王锦虹	王　鹰	尹怡欣	尹　秋
邓高潮	石　光	石　勇	卢　锋	付一凡	付　兵
付晓鹏	吕建华	朱小燕	朱升红	朱长华	朱明言
朱学锋	任富坦	任锦瑞	刘士永	刘　岩	刘　辉
刘德喜	闫德刚	孙　彤	孙学义	孙晓梅	孙家生
芦文植	杜子德	杜红博	李大鹏	李小钢	李　东
李向阳	李兴华	李克建	李国华	李　凯	李秋来
李晓明	李　萍	李　晶	李新印	李德胜	杨小宁
杨　扬	杨至成	杨宜平	杨建宁	杨　潮	吴　申
吴志臣	吴　瑾	沈吟秋	沈　毅	张力才	张庆海
张克温	张连峰	张　沁	张荣佩	张　浔	张爱华
张跃进	张　慧	张镇洋	陆成勇	陆　健	陈启明
陈海苏	范贵萍	林一鹤	欧阳刚	欧海明	罗　红
罗　进	罗　晓	岳雪梅	金德心	周乐挺	周　刚
周建新	赵　强	郝必达	胡和平	修常青	姜一兵
姜长耀	费　建	姚　鹏	骆平崎	骆京华	袁宇丽
顾国强	顾蔚文	钱力行	徐竹清	高　荔	高益清
郭雨春	郭　征	郭建民	黄伟城	黄星辉	梅　清
曹素献	龚家风	崔振杰	董立群	董彦文	韩　达
韩　军	韩伯涛	程介川	储方杰	曾照实	潘　辛

1978 级（120 人）

丁　左	丁本良	马巧霞	马晓东	马继跃	王　杰
王书平	王本燕	王立新	王加宁	王　刚	王创存
王丽平	王　沁	王青山	王　洁	王晓珑	王海平
王家英	王惠明	王景存	王智杰	乌　德	斗　跃
尹　平	邓高潮	石荣杰	叶　钢	申丽芳	申碧玉

付建国	白大秋	白雪萌	白瑞华	毕宁慧	吕　泓
朱　桐	伊和斌	庄晓东	刘志刚	刘经琥	刘德海
齐俊臣	齐续暾	闫建兴	孙宏威	孙　明	孙春光
李　毅	李仁俊	李志刚	李胜玉	李艳秋	李　涛
李　燕	时建跃	吴　瑾	吴　林	何　力	余　涛
张　艳	张大好	张文刚	张志宏	张怀京	张建中
张树卓	张镇洋	陈　志	武志学	武秀川	范士宽
范德元	易　梅	罗家宁	金　凡	周远航	周建欣
房庆春	房建业	孟东升	赵月台	赵光远	赵晓军
赵清山	赵满堂	赵福利	郝必达	胡和平	茹仲惟
柏国华	星　宇	侯树谦	耿庆山	顾久和	顾里云
徐月英	殷　虹	高　海	高雪峰	郭京富	唐志惠
崔卫平	崔利国	崔　蓉	彭青阳	彭承志	董小艾
董化宁	韩保广	程留恩	焦保庄	舒之铭	舒若平
靳永康	甄亚山	蔡静新	蔚　玲	潘　京	魏光星

1979 级（44 人）

于少方	马连发	王玉民	王永超	王春燕	王哲宁
石全礼	曲　杨	吕　星	朱　力	朱继东	刘亚东
刘安汕	刘　彤	刘　杰	刘　萍	米　力	孙世菁
严蔚恒	苏　林	杜建银	李　钢	杨　河	何建萍
沈勤勇	武　晋	林　飞	林　健	金华男	周力丹
孟庆钢	孟春明	宣仲国	莫光祥	夏志强	高景华
梁生今	梁立珍	蒋　蓝	程　光	程　良	蔡文远
廖开生	翟京生				

1980 级（126 人）

门成刚	马　俊	马占宽	马德常	王　巍	王万敏
王竹泉	王　宇	王建伟	王相杭	王健康	王　智
木　仁	牛玉祥	田　皓	白　羽	丛荣葵	宁炳军
邢德川	刘　功	刘力云	刘宏奎	刘新荣	江长龙
许小伟	孙广明	孙仁平	孙坚敏	苏　健	苏劲松
苏秋明	杜向青	杜昌华	杜俊杰	李　炯	李一鹰
李文忠	李光举	李松石	杨一先	杨力强	杨卫华
杨志飞	杨宏光	杨若峰	杨建华	杨玲玲	杨　震

肖明理	吴　平	吴　炜	吴　强	吴洁葵	吴　晓
何华祥	何保才	沈　涛	沈黎颖	宋　标	张　鹏
张孝平	张宏伟	张林明	张奎录	张贵寿	张晓晴
张雄洲	张颖辉	张福成	陈　正	陈华辉	陈兴华
陈　林	陈耀明	范文胜	林华东	林　莉	金朝晖
周青荣	郑学明	郑晓丽	赵　凌	荆　荧	胡巨跃
施思齐	姜　平	姚　力	姚志昌	贺　鸿	秦　浩
耿卫红	贾险峰	贾贺来	倪小宝	高景华	郭来斌
郭灵纯	郭学东	唐亚斌	陶大熔	黄王英	黄玉斌
黄宇星	黄　毅	崔　江	鹿晓霞	阎世杰	阎立刚
梁志静	梁金山	彭先明	韩润萍	喻仁盛	傅怡琳
舒少勇	鲁　磊	童绍元	谢　力	楚子林	楼清元
詹绍忠	缪　冬	樊延海	滕秋海	戴佳明	魏建南

1981级（116人）

王少甫	王心玲	王世忠	王永闽	王　宇	王宗军
王梦晓	王智勇	王　磊	戈　兰	毛小兵	方树飙
孔　杰	邓晓宁	邓　敏	卢子广	田学峰	田　俊
付元飞	冯建华	过立亚	曲卫良	吕　昕	吕晓云
朱广东	朱建立	刘卫列	刘方兴	刘必清	刘成军
刘宇南	刘　波	刘晓生	阮　青	孙九勤	孙跃东
孙蓓云	苏　毅	杜成业	李仁良	李亚军	李志红
李春凤	李　铁	李　勤	杨兔根	吴光允	吴晓辉
吴　涛	岑方卫	邹冬燕	邹何洪	邹晓岚	沈文华
张文忠	张百龄	张　伟	张　体	张宏洁	张席文
陆志荣	陈　卫	陈阳泉	陈英选	陈学奎	陈根生
陈　梅	陈　缓	林　锋	欧学柱	易伟中	易康生
罗圣平	季国文	岳耿辉	周文明	周方洁	周　斌
郑伟远	赵　华	胡小玲	施　宏	洪　亮	祝光烈
袁文清	袁同发	贾　华	钱安保	倪　冰	唐　军
姬厚华	黄德胜	梅　昱	崔东岳	康　凯	寇克力
董岳峰	董晓宁	董海星	韩永贵	韩景山	覃　立
覃　棣	程化保	程佳斌	童笑丛	曾章桂	谢隆平
鄢婉丽	詹满光	谭年生	黎跃平	黎辉云	潘惠群
戴培文	魏　忆				

1982 级（124 人）

丁　怡	于　红	马旭珍	马荣芳	王为明	王　华
王仿根	王庆福	王建平	王艳阳	王海良	王淑丽
王越胜	仇　龙	卞国成	尹怀川	叶盛春	田建华
史　庆	冯　磊	兰　军	边平国	庄建军	刘世民
刘志弘	刘　彤	刘宜兵	刘彦利	刘新平	汤祥林
许均才	许美珍	孙克玲	芩方卫	杜　波	李玉仓
李世广	李申山	李茂祥	李建湘	李俊婷	李洪贺
李桂沾	李　曦	杨　光	杨　波	杨　玲	杨晓京
步怀彬	肖　丹	肖志明	吴继东	岐世峰	邱志娟
何海志	何惠玲	谷洪科	邹广慧	邹　丽	邹知生
沈　红	宋燕菊	张小明	张长水	张丹慧	张永波
张建林	张彦涛	张冠忠	张　磊	陆晓军	陈　立
陈英明	陈　炜	陈敬洪	陈慧萍	武　彬	欧阳庆
金小明	金树蔚	周效军	周黎亮	郑秋宝	赵志英
赵素芳	赵维顺	赵新权	荆亚斌	胡会超	胡秀华
施小丽	宫　辉	贺力勤	袁国民	耿德昌	顾丕耀
党　伟	徐　琪	郭文斌	郭　芳	郭俊景	唐汉川
涂庆年	崔爱玲	崔　康	章根江	商光文	梁百勤
彭晓伟	葛松良	董连英	董　斌	董　磊	蒋长虹
韩丽平	程　平	程景谷	焦春焕	谢元杰	裘喜铭
虞　伟	熊志明	黎作家	潘晓东		

1983 级（184 人）

于小明	于进军	于松龄	马光成	马旭平	马径才
马骋云	王力飞	王玉钢	王世红	王永福	王成耀
王志红	王明山	王建正	王昭东	王振强	毛汉平
仁朝廷	邓小全	邓盛寰	甘元东	甘　非	石来润
石桂凤	卢仙彩	帅业勇	田庆祥	付吉国	曲　云
朱小牛	朱　林	朱恩祥	任小仲	朵日娜	刘兰玉
刘兆龙	刘　均	刘　英	刘杰明	刘　洁	刘　勇
刘　锋	关丽萍	许　莹	孙以平	孙　东	孙光模
孙庆文	孙叔本	孙　强	苍黄林	苏广民	杜永强
杜亚新	杜慧中	李甲晨	李怀玉	李　杰	李宝华

李艳芬	李桂芝	李 敏	李道文	李德华	李 毅
李 燕	李耀祖	杨 华	杨旭东	杨志东	连 庆
肖永铿	吴 娟	何有祥	何琼华	余 岩	余景家
邹士成	言立强	汪 洪	沈永彬	宋志华	宋健海
宋继昶	张小红	张 平	张汉荣	张永真	张伟虹
张华英	张红军	张 沂	张拥军	张松岑	张 雨
张 岩	张金凤	张 治	张学启	张学杰	张绍新
张春燕	张继春	张雪平	张翠荣	张 蕾	陈云昌
陈玉兴	陈 立	陈汉明	陈华昶	陈华辉	陈国旺
陈金旺	陈春蓓	陈菊华	陈淑慧	邵 阳	武葆英
范锡波	欧以良	欧阳庆	罗宏伟	金振元	周长华
周锡兰	郑守东	单颖波	房 维	赵云珍	赵京平
赵 彦	赵 晨	郝 立	胡铭开	钟伟辉	信艳燕
施洪平	姜 波	宫敬民	祝朝峰	秦 政	袁建玲
袁新天	索继刚	钱宝能	徐广新	徐 华	徐宜军
徐洪智	徐 浩	徐继红	徐道怡	凌 杰	高治东
郭宏飞	郭 海	郭 梅	姬若刚	黄 文	黄北旺
曹永军	曹桂兰	曹晓清	戚晨生	崔阿庆	梁卫真
梁 好	梁李培	梁建明	梁 烨	彭仲伟	彭建湘
董庚燕	曾 蕾	路小路	廖京明	谭 关	谭周华
翟 坚	魏长虹	魏建南	魏 勇		

1984级（125人）

丁效柏	万 林	马兴华	马建华	王 军	王 炜
王东红	王全元	王兆冉	王壮峰	王红宇	王建波
王革平	王秋平	王 聪	车艳军	文晓春	邓洪涛
石建军	卢淑琴	田 越	田仲锋	田国清	田铁军
兰志明	司运杰	朱 强	刘玉昆	刘永春	刘宏内
刘宏北	刘淮林	刘慧林	米玉成	池 梅	许加宁
许彦农	农加宁	孙 超	杜培信	杜慧中	李 勇
李三广	李长旺	李玉维	李立新	李灵嫣	李 林
李 炜	李振兴	李晓东	杨小毛	杨天贵	杨守功
杨安会	吴玉香	吴利芬	吴晓伟	邱永峰	谷德明
宋心棣	宋凯杰	张云萍	张金凤	张学军	张建恒
张炳周	张继东	张敬年	张瑞斌	陈 魁	陈 火

陈光明	陈伟明	陈都成	陈　锋	陈嘉英	欧　红
罗　钢	周　佺	周　涛	周永红	郑贵堂	郑桂泽
郎晓雷	赵　强	赵小东	赵红芹	赵志华	赵维清
赵　辉	胡　文	胡海平	查卫江	柳　泉	钟书禄
钟安胜	段小海	俞　兵	施　敏	顾进进	徐建明
徐震昌	郭春喜	黄兆军	黄　青	黄金闩	黄惠雄
黄　雄	曹　瑛	曹小青	曹晓健	崔全利	康建新
梁　菁	梁玉山	彭秀友	董克坚	韩　存	景俊卿
程武英	温　健	廖　蓉	樊仲业	魏勇德	

1985 级（118 人）

于艳静	干永革	万　林	马春燕	马　慧	王　磊
王元金	王仁波	王立新	王　青	王国顺	王　凯
王佳庆	王京春	王贲志	王　恽	王晓东	王海林
王培汉	王　萍	王　辉	王慧平	巨重阳	孔维安
石立新	叶锦春	史　琳	冯兵卫	冯铁舟	兰　波
司徒少平	邢　嵘	成允俭	年漪蓓	任国明	刘立平
刘伟男	刘纪文	刘荣金	刘振才	刘清明	刘瑞宝
安　伟	许大好	许家辉	孙书元	孙　杰	杜晓峰
杜德胜	李　兵	李日清	李立群	李　宁	李钊锋
李秀梅	李　新	杨卫东	杨红林	连　庆	何艳平
沈　强	张文成	张文联	张世发	张乐金	张亦红
张志强	张　兵	张国斌	张宝发	张建军	张建恒
张晓枫	陆　群	陈文革	陈文涛	陈世良	尚文利
畅晓光	罗　航	周　昊	周伟标	周泽雁	郑碧鸿
官琰普	赵厉淳	赵立新	赵学森	赵爱兵	赵彩琳
施为民	施永翔	耿立新	晏明春	徐振昌	徐　锋
高德鑫	郭生勇	郭胜杰	郭亮忠	唐立新	涂应祥
黄小平	黄锦辉	梅俊华	康　军	梁　琼	葛志荣
董在胜	曾燕飞	谢京红	谢　倩	靳玉川	雷　革
蔡晓杰	鲜于开伦	潘友通	魏勇德		

1986 级（77 人）

于　伟	于鸣镝	万　云	王　刚	王　青	王　辉
孔凡伟	甘永星	石　英	龙亚鹏	田　红	朱恩祥

朱朝晖	乔金华	刘卫列	刘文生	刘立新	刘永南
刘 峥	关丽萍	关建华	江青茵	农 华	孙爱民
李世果	李永刚	李光举	李 伟	李全喜	李茹萍
李 涛	李湘涛	李臻锋	李耀祖	吴晓玲	何富业
佟长凯	宋万清	张永华	张国进	张 涛	陈亦莲
陈海明	陈 静	林华忠	罗立标	周 鹰	段 涛
姜兴惠	姜继洪	姚建强	贺文锋	袁 林	袁 萍
贾传迎	贾红平	顾力平	徐光新	高占军	高治东
高建波	郭宇红	黄宽伟	常雅萍	彭晓伟	葛文胜
韩丽民	韩 勇	程 江	程国安	谢京红	解惠军
谭 云	熊利民	戴志坚	魏召刚	瞿 杭	

1987级（87人）

马世勇	马金林	王小平	王 文	王正文	王立泉
王蓉屏	韦云展	方宇炜	叶 睿	田文利	邝宏雷
冯晓晖	吉年丰	任 炘	刘长青	刘丽萍	刘培方
安 平	孙万良	孙 林	孙 欣	孙俞年	李向东
李 红	李希胜	李晓光	李 德	杨 飞	杨少更
杨旭东	杨 晖	杨 琴	肖晓忠	吴红斌	吴培文
何文胜	宋 波	张 伟	张 军	张 军	张运会
张振山	张康宁	张 堃	张鹏洲	陆正耀	陈大华
陈 山	陈 卉	陈雪梅	陈 敏	罗利利	金哲宇
周 利	郑春城	胡 波	施 扬	姜文军	姚丽芳
袁庆生	贾国丽	顾 兵	钱江海	钱 罡	倪海涛
徐雪艳	高建军	高爱兰	郭卫东	郭春丽	唐嗣义
曹世海	常 远	常国庆	鄂京梅	章 莉	梁海峰
梁 曙	隋益民	韩伟恩	焦 丹	温庆斌	谢志峰
靳 军	解 仑	谭 涛			

1988级（119人）

于 波	王映红	朱 军	刘向军	许 萍	许 越
李 涛	余 扬	汪 赪	宋晓力	张卫东	张 臣
张 宏	陈 力	施 扬	董 方	薛 曼	于树斌
于 跃	马志坚	王铁明	王舒军	王意敏	牛鹏芳
毛东明	方 玲	邓 志	石 峰	申亚曦	田小朋

付长虹	付文光	付培众	丛 茵	吕 岩	吕 韬
朱永平	朱伟民	朱向杰	朱红平	刘宁宁	刘剑锋
刘娅娅	关敬敏	孙卜序	孙红军	孙晓宇	孙 鸿
孙 敬	牟 镝	纪马力	苏振宇	杜 刚	杜建霆
李华旗	李安平	李运良	李 勇	李艳霞	李雪梅
李景春	李智勇	李瑞梅	杨晓阳	杨爱荣	肖贵江
吴 杰	谷 新	谷 煜	宋 明	宋宪忠	宋晓萍
张子鹏	张立民	张永勤	张全胜	张旭明	张晋文
陆冬霞	陈可球	陈 挺	陈绮业	邵贤强	罗 维
金政勋	金 博	周 东	周宝国	周建忠	周 峰
屈秀黎	封岸松	赵里昂	赵建平	郝玉东	郝瑷新
钟黎萍	俞晨阳	祖文全	姚小战	秦力业	袁 鹏
柴晓晨	徐凤奎	殷之雄	高晓波	唐慧芸	涂 进
黄礼菊	黄伟林	曹宇峰	龚涛涛	梁春海	彭爱春
韩灵生	鲁玉明	谢朝晖	蒲兰东	黎如茂	

1989 级（151 人）

丁 伟	于美云	马惕迷	马瑞琪	王 玮	王 嵩
王少博	王 匀	王 伟	王荫隆	王剑飞	王晓志
王晓威	王培哲	王淑虹	方 方	邓霄波	卢红梅
田 江	冯 勇	戎 靖	毕 喆	吕彦峰	向立平
向国华	刘东方	刘仕强	刘自四	刘 芹	刘 昕
刘 岩	刘录增	刘春月	刘 铁	刘 勇	刘峰梅
刘海平	刘祥元	刘静林	关洪波	江 峰	许 亮
许 望	孙东旭	孙占新	孙国梁	阳恩虎	杜运炜
李达焕	李茂华	李孟琳	杨志刚	杨 涛	吴细兵
吴晓蓉	别录民	邱 晨	何文东	何 兵	何京敏
余 翔	谷剑雄	沈英姿	宋卫权	宋 喆	张 峰
张卫中	张 平	张永军	张旭宇	张志刚	张学工
张建春	张春阳	张 荣	张 越	张新伟	张璘璘
陆海宁	陈 岚	陈洪亮	陈敏军	陈 森	林 颖
罗 胜	金 培	周 鸿	周小龙	周 欣	周洪俊
周晚民	郑 磊	郑国君	郑 炜	郑孟武	郑 健
单 巍	宛如意	赵云凤	赵红宇	赵园懿	赵昊然
赵海风	赵淑香	赵慧强	胡大斌	胡国清	胡建全

胡海波	相　新	段　诚	俞源清	姚小战	秦　岭
秦　颖	袁　华	贾凤云	贾洪泉	原　峰	高　嵩
郭振杰	郭新宇	黄华松	黄胜利	黄　勇	黄桂群
黄晓刚	龚元顺	章书毅	阎仲亭	梁瑞鑫	隋　郁
彭东龙	斯颖波	董立民	董国卿	韩景丰	程继伟
童新海	谢四江	谢宇霆	鄢婉娟	赖湧涛	简湘瑞
谭　松	颜　浩	潘　昀	薛春娜	戴　欣	魏　涛
魏学国					

1990级（142人）

丁　挺	马向晨	马海渊	王东霞	王志刚	王应锐
王尚谦	王春光	王贵林	王选江	王　姝	王　勇
王海山	王　蓉	王新平	毛心明	邓民烽	卢芬兰
卢克斌	卢俊峰	史雪飞	冯淑红	成旭东	吕卓林
吕洪涛	吕　蒙	朱永红	朱建峰	朱　虹	朱　颖
向　勇	刘方进	刘玉秋	刘世勇	刘　阳	刘　明
刘凯文	刘炤煜	刘静林	江华中	江　捷	安　菁
阳运忠	纪　杨	李　元	李文兵	李文兵	李为民
李　军	李红玲	李连源	李利群	李　宏	李实成
李显彤	李　艳	李桂林	李　倩	李雪坪	李新通
杨永生	杨先波	杨　波	杨彦阳	肖　炜	吴必平
吴建党	吴晓松	吴　雷	吴　静	吴　静	何　涛
何家兵	余穗红	宋　杰	张长琦	张继龙	张慧东
陆　楠	陈天峻	陈永泉	陈光亮	陈宏纲	陈明泽
陈　森	邵　丽	林　兵	林　柯	金敬福	周　易
周晓霞	周　惠	周　谦	周　谨	赵　升	郝平谷
胡　勇	钟晓红	段　尧	段奇志	姜宏洲	姚文磊
姚春光	袁宇峰	聂　华	贾　媛	夏　强	钱　斌
徐仁士	徐宁昌	徐光辉	徐　笛	徐　琴	高晓峰
郭　松	郭　谊	唐海兵	唐　斌	陶桂林	黄宇彤
黄孝斌	黄晓华	黄雁举	盛　钢	常　彤	崔　坚
符国益	彭书策	董龙涛	韩中寒	韩　瑛	程冬超
程　旭	温爱琳	谢　丹	谢　翔	蔡　坚	蔡　晔
蔡　晔	黎多文	魏　然	魏　然		

1991 级（133 人）

于森	万琦	王长永	王永新	王亚东	王光辉
王刚	王庆毅	王宏	王海	王海伟	王雪晗
王新华	韦生	毛国华	毛淑华	文波	方兴海
石峰	卢冉	边岩	吕书强	吕伟志	朱廷林
朱晓东	朱海培	朱循宇	向昆	刘天柱	刘宗虎
刘晖	刘皓	关文虎	孙向林	孙红金	孙学刚
孙磊	严飞	李小进	李文光	李东江	李亚坚
李明	李金	李树军	李洪毅	李斌	李蓉
李静	杨扬	杨明	肖苏	吴云玲	吴旭青
吴晓晔	何其立	何虎	何葵花	余浩	辛琳
宋家宇	张云燕	张生林	张旭宁	张明	张明晰
张勇军	张琳	张惠浩	张繁	陈卫华	陈华
陈志	陈芳	陈学军	陈晓谊	陈斌	邵云松
范鲲	郁金星	罗宇平	周世宇	郑柳清	郑越
赵海燕	赵冀东	郝春兰	钟琪	段世红	段陵川
段鑫	姚红	贾壮	钱美丽	徐文征	徐光辉
徐全松	徐会斌	徐雪梅	殷虹斌	栾晓东	高欣茹
高雪梅	高慧琳	郭铁钧	郭晴	郭强	唐晓莉
谈东波	陶文俊	黄华金	黄鸣钟	黄焱	黄静波
康晓	梁科	彭开香	葛雅静	董宇	董洁
蒋晓京	韩晖	韩韫	程相虎	谢萍	谢澍
雷秀军	蔡袓阳	蔡常军	熊新华	樊红雷	潘煜斌
衡旭					

1992 级（134 人）

于泓	万容	马天马	马伟	马奇	马骏
王凡	王文刚	王玉英	王先梅	王伟	王任
王宇	王志刚	王欣	王建	王钢	王勇
王健平	王雪	王靖	王霍南	仇兆富	方明
邓悦	卢长军	叶磊	田中英	田文弘	田玲
生力杰	冯斌	邢钧	毕继明	吕蔚	刘宏
刘英瀚	刘国毅	刘珍	刘勇	刘海龙	刘辉
刘曾庥	刘毅	许伶燕	许珂	孙红娜	苏彤

李才对　李永辉　李明艳　李　炯　李晓辉　李　逸
李　巍　杨　帆　杨庆华　杨锡光　肖　白　吴学远
位　涛　余　斌　狄　涛　辛向阳　张卫冬　张子才
张　兴　张红亮　张　宏　张周军　张春光　张俊峰
张爱宇　张敏俊　张　蕾　陆海兵　陈廷辉　陈海生
陈　辉　林子钰　林　奕　易先淳　罗志刚　罗　艳
岳燕冬　金星振　周　云　周　刚　周华彬　周志强
周晓峰　周智霖　庞　鸿　郑寿川　项久鹏　赵星浩
赵慧斌　郝洪元　相　蓉　段　巍　洪海斌　费云艳
姚红星　贺颖馨　贺　靖　顾　新　钱　华　徐中义
徐流芳　栾爱玲　高玉亮　高　刚　郭　歆　容　新
龚剑辉　盛　珺　盛　梁　符　飞　阎剑龙　寇义冉
彭　炜　葛　平　粟凌云　傅一洲　傅锦虎　舒崇国
曾万恒　曾　晶　谢立春　窦汝恒　蔡文镇　谭裕民
黎勇生　魏润杰

1993级（135人）

于金波　于修凯　马　跃　王亚平　王志伟　王秀利
王宏伟　王　茜　王晓蓉　王彩凤　王　琨　王　敬
王腊梅　王瑞敏　王　霞　尤　佳　邓　添　石建东
叶　海　田　甜　白云霓　丛子义　冯　刚　邢春龙
巩　伟　朱一帆　朱晓东　朱海兵　乔新林　刘　阳
刘羽飞　刘　威　刘振莲　刘　罡　闫　岩　江　霞
孙华山　孙宏伟　孙晓栋　孙　毅　苏　力　李　宁
李廷山　李守财　李　红　李秀梅　李宏文　李劲宇
李晓东　李晓凌　李铁强　李维君　李　强　李耀军
杨　冰　杨　君　杨绍记　杨　桦　杨　静　肖明帅
肖南华　时　森　吴　用　吴昌勇　吴昱军　吴毓权
岑国瑞　邱建驰　何　欣　何　健　何海平　辛志强
汪志勇　沈　毅　宋　婧　张明志　张　凯　张晓辉
张　榆　陈国朝　林　海　尚　琨　罗先喜　岳　勇
金冬芳　金勇武　周红军　周治平　周晓京　周焕军
周　惺　郑水荣　单志广　赵权科　赵　炜　赵　焱
赵媛媛　胡子潜　胡玉凤　侯旻翔　施德汉　姜赛飞
胥光西　姚颖华　聂　莹　顾　奕　钱　锋　徐维强

凌　智	高　刚	郭立行	郭援非	郭　新	唐强辉
容　浩	黄希理	黄春林	黄　盈	常雪非	崔　政
崔　莹	麻永兴	梁　浩	彭　萃	蒋宏潮	程金良
程建国	程德斌	童义玲	曾金云	富　京	谢　竞
谭继之	霍志礼	魏炳荣			

1994 级（129 人）

于纪东	万卫新	马小丰	马　勇	王义增	王　宁
王先鑫	王伦国	王　宇	王宏波	王启明	王京燕
王视环	王建峰	王　莉	王铁男	王竞功	王　涛
尹　虎	孔庆旸	石秋红	田　禾	白广升	兰吉春
朱沭红	刘小光	刘宁甫	刘　刚	刘　畅	刘　征
刘　峤	刘艳铭	刘晓龙	刘瑞明	刘　震	江山宏
许长林	许　强	孙　勇	寿　增	李小梅	李壮举
李守财	李坤杰	李国强	李剑飞	李晓娟	李海潮
杨　华	杨志文	杨志庆	杨凌云	杨雪梅	来燕舞
吴庆玉	吴维敬	吴　强	何　江	邹　鹏	齐德平
宋希光	宋建斌	张广磊	张　红	张　轩	张　波
张学金	张宝峰	张宪霞	张　晔	张　健	张海娟
张　淼	张　震	陈文元	陈　明	陈春生	陈雪松
邵　愚	林　飞	林鸿钊	欧阳映华	易建辉	罗　汉
金广平	周立雄	周映红	郑　震	赵红星	赵彦玲
荆　煜	胡　军	侯　静	俞希林	姜铁旻	祝文彬
胥京宇	胥　晔	聂剑锋	高　博	郭松林	郭　璐
黄春华	黄　特	黄　锐	萧　凡	曹国辉	常晓非
梁　军	隋方亮	彭新苗	董　杰	董春红	韩丽梅
程　勇	程　霖	鲁万鑫	童　年	曾　刚	游　杰
谢永强	蓝红杰	雷　鹏	谭远志	谭启明	黎金泰
潘　登	戴花秀	魏　葳			

1995 级（129 人）

马可彬	马晨亮	马　琳	王东彬	王西瑜	王红伟
王丽雯	王　妍	王绍波	王　洋	王晓强	王家庆
王　强	王　瑞	韦　伟	牛犇犇	方海峰	孔雨聆
龙锋利	卢小雨	冉光宣	付　兵	白一峰	白春财

冯 亮	宁 峰	邢 笈	毕士鹏	吕 剑	朱丽亚
朱 亮	庄保丰	刘 双	刘 华	刘利平	刘炜杰
刘 艳	刘鸿伟	刘普功	刘 焱	池飞能	汤 禹
许 鹏	孙 才	孙文章	纪 智	劳大实	苏 丹
杜平周	李文增	李立军	李迎春	李春宇	李勇刚
李 萍	李 鹏	杨 烁	杨培荣	杨 毅	连 卓
吴坤斌	吴坤斌	吴英杰	吴 峰	吴爱兵	邱文秀
何俊宝	邹乐乐	张开宇	张兰杰	张 华	张孝博
张 俊	陆丽伟	阿 强	陈文巧	陈 方	陈书伟
陈汉林	陈达会	陈建军	陈 峰	陈锦晖	邵 巍
范存志	林镜明	所 涛	周先值	周庆喜	周原野
周 森	周锋刚	郑 宁	郑 伟	宗胜悦	孟广海
赵 磊	郝彦爽	柏行行	姜 杰	祝小欧	莫石泉
贾浩森	徐先锋	高咏红	高 路	高 磊	席红涛
唐 剑	唐晓军	唐 家	唐敦荣	陶红勇	黄开明
常春霞	梁 舜	葛秀欣	董小明	董立元	童 华
曾维禄	谢 丰	谢 凯	蔺凤琴	樊向荣	薛利民
薛 鹏	魏风林	魏晨晖			

1996级（119人）

于国锋	弓箭舰	马珂彬	马 亮	王东彬	王永远
王 宇	王 旺	王 岩	王 重	王 涛	王 皎
王 路	王增梁	王震江	尹 娜	巴俊生	石志国
叶 青	冯 刚	冯晶晶	兰 英	宁进福	司徒增荣
毕士鹏	吕 茜	吕 楠	伍 敏	任 飞	邬启友
庄榕城	刘小平	刘书荣	刘 欣	刘振兴	闫双平
江 俐	汤 禹	许闰琦	许英志	许 诚	孙远华
孙辰宇	苏建明	杜贞伟	李 飞	李水珍	李 光
李 玥	李 坤	李明合	李建勇	李艳霞	李笑歌
李 勤	杨红旺	杨 静	吴小松	吴俊波	余伊杰
邹小慧	辛云平	宋纲纲	张成阳	张延虎	张丽萍
张利欣	张春光	张 勇	张晓晶	张海龙	张 程
张 慧	张 磊	陈 雨	陈奇伟	陈 实	陈俊涛
陈胜良	陈焕洵	林红石	欧启满	卓宇婕	罗翀翀
罗 彪	金立涛	周 斌	周新锋	赵先红	郝 炟

胡良军	郗晓锐	饶志昂	姜来胜	姜 腾	秦海荣
袁 钢	徐 杰	高咏红	高皓然	郭学锋	郭 捷
唐征花	常春霞	崔 岩	崔 琳	康鹏展	梁 治
隋保明	粟 钧	谢月光	谢 涛	雷 维	鲍东来
谭 力	熊 伟	潘三洋	潘 登	霍耀明	

1997 级（245 人）

丁 惠	于晓藜	马先虎	马 忻	马津燕	王广瑞
王 升	王仁重	王文昊	王 志	王 芳	王克峰
王怀安	王 昌	王 怡	王建华	王建明	王 参
王春元	王威伟	王 洪	王 海	王清清	王琳琬
王 琰	王葳槐	王 翔	王 煜	王 睿	韦华颖
韦 克	牛庆伟	公 仆	尹建华	邓力浩	石 杰
占东明	卢世凤	叶 涛	田军生	田春凤	田 辉
由 炜	史腾飞	代长城	冯居上	冯 荣	冯 崴
毕宇青	毕佳庆	朱 剑	朱晓东	仲伟锋	危光华
刘文广	刘玉洁	刘术良	刘东晔	刘宁军	刘 伟
刘克成	刘 兵	刘 玮	刘 欣	刘剑飞	刘 洋
刘 维	刘 强	刘 聪	闫广明	安惠斌	孙红征
孙国安	孙国辉	孙 超	纪 烨	苏中元	苏 文
苏进军	杜 莹	李云飞	李云超	李水珍	李玉静
李占军	李 冰	李红波	李 芳	李丽娟	李迎梅
李 劲	李 坤	李凯军	李京晶	李春雷	李树尉
李贵仁	李 涛	李野川	李 铭	杨小峰	杨凤涛
杨冬瑞	杨 宇	杨 阳	杨红玉	杨 洋	杨海林
杨海锋	吴家佳	吴 悜	吴耀辉	何 枫	何峻妮
谷 鸣	谷 威	邹 玲	汪兴东	宋 未	宋伟方
张 飞	张术川	张生生	张成明	张 伟	张 罗
张 洪	张晓宁	张晓刚	张 涛	张淑敏	张 琳
张 鹏	张福强	陈小亮	陈 乐	陈 克	陈 玥
陈 欣	陈 波	陈科科	陈 勇	陈 越	陈 翔
陈 强	苗新东	林 一	尚丽娟	尚 晖	明 霞
罗 宁	罗 威	金 薇	周 进	周 丽	周国军
周 洋	周 娅	周惠汇	孟繁杰	赵云鹏	赵少治
赵月明	赵 宇	赵志洋	赵宏智	赵 怡	赵 项

赵海伶	郝晓伟	胡　广	胡剑敏	胡常明	柳永兵
柳秀云	柳新军	哈春辉	侯千秋	侯德锋	施瑞明
娄冬斌	宣染春	姚恒艳	姚　勇	贺　娜	贺潇雪
秦　达	秦国昌	秦晓宁	耿　哲	聂永江	贾文晋
贾永锋	徐　艳	徐　斌	殷　浩	高红宇	高　园
高　波	高　原	高　峰	高　航	郭吉强	郭亚威
郭欣亮	郭春喜	郭霄飞	郭　毅	陶江平	陶　敏
黄　若	黄　珂	黄　玲	黄　凌	黄　晨	黄锦云
黄　灏	曹爱银	戚斌毅	龚颐雯	盛子鹏	眭永波
章　锐	梁礼智	梁锐强	梁德坚	彭　丽	彭　莹
彭　睿	程思宁	傅　莉	曾　平	谢　静	谢　毅
楼　炜	雷明春	解迎刚	解　峰	蔡　磊	谭　华
谭洁浩	翟　鹏	滕　越	薛恩平	魏军峰	

1998级（318人）

万景龙	山　巍	马　红	马宏贤	马科明	马　骏
马　梅	马　骞	王一凡	王小松	王小忠	王山峰
王　升	王　丹	王　乐	王　冬	王永远	王伟国
王志刚	王丽君	王　钊	王叔智	王国敬	王明亮
王　岩	王建华	王春林	王春雷	王荣军	王洪涛
王　晔	王　玺	王　涛	王铭阳	王　敏	王　维
王　超	王　辉	王善建	王瑞新	王　磊	井　梁
韦廷刚	牛　犇	文昌辞	方　俊	孔　维	孔繁实
邓　一	邓力浩	艾金慰	左金丛	龙艳平	叶圣超
田　霖	史广安	史腾飞	印红云	冯　洁	冯雅敏
邢继风	邢　霞	成宏志	曲少华	曲　庆	吕　彬
吕　喆	朱文功	朱秋睿	朱　亮	朱晓东	朱耀平
乔建安	仲伟锋	任　强	全　茜	全　睿	庄继武
刘　凡	刘广飞	刘　申	刘　军	刘志强	刘　兵
刘希瑜	刘宏昆	刘　君	刘妍妍	刘　玮	刘学彪
刘相华	刘思慧	刘　洋	刘　菁	刘　彬	刘　晨
刘喜龙	刘　斌	刘　翔	闫广明	闫　石	闫　乐
安之斐	祁　帅	孙国安	孙　毅	芮雄健	苏明东
李书毅	李兰涛	李　伟	李　伟	李志明	李志鹏
李其奇	李国辉	李　政	李　威	李　亮	李　烁

李　勇	李　莉	李晓晓	李　涛	李　萍	李朝阳
李　鹏	李　磊	李德州	杨小琳	杨义斌	杨天宁
杨　冰	杨宇明	杨宇嵩	杨　柳	杨洪星	杨　洋
杨静俭	吴齐跃	吴　迪	吴　晨	吴新丽	邱　莹
何　生	何津生	何　浩	何　淼	谷　利	谷　鸣
邹仕顺	沈季峰	宋三虎	宋玉凤	宋海彬	张双江
张世芳	张　东	张乐杰	张立华	张　华	张江婷
张　军	张　利	张　昕	张　建	张春生	张晓晶
张海龙	张家洺	张　骏	张琎玮	张雪元	张　寅
张　博	张智科	张　勤	张　静	张　蕾	陈　阳
陈志超	陈应洪	陈　明	陈忠晨	陈铁星	陈　涛
陈悦阳	陈　敏	陈　雁	陈　翔	陈婷婷	陈　雷
陈　颖	陈　静	邵　岩	武小燕	武　刚	范宏涛
林廷武	林　琳	林　程	国　晖	昌玉剑	呼　吁
呼金柱	金军辉	金欣亮	周　卉	周东波	周伏荣
周　玮	周　博	郑传炎	郑铁军	单欣梅	宗　武
宗　武	屈政峰	孟　谦	赵　伟	赵　迪	赵锦全
赵　燕	荣苏娟	胡莎莎	南　方	相莉萍	柳　楠
侯千秋	侯　亮	侯　婧	俞　鹏	饶志明	姜沫岐
娄冬斌	洪　雷	宫志刚	宫　嵬	祝　卿	姚伟强
姚　远	贺彦军	秦海荣	袁学文	耿延煜	聂常斌
莫　锐	贾　威	贾朝阳	顾　杨	徐玉来	徐作鹏
徐君丽	徐　岩	徐　凯	徐　波	徐　洋	徐晓娜
徐　健	徐　燕	高小林	高文建	高　妍	高　杰
高莹莹	高献华	郭军彦	郭建良	郭绍楠	郭　凌
郭雅言	席德春	唐　志	唐　黎	谈晓文	黄艺明
黄文成	黄世刚	黄国权	黄岳滔	黄海欢	黄　晨
黄　康	曹卫星	曹中华	戚斌毅	龚志平	常　玲
崔　童	章　锐	梁松标	梁　珊	彭　岩	彭　鹏
彭　睿	葛　彦	董　亮	蒋红梅	蒋　韵	韩忠涛
韩智华	程　林	傅　莉	温昌兵	游　忠	赖泽鹏
雷明春	雷　凌	谭　宁	翟　鹏	熊　猛	黎运瑜
黎湘建	颜志军	潘　宇	戴二红	戴进军	魏忠慈

1999级（393人）

丁志强	丁　丽	丁明勇	于　正	于洪坡	于琳琳
万亚东	万　勇	万　谦	马宇飞	马丽英	马美嵩
马晨阳	马震涛	王天颖	王文佳	王　为	王　平
王　伟	王　伟	王　华	王　旭	王志帅	王　轩
王　玮	王林芝	王　卓	王卓君	王国军	王国骥
王　炜	王泽蕴	王　荣	王思叶	王思毅	王　晓
王　萌	王萍萍	王焕振	王　强	王婷婷	王　魁
王　鹏	王　颖	王　嘉	王潇潇	王　慧	王　磊
王　耀	云　杨	车宝臻	方红树	方　浩	方　新
尹　航	孔庆新	孔　宇	邓飞廷	邓宁军	邓　宇
左泽华	左　智	石　林	石　岩	石　巍	龙　萍
龙　滔	申　桐	田海燕	冉　冉	冉　夏	付永腾
付　勇	付晟森	代兴应	白原勇	白　烨	丛宏雷
丛　林	主　昊	冯科锦	冯　强	宁梓杰	毕文静
毕　铮	吕　进	吕晓韬	吕晨欣	朱　江	朱江浩
朱　宇	朱宝善	朱海涛	朱　博	乔　敏	任　旻
向欣毅	向　晖	刘一朋	刘　伟	刘　伟	刘向鑫
刘旭东	刘　宇	刘宇卓	刘　芳	刘　杰	刘国平
刘　珅	刘剑峰	刘　洋	刘　哲	刘莉娜	刘　莎
刘　涛	刘　宾	刘　清	刘　瑜	刘　颖	刘　潇
刘黎明	齐大伟	齐秀凤	闫　波	江　泰	江培蕾
江　鹏	汤　超	安盛宇	许　星	许　诺	孙广东
孙少波	孙传举	孙坤明	孙　晶	孙傲程	孙　然
孙　鑫	苏志松	苏　妹	杜大鹏	杜　飞	杜应提
杜林霖	李大军	李永林	李司晨	李光华	李　刚
李　刚	李　华	李向庆	李庆恩	李　红	李志远
李　杨	李贤仁	李　明	李　昂	李　岩	李凯芳
李春锋	李春媛	李星光	李炳煜	李　娜	李　桦
李崴巍	李蓬勃	李福祥	李　蕊	杨　光	杨宇航
杨　枢	杨　畅	杨　眉	杨望星	吴文彦	吴春生
吴　媛	里　刚	邱俊珺	邱　铭	邱　博	何　潇
冷志勇	辛　莹	汪　蕾	沈晓冬	沈斌海	宋永生
宋　杰	宋　征	宋　嵩	宋　霆	张　卫	张卫武

张文景	张　玉	张玉健	张业贵	张永旺	张亚楠
张　争	张庆亮	张进强	张宏伟	张国松	张国梁
张　俊	张洪博	张　洋	张　贺	张　艳	张振华
张　莹	张　亘	张　晖	张　健	张　涛	张晨明
张　楠	张　雷	张　聪	张　磊	张德申	陈开旺
陈　宁	陈　驰	陈非凡	陈育彬	陈　建	陈建军
陈　艳	陈浩源	陈　斌	陈媛媛	奉昌玉	武　琳
范小磊	范建伟	范恩波	林　川	林龙信	林伟玲
林剑峰	林　亮	欧连军	明黎民	罗　浩	罗　萍
罗　琛	岳　庆	金　亚	金洁华	金聚蕾	周长华
周志强	周　杨	周　济	周艳春	周　聪	郑明潇
郑鹤琳	单　涛	宗晨曦	孟祥龙	赵云霞	赵帅平
赵　欣	赵　祎	赵　珂	赵　洪	赵晨光	赵　然
赵颖男	赵　嘉	赵　薇	赵　巍	郝成志	郝　荣
郝　鹏	胡宇贞	胡　威	胡雪梅	胡　琦	胡　超
胡潇威	胡　赟	柏晓石	柳　瑾	钟　成	段潋姿
修　远	侯立伟	施向东	闻　峥	洪凡富	宫志恒
祖云飞	姚九强	姚国凤	贺　理	秦双双	秦海超
秦　萍	秦　臻	班耀飞	袁诚亮	袁新波	都　亭
栗　欣	夏玉宏	夏礼刚	夏　晖	党会建	特艳龙
倪崇佺	徐丹丹	徐　昊	徐赵辉	徐　薇	徐　镭
高　阳	高　欣	高培杰	高　鹏	郭云龙	郭玉琼
郭涛涛	郭　敬	郭　淼	郭　鹏	郭蕾蕾	唐宁权
唐伟龙	唐　罡	陶成志	陶　智	陶　源	黄丹丹
黄河峰	黄振利	黄智峰	崔玉晨	笪　利	梁国庆
梁忠奇	梁艳平	梁　健	梁　渝	宿慧萍	续　江
彭宇源	董嘉佳	蒋浩强	蒋震威	韩　晗	韩璐璐
喻　舟	锁曙光	程　柏	傅　兵	湛得安	温海雄
温惠容	谢　刚	谢海滨	雷　宇	雷　振	鲍翀宇
撖　龙	蔡祖伟	蔡晋昌	蔡晓霞	蔡　啸	蔡　鑫
廖　娟	谭志刚	谭春庆	熊　敏	黎　亮	薛成龙
薛国栋	薛瑞尼	霍文锋	霍玉豹	穆慧瀛	戴　鹏
魏　亮	魏　超	魏　潇			

2000 级（432 人）

丁伊杭	丁　虓	丁　鑫	于　跃	么　键	卫国斌

马立文	马全亮	马迎峰	马定利	马　妮	马　琴
马登霞	马嗣男	马　慧	马　燕	王一帆	王丁玮
王子田	王双起	王　乐	王　乐	王　宁	王亚杰
王　伟	王　旭	王丽娟	王　旸	王　英	王　枫
王　雨	王　昊	王国强	王　炜	王学颖	王　珏
王　挺	王　茜	王保辉	王　洋	王振宇	王　辉
王　锐	王　瑞	王　磊	王镇杰	王燕飞	王　鑫
韦佳佳	车玲玲	戈振文	尹力文	尹作为	尹美子
尹海沧	邓拥护	甘　露	艾铁博	艾凤英	石　磊
卢宇峰	卢　欢	卢　佳	申　思	田　威	田　蕊
田　毅	史　晶	付　华	仪朋晓	白云涛	白　垚
冯　涛	玄兆钰	司丽丽	成　军	吕　冬	吕建宁
朱　卫	朱玉民	朱　迪	朱琳峰	乔　梁	乔燕春
任勇毛	任　健	任爱华	任继超	华　芳	刘子君
刘化冰	刘　丹	刘　宁	刘　达	刘达飞	刘同锋
刘　刚	刘先波	刘　伟	刘　伟	刘　旭	刘　欢
刘志强	刘　芳	刘　杉	刘　妍	刘明海	刘金龙
刘　建	刘建华	刘建斌	刘绍鹏	刘荣鑫	刘　娜
刘羿良	刘晓飞	刘晓源	刘　晖	刘　爽	刘博滔
刘　颖	刘　静	刘　戬	刘　睿	刘　瑾	刘　磊
刘　磊	齐虹霞	齐　蕊	衣明力	闫瑞峰	关向东
关　敏	关　勤	江文伟	江定卿	江新敏	安红梅
许　丹	许　娜	许　涵	阮卫华	阮　维	孙玉罗
孙志斌	孙妍艳	孙建伟	孙　琳	孙　鹏	孙　璐
孙　鑫	阳定武	纪　群	芦　鹏	苏　丽	杜　方
杜晓飞	杜　鑫	李　丰	李元平	李　丹	李　丹
李文伯	李　扬	李　扬	李　伟	李宇梁	李　杨
李应举	李　良	李英奇	李枢民	李　杰	李　奇
李　果	李　佳	李柏锋	李俊峰	李美丽	李洪弟
李莎莎	李晓东	李　竞	李家文	李　祥	李　理
李　萌	李慧娟	李　磊	李　燚	杨　万	杨　中
杨乐平	杨华为	杨英恒	杨佳宁	杨　波	杨春臻
杨　栋	杨　威	杨贺捷	杨　莉	杨晓骏	杨　烨
杨娟娟	杨　硕	杨康宁	杨　锋	杨　磊	杨　霄
杨　熠	吴　边	吴笑天	吴　超	何　飞	何　涛

余爱军	谷 炜	邹雪松	辛 玫	汪棋良	汪 锋
汪 璐	沈 益	宋 韦	宋 兴	宋学浩	宋玲玲
宋 捷	宋智峰	张 川	张云凯	张立国	张亚中
张华杰	张冰波	张 迅	张 阳	张红宇	张志彦
张 良	张明伟	张京进	张学博	张宗伟	张轶辉
张 钛	张 亮	张 珣	张晓伟	张晓锋	张 涛
张浩林	张 娴	张 硕	张 惟	张 琴	张琳琳
张博鸿	张 雯	张 辉	张智斌	张瑞森	张 楠
张潇霄	张 磊	张 燕	张臻贤	陆晓娟	陈长刚
陈文涛	陈 红	陈志强	陈丽娜	陈 林	陈国群
陈 明	陈建辉	陈帮群	陈 亮	陈 亮	陈 亮
陈 亮	陈 健	陈 鲁	陈焱飞	陈 慧	武 文
武金鹏	武海鹏	拓 磊	范振东	范 斌	林 云
林 伟	林 宏	欧阳欣	易骁骁	罗彦林	罗景文
金雪雯	周小敏	周世锋	周亚飞	周 宇	周志扬
周 俊	周 剑	周望羽	周 鹏	郑 瑜	赵长占
赵世民	赵汉华	赵 杨	赵思敏	赵 剑	赵 剑
赵 恺	赵晓宁	赵 璧	郝春风	胡 杰	胡周杰
胡晓楠	查 亮	柳 方	钟镇堆	钟 勰	拜世杰
种 彬	段国强	侯 伟	侯艳艳	俞 旦	饶荣辉
姜大伟	姜卫兵	姜有哲	宣 明	姚 一	姚凯夫
姚钦卿	贺广治	贺元财	贺 巍	骆晓敏	桂凤姣
贾 军	贾 岑	倪跃辉	徐双花	徐 波	徐晓洁
徐爱明	徐 斌	徐 煜	徐瑶瑶	殷晓楠	高 伟
高志锐	高健鹏	高淑欣	高婧婧	高 雄	高 媛
高鹏飞	高 静	郭 凯	郭素云	郭 晶	郭 徽
唐维娜	黄国强	黄 皓	黄增彪	戚 琦	常 萌
常 鹏	崔里宁	崔 淼	鹿 原	章育军	梁阳升
梁 芳	梁 波	梁晓珍	梁 晨	梁 锋	梁 静
葛治吕	董贞良	董 丽	董婷婷	蒋晨晓	蒋蓉蓉
韩乐毅	韩 旭	韩辛亮	韩俊周	韩 霖	景 鹏
程 鹏	富 瑶	谢 科	谢 超	谢婷婷	谢馨艾
廉平平	靖森林	雍 坤	褚婵娟	蔡 薇	臧 樯
阚 超	漆莎杉	谭开洪	谭立涛	谭晨星	翟 颖
熊 锋	黎 玲	滕丽丽	潘光荣	薛 平	戴杰华

戴昕昱	戴晓华	魏有繁	魏 玮	魏 超	魏 巍

2001级（492人）

丁健华	于建新	于 珂	于景意	于德翠	卫 炜
马玉梅	马肖锋	马灵智	马 奎	王一鹏	王小川
王 飞	王云鹏	王日彝	王长业	王世伟	王 帅
王兰芳	王永顺	王 刚	王 伟	王 伟	王伟华
王守坤	王志明	王 轩	王 良	王杰勇	王 非
王昕亮	王 迪	王岩钊	王 征	王宝亮	王宜男
王栋梁	王昭辉	王贵彬	王思远	王思苧	王思超
王科红	王夏凌	王爱华	王 玺	王菲菲	王 彬
王 彬	王 彬	王 晨	王淑玲	王 婧	王 绪
王 琦	王 超	王 森	王 辉	王频频	王赢国
王璧涛	王 巍	韦一将	韦 烨	毛振杰	毛 婷
文 伟	方 田	方 喆	尹明学	尹 鹏	邓可欣
邓 华	邓斯琼	艾合买提江·艾海提		艾 京	左仕俊
石 岩	石晶明	平 超	卢春林	卢维刚	叶力多斯
叶宜亮	田 贵	史 实	付士奇	付 宇	付国亮
代 敏	代 瑞	白一鸣	白亚丁	白艳茹	白 晨
白新律	冯文亮	冯永鹏	冯明浩	冯 洲	冯 晓
冯 硕	冯强兵	冯 睿	兰 军	兰 健	司文丽
成 竹	毕晓菲	毕维奇	曲 杨	吕晓东	吕雪飞
吕 熹	朱大鹏	朱友启	朱伟勇	朱红阳	朱李桃
朱青青	朱明磊	朱秉斌	朱佳隽	伍 彬	任 君
任明兴	任 佳	任宝宝	任 煜	华 宝	刘小涛
刘元元	刘冬青	刘亚东	刘成龙	刘旨晋	刘 旭
刘壮业	刘 宇	刘志龙	刘 旸	刘秀兰	刘启山
刘国庆	刘泊伶	刘 柳	刘 亮	刘洪毅	刘 莉
刘晓光	刘 高	刘旌扬	刘 斐	刘 辉	刘晶晶
刘 磊	刘 影	闫 鹏	池 澄	汤 铨	安香子
安 碧	祁翼帆	许方平	许 攸	许 浩	孙丰达
孙旭斌	孙亦凡	孙 旺	孙学伟	孙晓铮	孙筱倩
芦大山	芦 磊	克依木·艾海提		杜小婧	杜光伟
杜 欣	杜欣灿	杜振宇	李习五	李 东	李 东
李东杰	李 由	李 刚	李全宁	李志亮	李芸芸

李若飞	李 岩	李 凯	李 佳	李 炜	李 实
李 珊	李 南	李美捷	李恒頔	李 泰	李 圆
李 准	李培娅	李 粱	李 琛	李 博	李 博
李 辉	李 淼	李 皓	李楚波	李毓伦	李 骥
杨永军	杨 伟	杨 征	杨 剑	杨 娜	杨素萍
杨 晋	杨 悦	杨 铭	杨睿哲	杨 磊	肖 晖
肖 楠	肖 鹏	吴 平	吴志辉	吴 芳	吴肖肖
吴 兵	吴 衍	吴 倚	吴 琳	吴 巍	邱 岩
何 伟	何 伟	何 杰	何 周	何 康	何智文
何 翔	余时利	余彦林	谷怡然	邹伟华	邹华刚
邹道兵	辛 茹	宋倩霞	张文亮	张吉海	张 伟
张会根	张红娟	张运铭	张志华	张 松	张明潇
张佳伟	张珂铭	张 星	张秋香	张俊辉	张 艳
张 涛	张 娟	张继艳	张雪松	张雪婷	张 铮
张 淇	张 琴	张 琦	张 超	张 喆	张智勇
张 赓	张 谦	张媛媛	张新鸿	张 满	张 磊
张黎丽	张毅宁	陈一民	陈旭光	陈 辰	陈 良
陈 波	陈显锋	陈俊伟	陈 亭	陈振强	陈哲立
陈 爽	陈 晨	陈 敏	陈 琳	陈 锋	陈 鹏
陈 静	陈 魏	陈 曦	陈 懿	邵栋辉	范 茂
范彦军	林 郁	林智丰	林赛群	林 鋆	郁 虎
罗贝贝	罗 扬	罗 鹏	罗 颖	季 鹏	金修磊
金 鑫	周卫耀	周 正	周尧杰	周 卓	周 治
周建华	周美凯	周笑赟	周 凌	周 铭	於星明
郑圣珠	郑树剑	郑嘉浩	郑毓娟	屈妙淼	孟积渐
赵月月	赵立颖	赵 华	赵 旭	赵威猛	赵 乾
赵 爽	赵婵媛	赵晶晶	赵 锋	赵 静	赵 毅
赵燕东	赵 巍	赵 巍	胡文斌	胡 琴	胡超超
胡 镔	柯 瑜	柳耀鹏	钟 胜	种衍雪	侯天资
侯建华	侯 喆	俞 政	饶晓丽	姜权喜	洪兆晖
姚广利	姚 尧	姚孙文	姚福源	敖 楠	袁 丹
袁玲玲	耿彦婷	耿 蕾	聂 黎	贾 铮	贾 揆
贾雯娟	贾 楠	顾 涛	柴喜军	徐文学	徐志昊
徐经纬	徐 标	徐要强	徐桢桢	徐 萌	徐 康
徐 博	奚 杰	卿三勇	高俊鹏	高晓亮	高 淇

高　雯	郭炎锋	郭建新	郭晓霞	郭　喆	郭　磊
唐　宇	唐　密	唐斌辉	陶宏涛	黄凤琼	黄文东
黄　刚	黄芳益	黄　城	黄晓东	黄镇海	黄赟中
曹　鹏	戚　颖	龚泰东	常小微	崔文利	崔传章
崔　芳	崔若冰	崔朝辉	崔　鹏	麻凌宇	康亚夫
康佩锋	阎玮蓉	梁欣欣	隋　昕	彭云峰	彭　伟
彭　波	葛文昕	董　琳	董　超	董　鑫	韩天宇
韩　冬	韩明明	韩晓旭	韩　健	韩　勖	惠施华
程柯楠	程　鹏	储院生	舒　卓	鲁　振	敦文杰
童　韡	曾梦良	游家巍	谢丽娜	谢　坤	谢幸初
谢星艳	谢　斐	蓝勇斌	蒲东江	甄　龙	雷　川
路利刚	鲍　伟	蔡东月	蔡　昊	廖凤华	廖兴华
廖茂荣	谭正海	谭曜廷	翟天骄	黎龙武	潘　涛
燕小伟	薛　文	薛冠芬	薛　颖	鞠大升	鞠志强
魏大兵	魏冬邦	魏冬波	魏　兴	魏　彬	魏　硕
魏　铮	濮方尧				

2002级（492人）

丁良云	卜　倩	于　鑫	万黎黎	马大伟	马成林
马凯蒂	马建强	马　洲	马潇潇	马　磊	王二元
王文涛	王平伟	王　尧	王传经	王闫博	王兴达
王韧秋	王声焰	王秀霞	王怀宇	王青州	王　昊
王忠亮	王赵洋	王　钦	王洪成	王洪斌	王恒蕾
王宫帅	王　勇	王笑楠	王　涛	王　彬	王淑宁
王　维	王　超	王　森	王　辉	王晶晶	王晶晶
王　皓	王腾飞	王新羽	王　蕊	王　磊	王德敬
王　濛	王　颢	王　韡	王　馨	井小龙	韦冠涛
太史功卓	区　健	车　军	毛青堂	文占峰	文思元
文　静	方红辉	计　东	尹耀旻	邓　昊	邓　晗
邓智芬	邓蓉蓉	左　罗	左　俊	石陇辉	石　岩
卢　芳	申　花	田志录	史　超	史　巍	丘国盛
付　彦	付　超	代　松	白如星	白　雪	丛云旦
令狐小雨	乐新风	冯　帅	冯坤池	冯　磊	冯　巍
邢涂阳	师　帅	吕　刚	吕舒婷	朱成功	朱华杰
朱志标	任　泽	向晓曦	危雪华	刘万鹏	刘少华

刘文博	刘付华	刘达宇	刘 成	刘华桢	刘旭明
刘 阳	刘志鹏	刘芸虬	刘 利	刘 利	刘奇峰
刘 佳	刘 佳	刘佳佳	刘金龙	刘育华	刘宝强
刘 练	刘 研	刘 昱	刘 禹	刘 亮	刘祖梁
刘艳臣	刘梦晨	刘 鸿	刘 锋	刘翔宇	刘瑞伟
刘 鹏	刘 磊	刘 澳	刘 曦	刘 鑫	齐 振
闫正洁	闫 磊	米振强	米热古丽·艾力		米晓峰
江冬权	汤云波	安 洋	祁 漠	许文杰	许博旸
孙大明	孙大妹	孙乐兵	孙红梅	孙彦博	孙 骁
贠晨亮	牟 笛	苏永凯	苏 明	杜白云	杜新兵
李小顺	李 广	李丹丹	李文晶	李东涛	李 伟
李村杨	李和平	李 岳	李 欣	李 炎	李治华
李建涛	李春芹	李栋华	李 胜	李 骁	李晓晨
李晓霞	李浩然	李 雪	李 康	李婧妍	李 琳
李 越	李雅明	李 斐	李焱嘉	李 媛	李 蒙
李 鹏	李 鹏	李 鹏	李鹏飞	李鹏刚	李 潇
李 慧	李 韡	李 鑫	杨云妹	杨 帆	杨 旭
杨 凯	杨 征	杨建国	杨 娅	杨 勇	杨晓萌
杨嵩松	杨 溢	杨德强	吴一啸	吴宏文	吴 征
吴 波	吴承承	吴 洲	吴 恰	吴淮水	吴蕾蕾
何子南	何云波	何文君	何育丁	何 茜	何颜春
余 瑾	谷 雨	邹伟良	邹 坤	沈 彬	宋文宇
宋文静	宋娜娜	宋 渊	张于君	张天时	张少华
张少鹏	张玉清	张正伟	张 帅	张光斌	张全夫
张会举	张兆飞	张兆丰	张进铨	张李玮	张秀娟
张 杰	张 昊	张明华	张 金	张 波	张建刚
张建华	张 虹	张俊玲	张 恒	张 冠	张祖兴
张 娜	张 都	张晓飞	张晓霞	张 健	张 彬
张 敏	张 婧	张 博	张 楠	张 磊	张 磊
张黎明	张 璠	张 冀	张 巍	张巍巍	陆江华
阿不力米提·阿吉		陈一新	陈 可	陈 宁	陈 伟
陈传雨	陈 希	陈 劭	陈 明	陈忠盟	陈金凤
陈建军	陈 姗	陈 科	陈 炼	陈 洁	陈振华
陈海涛	陈渊圣	陈 鹏	陈慧胜	陈德儿	陈镜成
邵天佳	范小蔚	林燕华	欧阳柳青	罗 东	罗 宁

帕哈尔丁·买买提依敏　季　伟　岳光锋　金　田　金　雪
周　乐　周向军　周　珂　周垚林　周亮亮　周喆伟
周　博　周楠楠　周　鹏　周毅书　庞　涛　郑　骏
郑巍巍　孟建基　孟得利　赵玉叶　赵　同　赵　伟
赵若鹏　赵　杰　赵金辉　赵学程　赵建平　赵　星
赵　亮　赵恪昭　赵　昪　赵媛媛　赵　静　赵　震
郝建凤　胡义喜　胡木建　胡观成　柳顺政　柳　洋
钟　丁　钟文坤　钟　秋　段维思　修　宸　侯云飞
侯海军　俞　冲　施家煌　施毓俏　姜宏达　姜佳佳
祝　勇　姚小舟　姚　远　贺竹冰　贺　琳　骆佳佳
秦海波　班　诺　袁文斌　袁　刚　袁　强　袁德全
热依木江·艾尼瓦尔　聂汉子　聂晓尉　桂　志　贾　铮
夏　冰　夏　冰　夏　禹　夏　筱　顾旭程　顾　浩
顾　彪　顾　磊　钱春霞　倪晓光　徐华兵　徐　林
徐俊生　徐晓博　翁烨晖　凌　钰　高立省　高连军
高利鑫　高　铎　高崟鑫　高　瑞　郭志英　郭明磊
郭　振　郭朝斌　郭锐敏　席瀚英　唐文余　陶小林
陶炳旭　黄力伟　黄巧珍　黄亚洲　黄佳凌　黄通焕
曹天扬　曹珊珊　曹辉灿　曹　楠　曹　颖　曹睿哲
曹　磊　曹燕玲　戚永胜　戚　铮　龚雪超　崔　扬
崔克洪　崔建立　阎子超　梁友仁　梁　爽　梁　璇
董晔骞　蒋凤颖　蒋雯雯　蒋遇龙　韩茂琨　韩　晔
韩　鹏　韩　璐　程　讪　程　伟　程　宇　程志兴
程漱铭　傅　丽　傅景良　曾　纬　曾　艳　温　亚
温　绚　温晓宇　温想来　谢　峥　鄢琳力　靳　松
靳　静　楚恩来　雷云枫　雷奇文　雷颖俊　路　达
雍　振　蔡广宁　蔡　炜　臧翔宇　廖洪亮　廖振钦
谭本根　熊海涛　熊萍萍　熊辉兵　缪庆亮　樊　宇
樊俊芝　黎　伟　滕　飞　颜　宇　潘　凤　潘惠绣
潘瑾瑜　薛亚飞　薛　峰　薛　峰　霍明烨　鞠红阳
鞠何其　檀　晨　魏纪东　魏　征

2003级（508人）

丁文生　丁　闪　力提甫江·努尔买买提　于江波　于昕冉
于洪金　于晓伟　么昆民　马山明　马文军　马文锐

马永泰	马　军	马洪梅	马雪明	马　婧	马婧文
马　超	王子腾	王天威	王丹丹	王玉栋	王印玺
王冬青	王有华	王达威	王伟华	王　冲	王安义
王　军	王狄勇	王明妮	王佳美	王　欣	王柳红
王俊婷	王烁天	王晓文	王　涛	王海明	王家林
王　萌	王　萍	王　硕	王　铮	王　维	王　琦
王　超	王　博	王敬之	王朝兵	王　瑞	王　蒙
王微岗	王　鹏	王增新	王融融	韦升禄	韦　顺
韦群跃	尤中乾	毛永飞	毛连富	毛明旺	毛　泽
毛艳辉	文　颇	方　博	尹　含	孔凡洋	艾　宁
艾琳婷	古舜尧	左　磊	石宇科	石复光	石冠雄
石　璐	卢　峰	卢海锋	卢　菁	帅兰兰	叶庆文
叶　楠	申　凯	申　悦	田　峰	史卓亚	史敏甲
史　鑫	付兴林	付晓佳	白璐阳	包萨日娜	冯永振
尼　玛	边巴次仁	边　杰	邢宝佳	巩　潇	
地里木拉提·买买提		亚　男	成　晓	师振宏	曲东良
曲　波	吕小龙	朱　畅	乔　明	任香盼	任晓雪
任　浩	华若宇	全亮姬	邬宁琦	刘一鹏	刘凤梅
刘石磊	刘　全	刘　旭	刘　宇	刘　伽	刘希玲
刘妍妍	刘国君	刘金福	刘　茜	刘思聪	刘　亮
刘家辉	刘　寅	刘　超	刘朝晖	刘　锐	刘　雷
刘　澄	刘　鑫	刘鑫杰	齐振宇	闫　克	闫晓风
江　伟	江雪玲	汝英哲	安俊军	安俊霖	祁东辉
许　刚	许经伟	许　茜	许鹏程	孙　飞	孙天洋
孙立威	孙　宇	孙凯军	孙　诚	孙振科	孙雪静
孙　琳	孙　超	孙福智	阳　立	严　旭	严涛涛
苏　超	苏　雅	李小乐	李云强	李升拔	李　丹
李玉凌	李　申	李令飞	李弘毅	李亚军	李成斌
李　光	李光耀	李　伟	李江涛	李兴钢	李　宇
李进锋	李英才	李　松	李昆仑	李国栋	李明大
李　佳	李宝成	李宗洋	李　洲	李　娜	李　勇
李振兴	李　哲	李晓夏	李　特	李　萌	李　硕
李　雪	李琪美	李　琳	李　琳	李　超	李　喆
李　博	李锐鑫	李　磊	李翰超	杨从玺	杨　冉
杨　军	杨秀启	杨忠洪	杨　柳	杨　晓	杨　晔

杨 璐	杨 巍	肖 波	肖晓玲	肖 翔	吴少焜
吴文昊	吴军营	吴红梅	吴宗桦	吴振宁	吴 涛
吴 婧	何志辉	何 牧	何 凭	何登华	何 霄
余美强	谷 丰	邹中法	邹 辉	况丽丽	闵军虎
汪元吉	汪春成	汪 勇	沈卓勋	宋 丹	宋宏宇
宋 响	宋 卿	宋婷婷	张大伟	张广飞	张子璐
张云川	张 文	张生辉	张仕宇	张仕铁	张 托
张亚飞	张 帆	张 帆	张庆佳	张 齐	张志龙
张更新	张 辰	张利京	张茂林	张明东	张 凯
张 欣	张京阳	张承旺	张春晓	张玲玲	张赵云
张荣启	张 亮	张 洋	张艳丽	张晋京	张 桅
张晓星	张晓蓓	张 健	张竞成	张 敏	张 敏
张 越	张 超	张智渊	张智翔	张 强	张鹏博
张 颖	张静伟	张 霄	张 曦	陆 地	陆 毅
阿不都何利力·买买提		陈中南	陈光伟	陈 伟	陈 旭
陈 凯	陈润旷	陈 娴	陈 超	陈 靖	陈 睿
陈 霖	陈 曦	武广斌	武 莹	苟天高	苟娟娟
范茹茹	林东阳	林伟华	林晓华	易 均	罗晓玲
罗 祺	罗黎帆	岳耀中	金文姬	金 鑫	周大山
周 匀	周 玮	周祎欣	周振华	周 莹	周晓燕
周淑一	周 猷	周 聪	郑世明	郑 达	郑 林
郑 虎	郑 建	郑荣尧	郑 俊	郑 洁	单 昱
宛 磊	房 鑫	屈 彦	孟 凯	赵才路	赵 龙
赵 光	赵志龙	赵志刚	赵 良	赵 明	赵 欣
赵 炜	赵荣芳	赵赛阳	胡又文	胡云飞	胡 平
胡 宁	胡 杨	胡青元	胡贤斌	胡炜炜	南一博
钟明锋	钟南海	钟钱锋	郜晓娟	种大林	段资睿
侯国梁	侯晓攀	饶一峰	施子楷	姜少玮	姜 超
祝金志	姚 达	姚 珑	姚 敏	秦 超	袁芳杰
袁瑞丰	热孜玩古力·图尔洪		耿秀利	聂 磊	桂训龙
索寒冰	贾 音	贾 硕	贾 梁	夏晓爽	夏 富
原增泉	顾 俊	党建凯	徐远卓	徐 鸣	徐 佳
徐思敏	徐焕东	徐 翔	徐 静	高 川	高 永
高 航	高 婷	高瑞宏	高 巍	郭东旭	郭昊翾
郭国庆	郭 昱	郭 勋	郭彦辰	郭高峰	郭 营

郭 晨	郭 婕	郭登旺	郭煜东	郭 静	郭赛男
唐宁洁	唐旭明	唐 亮	黄 丽	黄宏铭	黄金金
黄 超	黄 滨	黄 露	萨库布	曹国辉	曹思飞
啜吴昊	崔晓艺	崔晓俊	崔蓉蓉	崔 鹏	康晓鹏
康 健	章冬凯	梁 伟	梁 哲	梁 蕊	琼 吉
彭仲文	彭 波	彭威伟	彭海银	葛 鹏	董一鸣
董 杨	蒋顺鲁	蒋 潇	韩 超	韩 辉	韩蕾亚
覃荣华	程洪梁	程琦峰	傅振铎	焦华栋	曾 莉
曾菁菁	温昌旺	谢丽艳	谢春林	谢 巍	裘天雄
赖振达	雷文章	雷 银	雷清亮	睢 博	路 遥
赫志涛	蔡夫禹	蔡思宇	廖 榕	漆 月	谭 昆
谭啟寅	翟煜卿	熊温特	黎 力	颜时雨	颜亮亮
颜艳桃	潘友谊	潘 洁	潘晓刚	潘超平	薛 鹏
冀湘予	戴绪梁	魏俊明			

2004 级（566 人）

丁德银	于鹏辉	万春波	马志强	马凯臣	马 健
马 堃	马 朝	马 瑞	王一鹏	王子轩	王世玉
王 可	王东杰	王冬林	王亚南	王 华	王 旭
王宇超	王羽佳	王志华	王志恒	王志航	王启捷
王 劲	王坤博	王 昊	王昌永	王明诚	王 凯
王 侠	王学昌	王 峥	王 俭	王俊杰	王 盾
王珲荣	王 振	王 健	王 浩	王 浩	王海华
王海建	王 展	王培元	王 彬	王 彬	王崇衍
王 猛	王 猛	王鸿旭	王 寅	王 超	王惠娟
王 锋	王 皓	王 强	王 鹏	王 旖	王翠娟
王 毅	王 魏	韦建锐	韦景誉	韦鉴熊	扎西次仁
牛河松	牛春波	牛 翔	毛世涛	毛淦明	尹志刚
尹 君	孔 亮	孔 勇	邓昊翔	邓 潇	左一村
左 莉	石 竹	龙永霞	卡伊卡纳	卢杰明	卢 荻
叶牡丹	叶 斌	田 伟	田 运	田悦宁	田 静
史少波	史磊方	付 伟	付寅飞	代洲洲	白晓寅
白特妮	包建宇	包萍钢	冯艳娟	冯 娟	冯 崇
冯 慧	冯黎明	冯毅博	匡小燕	邢 欣	
亚尔买买提·亚里坤		朴昌吉	师立宁	师 锐	

吐鲁逊那依·吾素尔		吕鸿儒	吕　靖	吕默威	年　忻
朱宇阳	朱　弢	朱　彬	朱寅中	任小波	任　帅
任　欢	任冠佼	伊斯波尔·卡孜坎		向罗勇	庄汉威
刘士妍	刘万朋	刘小维	刘广法	刘　为	刘占江
刘立增	刘　吉	刘行军	刘全钦	刘　冲	刘　兴
刘宇扬	刘安琦	刘　芳	刘克清	刘松林	刘明言
刘　旻	刘　凯	刘治华	刘怡思	刘孟川	刘　星
刘　俊	刘俊翔	刘洪良	刘　莹	刘　浩	刘　乾
刘　硕	刘　超	刘铜泽	刘　焱	刘　谦	刘　瑞
刘懿雄	齐思斯	闫　石	关红燕	江　亮	安　晨
安　琪	安　斌	许华鑫	许　冰	许　晟	许　鹏
孙友强	孙孝恒	孙志刚	孙时伟	孙　宏	孙茂伟
孙国强	孙晓华	孙　倩	孙　猛	孙嘉庆	孙　磊
麦富昌	严骏驰	劳　达	苏昌瑞	苏烈华	杜江辉
杜　强	李九永	李子明	李少华	李文林	李世欣
李东雷	李　戊	李兰辉	李　宁	李永宁	李钊林
李忱忱	李昕阳	李昕昕	李昕泽	李明成	李明坤
李　昂	李牧隆	李　朋	李建伟	李建华	李　娜
李艳珍	李哲媛	李　晋	李　真	李峰毅	李海鸥
李清颢	李　梁	李琼美	李雯怡	李智慧	李　翔
李　婷	李　楠	李　键	李　聪	李聪端	李蕊玲
李　默	李麟松	李　鑫	杨小奎	杨文文	杨玉宏
杨东方	杨　帅	杨　宁	杨宇航	杨　凯	杨建林
杨春宝	杨　政	杨　柳	杨　昱	杨　洋	杨　盈
杨　倩	杨倾生	杨　萧	杨　硕	杨晨曦	杨　铭
杨嘉忱	杨鹤年	束锋华	轩运动	肖　飞	肖远光
肖　凯	吴永建	吴松鹰	吴尚智	吴　迪	吴佶园
吴　茜	吴海捷	吴　琳	吴　博	邱　峥	邱勇杰
何　东	何占良	何志军	何　雷	何鹏飞	余　祥
闵阳清	闵晓霜	汪　迎	汪　银	汪维军	汪　翔
沙邦乐	沈　寅	沈　奥	宋　京	宋　涛	宋　毅
迟　辉	张丁南	张云星	张凤雷	张文学	张文毅
张玉衡	张　正	张　冬	张　刚	张先尊	张　宇
张　宇	张宇宁	张　驰	张远扬	张辰华	张宏飞
张英杰	张　林	张学军	张彦博	张洁婷	张　洋

张晓羽	张晓铮	张　健	张　浩	张乾坤	张　晨
张涵滔	张　寅	张　博	张　锋	张　蒙	张　鹏
张　嘉	张　翠	张　慧	张　磊	张磊鑫	张　警
张　曦	张　鑫	张　鑫	阿卜杜	陈广飞	陈　龙
陈甲晖	陈芝华	陈　华	陈旭圣	陈壮民	陈　军
陈证宇	陈秋阳	陈俊超	陈海涛	陈喜雄	陈照忠
陈煌峰	陈　殿	武雪冬	苗俊杰	林　雨	林国辉
林骁寅	林　涛	欧阳杰	罗中伟	罗文灿	罗闻天
罗　维	罗朝文	罗　棚	罗　巍	金银哲	周毛毛
周牧天	周树民	周　洲	周　艳	周　涛	周　翔
周　瑶	郑丽明	郑剑峰	郑　亮	郑海兵	郎　莹
孟　山	孟　飞	赵平平	赵东升	赵东旭	赵　阳
赵英瑞	赵春虎	赵　鸥	赵　玺	赵雪玲	赵婧媛
赵翔鹏	郝志亮	茜艾拉	胡文婷	胡世杰	胡永琪
胡　戎	胡明君	胡　城	胡思云	胡　博	胡　甦
钟素娟	段创举	段　鹏	侯柏鑫	饶　鑫	施凤飞
施福明	首晓强	姚天宇	姚　烁	姚　琴	姚　越
姚　崀	贺元秀	贺　杰	贺　凯	贺喆南	贺彰正
袁　浩	聂　浪	贾　林	贾佩斯	贾晓莹	夏肖峰
原普雨	钱之政	钱伟程	钱　琦	倪　开	徐天刚
徐长军	徐江波	徐苓娜	徐卓然	徐勇兴	徐晓平
徐　超	徐　晶	徐　赫	高　旭	高宇德	高　军
高　阳	高　羽	高志宏	高　狄	高沛圣	高玲玲
高　艳	高　健	高祯彦	高　强	高　楠	高燕平
郭玉璞	郭志立	郭　明	郭佳寅	郭泽宇	郭建山
郭　妮	郭　南	郭树强	郭理勇	郭　寅	郭　嵩
郭　煜	郭　璐	席东学	唐小军	唐玉军	唐世兴
唐吉德	陶　冶	陶思敏	黄习文	黄　伟	黄英哲
黄贤明	黄国兴	黄　轲	黄俊杰	黄　捷	黄梦磊
黄　维	黄　翔	黄　聪	萨仁吐娅	曹红超	曹海涛
曹腊讷	龚绍钦	龚　盈	崔　岩	崔　欣	崔　倩
崔　健	康建虎	梁　杰	梁美玲	寇亚飞	逯宛珍
隗合泽	颉　靖	彭国强	彭　磊	董一心	董文耀
董　迪	董海廷	蒋成亮	韩世杰	覃　为	景小波
景俊杰	程广飞	程　远	程绍清	程海博	程　超

焦明罡	鲁宏霞	曾永龙	曾庆荣	温万才	谢玉晴
靳义展	楼斯乐	赖仁彬	赖　灿	雷　迅	雷　磊
雍红星	褚成文	蔡颖鹏	蔺常远	裴仁忠	裴　超
赛蒙尼	谭正能	谭先文	谭志云	熊少杰	熊伟军
熊　雄	缪尚洁	樊云霞	黎　江	黎　芳	潘　森
潘　然	薛婷钰	霍　磊	魏学江	魏莹莹	魏晶瑶
魏　薇					

2005级（653人）

丁　冬	丁　宁	丁吉明	丁　卓	丁振敏	丁　涛
于伟强	于　泓	于艳超	于　鹏	万　军	万朋远
万　策	广　玮	弓　飞	马　冬	马向锋	马　冲
马　明	马金玉	马　玲	马栋宝	马　峥	马　科
马　晅	马晓琳	马　晨	马瑞华	王　川	王天舟
王天娇	王艺璇	王少松	王水肖	王正好	王　帅
王立国	王　宁	王礼民	王亚楠	王朴卓	王西平
王　旭	王志刚	王利军	王宏军	王　松	王明明
王宝亮	王帮云	王茜茜	王亮洁	王艳莉	王艳琴
王　哲	王　虓	王家源	王　萌	王　超	王　超
王　喆	王　博	王朝阳	王朝锋	王　斐	王　锐
王媛媛	王　雷	王照文	王　靖	王　静	王　潇
王　鹤	王　赟	王　鎏	王瀚翎	王　曦	亓　鲁
支　媛	尤　刚	尤优博	毛兵强	毛　亮	仇春风
方红亮	方陆军	方海华	尹士洛	尹长生	孔令钦
孔守斌	孔祥龙	邓玉薇	邓　缇	艾买提江	艾志勇
石玉娇	石启忠	石　栋	占　鸿	卢　铭	叶亚飞
叶慧敏	田明川	史丽君	史　凯	史要红	史洪通
白　鹭	邝　俊	邝娇丽	冯春晖	冯哲轩	兰洪光
司洪岩	边　策	边慧强	邢　程	邢斌斌	邢腾飞
成　珏	成　敏	毕　然	曲　笛	吕义华	吕文浩
吕昊旻	吕金迪	吕　晨	朱小博	朱郁波	朱　倩
朱　涛	朱家礼	朱跃龙	朱墨云	伍小成	延亚绥
任　龙	任亚楠	任宇鑫	任志永	华　冠	向亚华
向　松	邬鉴楠	庄荣捷	刘　飞	刘田甜	刘立著
刘　刚	刘全威	刘　众	刘　旭	刘冰峰	刘纵横

刘若溪	刘昌	刘欣	刘欣	刘金	刘京
刘京曦	刘泽洋	刘学庆	刘荣杰	刘钦明	刘洋
刘洋	刘洋	刘艳宁	刘航	刘颂	刘浩
刘家君	刘继坤	刘培杰	刘雪伟	刘敏	刘逸
刘康丽	刘寅	刘婧琪	刘敬一	刘群	刘聪
刘影	刘德馨	刘璐	齐霁	闫钊	关贺楠
江乃东	江珊	江博文	安守星	安翼	许小文
许午啸	许利	许治民	许俊红	许振国	许鹏
孙芳	孙雨	孙明明	孙佳佳	孙承晨	孙勇
孙勇峰	孙莉莉	孙鹏	孙聪	孙瀚文	孙馨
阴志先	麦麦提图尔荪·阿卜力米提			严宇坤	苏亿
苏丹	苏畅	苏宝林	苏哲	苏植成	杜天宇
杜玉锴	杜泽	杜曼星	李士刚	李义海	李丹
李文武	李文杰	李文杰	李双江	李玉玲	李玉贺
李正斌	李东升	李叶	李甲	李伟	李伟
李旭	李阳	李轩	李青松	李奇	李昊旸
李明	李明刚	李岩	李享	李玲	李政
李俊	李俊杰	李洋	李冠宏	李晋	李莹
李晓博	李倩	李海涛	李娟	李菲	李萌
李萌	李彬楠	李爽	李啸巍	李逸凡	李猛
李寅岩	李博宇	李淼	李智	李斌臣	李焜
李颖	李颖	李新彬	李睿	李磊	李毅翔
李潜	李薇	李鑫	杨一龙	杨子尧	杨风水
杨正屹	杨东霖	杨成	杨帆	杨冲	杨阳
杨志龙	杨芳	杨欧林	杨旺根	杨金阳	杨诚
杨洋	杨振宇	杨莉	杨栓	杨晟南	杨绪达
杨雅婷	杨媛媛	杨翠	杨磊	肖自辉	吴文权
吴阳	吴苏	吴佩佩	吴玲	吴保元	吴琨
吴强	邱略	何山	何飞	何飞翔	何平
何立峰	何佳	何洪玲	何浏	何浩琥	何海强
何敏	何靖	佟志轩	佟春阳	余清炎	余德华
邹园	邹捷	冷冰	汪平	沈益盈	沈锐
宋仁凯	宋会通	宋江凌	宋其辉	宋雨轩	宋顺航
宋晓光	宋晓丽	宋婧	初超	迟强	张小勇
张广昌	张天一	张为	张书涛	张龙	张帅

张永康	张　尧	张　帆	张兆宇	张　兴	张　宇
张　军	张　弛	张　怀	张雨舟	张卓尔	张国龙
张昕悦	张明辉	张所勇	张法厚	张建伦	张春龙
张　荟	张树亮	张　威	张轶程	张首峰	张艳红
张　莉	张　桐	张晓娟	张　倩	张　涛	张润华
张　寅	张寅庆	张景林	张　寒	张椿意	张　鹏
张　源	张　静	张　瑶	张　毅	张　赞	陆中振
陆守雷	阿不都外力·阿不都热西提			陈小虎	陈　元
陈　丹	陈玉琪	陈　伟	陈　伟	陈　冲	陈　冲
陈志华	陈　丽	陈　彤	陈　忱	陈　昕	陈明浩
陈绍国	陈贵晖	陈俊洪	陈　健	陈　恳	陈　勖
陈　超	陈　翔	陈　婷	陈勤力	陈　蒙	陈　鹏
陈　鹏	陈　墚	陈　毅	邵轶然	邵海峰	范　超
范瑞娟	林亚深	林宗术	林贵平	林勇全	杭　宇
欧阳华	欧阳煜	卓小伟	尚　霄	罗　希	罗　佳
罗　瑜	罗新强	岳昊嵩	金　涛	金梦非	金　琼
金　鑫	周　奕	周文群	周　成	周先养	周坤胜
周建仁	周经伟	周　泉	周炳延	周　超	周　博
周　锐	周　翔	郑　飞	郑长生	郑文明	郑　旭
郑　拓	郑珊山	郑　重	郑振勇	郑斐然	郑舒阳
孟　扬	孟郁洁	孟昭阳	孟祥宇	赵大军	赵万里
赵世宏	赵青山	赵　诣	赵　栎	赵　哲	赵家弘
赵雪娇	赵　辉	郝宇博	胡开航	胡文昌	胡　宇
胡　进	胡佳文	胡　威	要曙财	段　玥	段　欣
段康弘	侯旭阳	侯　娜	俞少华	俞正国	俞　迟
饶　剑	姜少坤	姜　旭	姜佳良	姜莲莲	姜　琦
洪理琛	宣圆峰	姚云云	姚　远	姚　猛	贺　寅
秦　江	秦利静	秦剑锐	秦晓丹	秦　臻	袁小斌
袁　乾	袁　嘉	都　晓	耿天贺	耿　龙	耿　焕
聂晓婧	贾　哲	贾增利	贾德翼	夏丽佳	夏　强
顿　多	钱有仁	徐　龙	徐　怡	徐　洋	徐健华
徐　勐	徐瑛瑛	徐　麟	殷冠军	凌小峰	凌辰君
凌虎仲	栾洋洋	高丽娟	高　亮	高　原	高腾飞
高耀辉	高　鑫	郭文哲	郭佳临	郭昭峰	郭　娜
郭　振	郭晓花	郭程昕	郭翠琼	唐少华	唐　凯

黄广水	黄 木	黄华东	黄志荣	黄 柯	黄禹铭
黄 晗	黄 斌	黄媛媛	黄 鹏	黄毅博	曹一贤
曹 勇	曹 乾	龚晓冬	盛义强	常 征	常宝木
常宝玲	崔洪志	崔 毅	康 伟	康筱然	康璐璐
章 力	梁立炜	梁鹤锋	寇春静	彭利斌	彭 亮
葛士勇	董京逸	董 攀	蒋凡友	蒋东华	蒋丽芳
蒋 涛	韩 姣	韩 梅	韩 爽	覃南豪	黑承亮
智树芳	程 伟	程 兴	程 清	鲁跃龙	曾云甫
曾 昀	曾溢良	温茂睿	游美玲	谢忠桂	谢烈虎
靳伟民	蒙正刚	裘增辉	路文轩	鲍光普	褚衍龙
蔡 江	蔡军军	蔡蔚松	管小伍	廖代龙	廖秋萍
熊代琴	熊 浩	樊中恺	黎 文	颜 恺	潘宇杰
潘德辉	薛忠鹏	薛 烨	薛 菲	薛 镇	鞠娅莉
魏国军	魏家道	魏梦媛			

2006 级（659 人）

丁 一	丁 浩	于一夫	于晓威	于海强	万凌云
马小江	马 可	马永生	马胜阳	马 洁	马晓云
马 骏	马梦多	王 力	王小玲	王小涵	王子涵
王少飞	王玉霞	王世鳌	王龙飞	王 帅	王 帅
王冉莹	王 刚	王 伟	王旭田	王旭晗	王冰洋
王 宇	王 进	王志龙	王辰牧	王呈祥	王杰立
王 雨	王 畅	王 京	王泽龙	王泽龙	王春雨
王春波	王 垚	王树雷	王俊兰	王彦光	王 洁
王洁莹	王 洋	王 洋	王 冠	王 冠	王冠宇
王振伟	王 晖	王笑庭	王 涛	王海平	王海涛
王 菲	王 萌	王 晨	王铖聪	王 舵	王惊霓
王维丽	王 琪	王智超	王智辉	王 筝	王 斌
王瑞洁	王 腾	王 靖	王 嘉	王冀东	王 璐
韦 涵	云 峰	支元杰	支莎莎	车 龙	方育强
尹世帅	尹庆宇	邓东升	邓耀景	甘 男	艾尔肯江
艾 伦	石 宇	石清羽	布沙热木·萨塔尔		卢红丽
卢洪禄	卢海军	叶利峰	申皓文	申 斌	田 兴
田 劲	田欣奇	田 洋	田峰源	田 梦	田 磊
田 澍	史立光	史 敏	史耀飞	冉 冰	付保方

付晓炜	付　祺	付　鹏	白羿卓	白凌舟	包东旭
冯文阳	冯权泷	冯　欢	冯红恩	兰　洁	宁　静
邢家国	权晓娇	师　瑜	曲晓林	曲　翔	吕世猛
吕　冬	吕　振	吕博良	朱书迪	朱　岩	朱京城
朱　莎	朱梦慧	朱　曼	朱琰琳	朱瑞晨	任晓怀
任　蕾	全　力	刘小扬	刘艺奎	刘　丹	刘文胜
刘双双	刘玉峰	刘玉琢	刘正义	刘龙涛	刘宇翔
刘运琦	刘　钊	刘昊霖	刘昌昆	刘　畅	刘凯俊
刘　佳	刘　波	刘　荃	刘威歆	刘思晗	刘　冠
刘素维	刘莹映	刘晓艳	刘　颂	刘　浩	刘　爽
刘　璇	刘　聪	刘　磊	齐方庭	齐　轩	齐　贺
闫利辉	闫治辛	闫胜旭	关晓烜	关　颖	江　洋
汤成俊	许宇铭	许　征	许艳旭	孙本文	孙　沙
孙雨丰	孙明高	孙　弢	孙彩静	孙　婧	孙　维
孙　琦	孙　赫	孙　赛	孙　黎	纪明达	严　林
苏　沫	苏　轼	李一良	李一董	李大伟	李小龙
李子明	李　飞	李王军	李云龙	李云龙	李文琦
李文超	李玉坤	李　可	李　平	李　宁	李　宁
李弘恺	李　刚	李庆磊	李　阳	李　阳	李进德
李志勇	李　希	李沂璠	李青滔	李　茁	李　明
李明博	李　昂	李　佳	李佳博	李　朋	李泽韬
李诗卉	李诗锦	李思奇	李勋伟	李　俊	李　恺
李　娜	李晓丽	李　钰	李海亮	李翀宇	李婕慧
李　琳	李　超	李　超	李　博	李智渊	李　程
李　策	李　皓	李　楷	李　想	李鹏飞	李　靖
李慈应	李　慎	李　潇	李　璇	李德春	李熹临
李　薇	杨子博	杨云晴	杨　龙	杨　龙	杨　帆
杨　帆	杨环宇	杨　畅	杨金龙	杨　诚	杨春艳
杨　俊	杨炳闻	杨　洋	杨　娜	杨振礼	杨晟淞
杨晓波	杨　涛	杨　焘	杨惠婷	杨　崴	杨婷婷
杨　霄	肖世强	肖旭东	肖里引	肖　雄	吴小勇
吴江伟	吴若凡	吴宗霖	吴姗珊	吴相甫	吴　昭
吴　辉	吴　韬	旷　毅	邱晓峰	邱　雯	邱　璐
何　力	何　云	何　庆	何霄雨	何　鹭	余思侃
余　航	谷宗原	邹东雪	邹　能	辛建宝	闰大磐

汪　洋	沈一飞	沈　力	沈　棣	沈　晴	沈　翔
沈　鑫	宋文进	宋　伟	宋　敏	宋　磊	张一丁
张习文	张　艺	张世鹤	张仕华	张仕海	张　乐
张永明	张圣春	张　伟	张伟龙	张传社	张　旭
张　军	张志远	张志玮	张志峰	张启全	张　坤
张虎峰	张国星	张国超	张明旭	张金辉	张建超
张春阳	张　珊	张　洋	张　勇	张　勇	张晓森
张晓童	张　健	张　涛	张　海	张海东	张海波
张继承	张雪峰	张　晨	张　跃	张寅亮	张　琼
张　超	张　超	张　博	张　锐	张　斌	张富深
张　强	张　强	张瑞辰	张新伟	张静波	张　黎
张毅泷	张　潮	陆　凯	陆振平	陈小敏	陈　川
陈　云	陈文举	陈宇峰	陈　阳	陈志远	陈　昊
陈旻翔	陈建立	陈　勃	陈　俊	陈洪彪	陈　莉
陈晓芳	陈海涛	陈　骋	陈　晨	陈　博	陈　博
陈智鹏	陈鹏利	陈碧丹	陈赛寒	邵　闯	邵　晨
邵　婧	现小丽	拓包诚	苗桢壮	林　旭	林建华
林经纬	林　俊	欧阳希子	尚　岩	易其刚	易思涛
罗宇辰	罗莎莎	罗　浩	罗　琼	季跃良	金一男
金立斌	金永庆	金明星	金峰宇	周正文	周　帆
周向明	周　杰	周孟韬	周　宽	周嘉华	周　巍
庞正飞	郑　昊	郑　真	郑　航	郑　浩	郑　楠
郑新宇	郑　嘉	宓碧军	郎　冰	房　凯	屈峰成
孟　迪	练丁榑	赵小俊	赵王杰	赵　权	赵　红
赵志强	赵秀洁	赵　沛	赵金玲	赵学善	赵荣辉
赵晓琦	赵　健	赵　敏	赵敏杰	赵　琦	赵紫玉
郝　磊	荆　博	胡　杨	胡　余	胡　钧	胡晓曦
胡润泽	胡家林	钟泽伟	钟　亮	段海娣	俞小洋
俞　杰	饶众博	施森林	姜　典	姜　栋	姜姝慧
姜　微	洪　伟	宫　毅	祖　瑞	胥志溦	姚　江
姚　迅	姚　欣	姚　禹	姚莹莹	姚倩燕	姚康平
贺　庆	秦建成	秦浩军	袁　涛	袁新平	耿玉磊
栗　辉	贾丽影	夏　翀	顾振华	顾高骥	钱　龙
钱立冬	钱晨菲	钱　聪	倪善超	徐历春	徐　旭
徐　旭	徐忠坤	徐思雅	徐晓娜	徐恩来	徐倚天

徐群浩	殷古翔	殷 鹏	翁子人	高九州	高 凡
高世来	高 伟	高泽文	高 博	高 强	高新星
高德阳	高燕朋	郭 一	郭玉娇	郭 江	郭明多
郭 凯	郭宝良	郭盼盼	郭津廷	郭 萌	郭 雪
郭 斌	郭靖宇	唐 天	唐彩薇	唐 望	涂小龙
桑尚铭	桑 琦	黄立盛	黄 刚	黄 伟	黄 枫
黄建斌	黄 轶	黄 涛	黄德鹏	曹福勇	戚铁铮
龚圣钧	常 伟	常晓航	常淑燕	崔元洋	崔永男
崔 权	崔海辰	符立佳	渠龙波	梁一峰	梁 磊
寇 飞	续 睿	巢 俊	揭隆寒	彭晓兰	彭梅坚
董 齐	董宇欣	董治权	董 浩	董晨曦	董 翠
蒋 晔	韩 飞	韩菁菁	韩煜博	喻校卿	程为发
程 珂	程 薇	程 璐	税时楠	傅建龙	舒 恩
鲁丰姿	鲁 霏	曾文璐	曾永理	曾 旻	湛 衍
谢 多	鄢 懿	蓝 天	赖丹丹	赖明哲	甄 超
雷佳良	路长发	詹京晶	詹 晶	鲍秀娥	鲍容憬
解 天	解官宝	褚 露	蔡 硕	裴亚波	裴高允
裴唯一	管信雨	翟贺龙	熊 铭	熊新星	熊 鹰
樊恩东	樊维维	黎丽丽	颜楚轩	潘 建	潘星宇
潘 超	潘 超	薛 伟	薛铁恒	薛 倩	薛培培
霍林林	穆 兰	鞠书刚	鞠 航	魏 晴	魏 鹏

2007级（673人）

丁兆星	丁国柱	丁 野	卜林杰	于少奇	于昭君
于晓琛	于留宝	万欣欣	马少维	马 尧	马 欢
马 明	马胜龙	马 洋	马润民	马 骏	马逸博
幺双超	王 一	王一多	王小东	王小东	王广平
王 飞	王飞龙	王云鹏	王文彬	王 为	王 双
王 可	王东方	王 田	王汉雄	王成志	王 宇
王 欢	王志强	王雨菲	王明哲	王 迪	王忠伟
王 岩	王金喜	王泽阳	王 函	王驿驿	王战斌
王俊彦	王俊颖	王炳淇	王 津	王 贺	王艳琴
王 健	王 浩	王浩然	王陶然	王骏亚	王 硕
王 袭	王 敏	王彩群	王章伟	王锐庆	王 程
王 储	王道沁	王弼亮	王婷婷	王 楠	王嘉琪

王　聪	王聪惠	王　磊	王　蕾	王　臻	王鑫潭
韦登荣	牛嵘霞	牛　淼	方玉龙	方　涛	尹　航
尹绪旺	尹　强	邓兴华	邓　璟	石晶灿	龙　毅
卢　雪	卢鹏程	叶军龙	叶连慧	叶统源	叶　晨
叶　霖	申　远	田宗巧	田　振	田　燃	史芳洁
史博涵	史新亚	付　彬	付歆鑫	白　蒙	冯云龙
冯丽媛	冯雅娟	闪鑫宇	兰　宁	兰现民	兰荣坚
兰　健	宁昭锟	边　敏	匡　超	邢晓林	邢益伟
吉一纛	巩洪秒	地里穆拉提	亚力青	达尔罕	师　安
吐尔尼亚孜·艾比		吕丹青	吕可非	吕占彬	吕　乐
吕　明	吕冠儒	吕逸良	朱池杭	朱金海	朱　原
乔广飞	伍中阳	伍桂花	任思岩	向金龙	庄祖贵
刘飞雄	刘云鹏	刘玉姣	刘　卉	刘东元	刘　吉
刘　扬	刘　亘	刘伟平	刘　宇	刘　克	刘豆豆
刘连华	刘　轩	刘　园	刘　钊	刘沣霆	刘沛呈
刘　杰	刘　昌	刘　昂	刘　凯	刘诚智	刘孟臣
刘绍鑫	刘奎榕	刘顺宗	刘　洋	刘莹煌	刘晟丽
刘　晓	刘晓茜	刘　通	刘　乾	刘梦馨	刘晨光
刘　敏	刘　清	刘　维	刘　超	刘　森	刘　锋
刘智勇	刘　鹏	刘　鹏	刘蕴吉	刘　攀	齐士沅
齐宇轩	闫世宏	闫伟博	关博远	江　晨	汤俊涛
安彦直	安　峰	祁　琪	许天翔	许丽丽	许　斌
许　璐	阮　波	孙久石	孙风国	孙兴龙	孙　宇
孙启蒙	孙　旺	孙　果	孙　岩	孙晓龙	孙浩轩
孙海昕	纪金火	纪晓荣	麦麦提牙	严　冬	苏　龙
苏茂萌	苏林晗	苏　宾	苏祥锋	杜玉欣	杜晓红
杜　涛	杜道成	杜鹏阳	杜　鑫	李子兴	李　飞
李云飞	李长虎	李文龙	李文娟	李戊辰	李　龙
李东平	李　帅	李　冉	李仕莹	李　扬	李亚光
李达恒	李成国	李　刚	李　优	李延鹏	李　欢
李欢欢	李纪祥	李抗抗	李志明	李明成	李　昂
李　佳	李佳易	李　欣	李泳明	李　治	李学三
李春晖	李　思	李　响	李剑如	李冠一	李　娜
李　贺	李晟玉	李健伟	李浩杰	李　润	李　祥
李　晨	李　超	李　博	李程辉	李皓达	李　然

李 斌	李 翔	李 想	李 想	李鹏程	李新旻
李熙熙	李 歌	李 璇	李 鑫	杨元飞	杨东艳
杨亚彪	杨延钊	杨 华	杨 旭	杨丽俊	杨 辰
杨林杰	杨 鸣	杨鸣远	杨岸夫	杨 怡	杨 春
杨夏玥	杨 涛	杨瀚森	肖 川	肖劲旭	肖 楠
肖蜀巍	肖 潇	吴一涵	吴文扬	吴 龙	吴 平
吴永源	吴 奇	吴 珊	吴隆龙	吴 琪	吴舒舸
吴鹏飞	吴鎏婧	吴骥男	邱亚飞	邱洪鹏	邱 展
邱嘉琪	何 迪	何佳佳	何泳江	何 墩	何镇匡
余兴东	余 维	谷俊豪	邹冬旭	邹昀辛	邹家兴
辛阳阳	汪大海	汪东星	沈 峰	宋天卓	宋 立
宋 利	宋姗姗	张大鹏	张 凡	张广强	张丹阳
张玉东	张 巧	张 宁	张 宁	张戌辰	张 成
张光力	张 刚	张 伟	张自强	张园田	张 彤
张迎春	张启卓	张 灵	张忠奇	张 凯	张佳璐
张 金	张金龙	张金龙	张 泽	张学颖	张 建
张建尧	张建超	张 威	张 奎	张信保	张 剑
张弈芝	张洁婷	张 津	张 晟	张晓萌	张笑菲
张 倩	张倩璇	张徐浩	张竞成	张海禄	张 猛
张 猛	张琪鸣	张 琦	张 博	张 惠	张紫薇
张 辉	张奥拓	张 普	张 瑞	张路伟	张鹏程
张 颖	张 锴	张 薇	阿不都萨拉穆·吐尔逊		陈亚鹏
陈 宇	陈尚辉	陈 炜	陈泓屹	陈建军	陈春雪
陈昭荣	陈 思	陈海龙	陈继义	陈梦溪	陈 晨
陈清凝	陈婧瑶	陈 超	陈 漪	陈 磊	陈 曦
邵 远	邵彦娟	武东伟	武 伟	范义龙	范羽飞
范晓龙	林 立	林陈芳	林明祥	林剑波	林鸿文
林 薇	易林平	罗书贤	罗 松	罗 佳	罗晓川
罗 悦	罗常泳	罗 琼	罗 辉	罗 颖	季明杰
侍瑞峰	岳铭强	金 钊	周礼颖	周永欢	周 扬
周 军	周 卓	周 易	周 洽	周海翎	周继光
周 萍	周章铭	周雅彬	周瑜伟	周鹏远	周慧文
庞建敏	郑向阳	郑吻月	官 辉	房 伦	房 璐
孟宪盛	孟晓婷	赵卜锐	赵文辉	赵 乐	赵冬梅
赵动宇	赵 伟	赵 伦	赵江庭	赵红妍	赵丽影

赵苗苗	赵　卓	赵建东	赵　威	赵浩博	赵晨鹏
赵清龙	赵雅楠	赵登阁	赵　鹏	赵鹏飞	郝俊杰
胡　才	胡加棋	胡荦骏	胡倩宇	胡　雪	胡智博
胡源航	柏　伟	柳正来	要志昊	钟　浩	钟福煌
段承龙	段　晨	段　鹏	侯　睿	俞进秋	施立成
施　祝	施　博	姜万勇	姜　冰	姜　辰	姜　博
姜程皓	姚凯平	姚　岳	姚晓磊	贺怡龙	贺科学
贺　靓	贺潜文	秦毅然	袁文博	袁利忠	栗　超
贾　彻	贾秉璋	顾　浩	晁　沛	钱　琳	铁保卫
倪越超	徐　庆	徐　林	徐昊斯	徐佩林	徐诗菡
徐垣金	徐晓鹏	徐浩伦	徐家雄	徐焱嘉	徐鹏飞
徐　曌	徐鑫鑫	凌燕翔	凌　鑫	栾　宇	高丕红
高伟涛	高枝林	高俊超	高　洋	高晓君	高　鹏
高　端	郭天琪	郭　月	郭　帅	郭旭磊	郭灵龙
郭　侃	郭　皓	唐丹颖	唐玉峰	唐　伟	唐宇佳
唐　炜	唐胜震	涂　俊	涂艳才	黄月琴	黄丽雅
黄国祥	黄　柳	黄星杰	黄美斯	黄海进	黄海勇
黄　菲	黄梅君	黄　超	黄　博	黄　辉	黄　睿
梅晶晶	梅　震	曹　青	曹端磊	龚晨龙	龚　颖
常呈松	崔　龙	崔龙龙	崔远哲	崔　亮	崔　浩
崔婷婷	康彤璧	章万千	商翰杰	梁玉玉	梁　音
隗富博	彭立立	彭　游	葛　托	葛罗宾	葛维虹
董汉超	董　奇	韩英洁	韩孟劼	韩贵峰	韩翀睿
韩　琨	程　昊	程斌斌	傅冬煜	傅铁群	傅　煜
焦　健	童何俊	童　明	曾晓超	曾海波	温　情
谢丹红	谢永铭	谢凯烨	谢佳杰	谢　萌	谢唯纳
楼小宇	甄　诚	雷　群	雷　蕊	虞　欢	慈伟泽
窦康殷	窦　薇	蔡园园	蔡佳欣	蔡　爽	臧克奇
廖声铭	廖康静	谭　颖	翟利进	熊　健	缪鸿敏
樊振亚	薛廷广	薛　凯	薛　楠	穆拉提·努尔买买提	
戴宇晟	魏延宝	魏志伟	魏　潇		

2008 级（557 人）

丁　昊	丁　瑞	丁　聪	于东阳	于　岳	于　茜
于　堃	于　翔	万　川	弓晓磊	习荣华	马小雯

马　云	马　莲	王小璟	王天栋	王云飞	王　丹
王丹丹	王可臻	王左翼	王　东	王　宁	王华昕
王　阳	王　欢	王　驰	王玥瑶	王明睿	王贵超
王俊蓉	王　烁	王振东	王党生	王晓恺	王　倩
王海洋	王润元	王彬彬	王梅梅	王　硕	王　硕
王　康	王渤勋	王　鹏	王　鹏	王　舆	王燕赫
王　鑫	牛　群	毛龙飞	文　博	方明哲	方炳桓
尹　诗	孔　妍	邓志丹	邓隆接	艾力黑沙	
艾孜买提·艾沙		石晓杰	卡合曼	卢亚楠	卢　松
卢跃杰	叶子楠	叶建波	叶检平	申鹏飞	田九洲
田万里	田君安	田雪林	田　煦	史姝丽	付平成
付锦斌	白东日	白　鹏	丛骆微	冯立青	冯旭超
冯　勇	冯　曼	冯　超	兰吉恩	兰　清	邢施懿
朴成日	过佳刚	毕晓恒	朱文琪	朱亚俊	朱亚洁
朱　红	朱金龙	朱语涵	朱　敏	朱　晴	乔阳阳
乔思宁	任益萱	任家良	任常青	全运洲	全丽萍
刘士成	刘天一	刘天骆	刘今明	刘文璐	刘心平
刘亚赟	刘　伟	刘自伟	刘兆燕	刘冰西	刘沛卓
刘　昌	刘　珂	刘　茵	刘重阳	刘　莉	刘晓彤
刘晓萍	刘　涛	刘家琪	刘祥龙	刘　娟	刘雪峰
刘　源	刘　璐	刘　璐	刘魏魏	齐　霁	闫　杰
闫建强	江雄舟	安世超	许　轲	阮斯哲	孙长宇
孙亚光	孙仲泽	孙　冰	孙伯图	孙剑男	孙　康
孙　琦	孙　颖	纪　萍	苏苑晶	苏　珍	杜旭元
杜冲霄	杜茹浩	杜剑桥	杜宪宇	杜　康	巫锡斌
李子行	李子超	李水庆	李文奎	李玉剑	李东洋
李东海	李乐佳	李立帆	李伟骏	李　众	李旭峰
李　争	李　冰	李宇星	李克江	李宏涛	李劲鹏
李林树	李卓宇	李　贤	李明阳	李昀清	李波涛
李玲芮	李剑飞	李　洋	李晓昆	李倩茜	李逢安
李海龙	李海民	李悦悦	李　祥	李　通	李骏飞
李　萌	李雪薇	李　超	李　雯	李　辉	李　璀
李霖华	杨长城	杨成斌	杨江峰	杨志勇	杨芮鉴
杨易牧	杨忠岳	杨绍明	杨　柳	杨　洁	杨　恺
杨晓凯	杨　益	杨　琦	杨　楠	杨　楠	肖小龙

肖彬彬 时景昌 吴天源 吴少涵 吴扬 吴昊
吴迪 吴炎磊 吴泽坤 吴哲 吴陶南 吴勤兵
吴愁 岑璟 邱爽 何川 何光源 何流
余骁 狄彩林 邹小毛 邹利珍 邹佩钢 闵捷
汪正康 汪立强 汪瑞 沈江浩 沈阳 沈秋霞
宋戈 宋扬 宋志鹏 宋秦原 宋娟 迟志林
迟悦 张万书 张小路 张天文 张文豪 张石盟
张立 张宁 张扬 张成锐 张囡囡 张伟
张旭 张志宁 张沂洲 张雨鑫 张昊 张佳媛
张欣欣 张泽 张宝 张栋 张科 张俊杰
张洪霖 张洋 张哲 张桂煊 张晓明 张健
张海韬 张骏杰 张晨 张博 张强 张强
张瑞 张瑞晴 张新雨 张赛男 张慧慧 张璇
张默 陆思羽 陆雪松 陆跃 阿里甫江·吐尔逊
陈九任 陈飞 陈艺 陈凤林 陈世峰 陈龙
陈龙杰 陈平 陈立 陈红旭 陈应虎 陈茂龙
陈杰 陈昙昊 陈昕 陈凯 陈钏 陈泽平
陈泽庆 陈诣之 陈建芳 陈泉良 陈俊 陈洁
陈凌云 陈涛 陈浙 陈海欧 陈骏博 陈强
陈登煌 陈鹏 陈豪 邵楠竹 邵毅 武正阳
武荣荣 林凤卿 林涛 尚书 易渡
迪里夏提·买买提 迪拉娜·多力肯 迪娜·艾德力汗
罗双 罗孝晨 罗建军 和丹 季梦奇 金标
金黄龙 周亚庆 周亚玲 周多焕 周宇飞 周宇佳
周沈刚 周灵 周苗 周星悦 周思远 周凌霄
周海彬 周雪 庞敏轩 庞璐茗 郑乐思 郑宝莹
郑诗圣 郑骏 郑铭宇 郑鑫 屈伟明 孟俊梅
赵力夫 赵仕超 赵西津 赵伟 赵伟 赵旸晔
赵佳文 赵波 赵俊杰 赵亮东方 赵浩淞 赵浩然
赵骏 赵副 赵祺慧 赵锦城 赵慧杰 赵德朋
赵鑫 郝世昊 郝伟 郝志姣 郝洪敏 郝鹏
胡术坤 胡茂羽 胡波 胡绍健 胡敏 相叶
钟云捷 钟文 钟春燕 钦弯 侯成志 俞晨冰
饶煜 施浚飞 姜波 姜星宾 姜星瀚 姜浩
姜海勇 姜得瑶 娄康 祝新鹏 祝瑶 姚钰鹏

贺　勇	勇丹丹	耿海华	耿绪超	莫　然	晋辽亮
贾大为	贾　宁	贾丽娜	贾　昊	贾啸尘	夏毓娴
原艳龙	柴晓萌	钱　坤	钱承昌	钱　锟	倪文显
徐天宇	徐　龙	徐　乐	徐财雪	徐　沫	徐泽杨
徐　诚	徐莉莉	徐晓巍	徐　烨	徐晨琳	徐雅璠
殷　卓	栾琼琼	高　乐	高竹青	高延凯	高　杨
高宏健	高荟凯	高　品	高　爽	高　靖	郭　翀
郭蛟龙	唐升波	唐诗洋	黄孝才	黄杏媚	黄伶俐
黄静斌	黄　薇	梅　树	曹　龙	曹　田	曹兆军
曹旭栋	曹雪君	曹聪哲	龚奥博	龚　鑫	盛欣停
崔大千	崔云鹏	崔　野	崔超伟	梁昌鹏	梁　荣
梁晓龙	梁耀心	谌　俊	扈亦越	揭建飞	董　盼
董秋伟	董晓龙	董　浩	董　琛	董　源	蒋志龙
蒋泽亮	蒋姚亮	蒋　豹	蒋家福	韩　旭	韩志峰
韩鹏宇	韩慧昌	韩　露	程振博	程曾伟	傅全权
焦瑞华	童小海	曾一也	曾　恒	曾婉姝	曾维嘉
曾　琳	游大伟	谢万哲	谢　威	靳宝盆	蒲　凤
楚舒雅	满　京	窦克勤	慕　辉	臧宝龙	廖　倡
谭　明	谭海迪	翟　玲	翟胜男	熊　威	熊维斌
樊　亚	樊得涛	樊　婷	颜士博	颜　晶	潘劲松
潘茂飞	潘晓晔	潘海涛	潘铭心	潘德鑫	薛彦泽
霍　建	穆存斌	魏业君	魏　丽	魏治宇	魏　巍

2009级（543人）

丁　立	丁祖宁	丁　鹏	卜　钰	于　昊	于　佳
于欣波	万文骏	万柳绪	弓　健	马志腾	马　佳
马思行	马浩森	马斯奇	王小成	王汉超	王亚鑫
王在隆	王　众	王宇轩	王宇鹏	王　驰	王坤锋
王　杰	王卓越	王　凯	王　放	王泽颖	王　威
王　胜	王彦冰	王闻博	王洪阳	王　娅	王振懿
王晓华	王　晔	王凌飞	王海超	王基镔	王雪莹
王　猛	王　琳	王博立	王　晴	王　源	王滨生
王慧妍	王　璇	王增辉	王　磊	王　磊	王潘根
王　鑫	尤　博	车文耀	车建华	牛　云	牛志伟
毛文赫	方　成	方　硕	方翔堃	尹伊淳	尹名环

尹芸婷	尹沈阳	尹晓龙	孔令佳	孔祥虎	
巴哈德·艾尔肯		邓　阳	邓　享	邓祖兰	甘　露
艾力凡·艾尔肯		古兴富	石　磊	平　航	卢雅丽
申　华	田昕宇	田泽文	田高谢	史晓燕	付东东
付祥军	付　辉	代永强	代　理	白银平	包　磊
冯世鹏	冯学毅	冯　骏	司程聪	边庚磊	巩柏良
毕　特	曲家乐	吕文斌	吕　闫	吕志超	朱兰亭
朱兴梦	朱　艳	朱晓晨	朱　峰	乔　天	乔文伟
乔石磊	任宏博	任　昊	任国荣	任　烨	庄　原
刘子君	刘玉馨	刘　帅	刘亚坤	刘亚强	刘　毕
刘　冰	刘米帅	刘宇涵	刘　阳	刘远飞	刘启明
刘　纯	刘卓禹	刘　佳	刘佳懿	刘珂屹	刘　茜
刘　济	刘晓乐	刘效禹	刘海杰	刘　晨	刘　婵
刘　超	刘舒尘	刘　蓓	刘　嵩	刘　赫	闫文博
闫　江	闫雨轩	闫　悦	闫　琛	江　毅	安　琪
祁成祚	祁媛媛	许　炀	许　骋	许博涵	孙世伟
孙　乐	孙成毅	孙　华	孙国强	孙晓晖	孙悦群
孙　博	孙　翔	孙　鹏	孙　豪	麦麦提江·阿不都拉	
严　景	苏　阳	苏　兵	苏　杭	苏　湘	杜平心
杜志远	杜　威	杜　雪	李卫东	李　文	李东洋
李永康	李发玮	李成前	李志平	李志伟	李　妍
李佳乐	李　柏	李　俭	李彦军	李　洁	李　洁
李　洋	李逍徉	李晓阳	李健超	李　涛	李海兵
李海明	李流跃	李雅翀	李舒阳	李　童	李锦龙
李锦涛	李　鹏	李　腾	李新波	李　歆	李　群
李　璇	李默涵	杨　阳	杨秀君	杨　林	杨雨晨
杨郅文	杨恺陶	杨贺旭	杨晓磊	杨维成	杨童杰
杨湛宇	杨　寒	杨殿博	肖志远	肖佑挺	肖　玥
肖祖艺	吴志文	吴克强	吴秀娟	吴　杰	吴　诺
吴晨范	吴　超	吴　翔	吴　鹏	吴德培	吴曙东
吴　巍	邱永振	邱　昉	何云峰	何文志	何书睿
何沛华	何　苗	何　金	何盼盼	何　琴	何　颖
何默君	余　萍	邹金霖	汪佳松	汪艳芝	宋文军
宋时光	宋　健	宋德弘	张　一	张云鹏	张丹丹
张文君	张文静	张永康	张亚川	张成成	张先若

张延博	张　宇	张　明	张岩昊	张　佳	张佳伟
张金稳	张　京	张珈赫	张柳音	张　星	张　贺
张　真	张　倩	张海鹏	张梅梅	张　彪	张　晨
张博文	张雅男	张　淼	张　森	张傲北	张　楠
张新营	张旖旎	张　聪	张　蕾	张　璐	张　璐
张　鑫	阿力木江·库拉西		陈小可	陈川洋	陈广拓
陈友洲	陈文泉	陈苗红	陈佳韦	陈　泽	陈实秋
陈建华	陈　威	陈　思	陈俞吉	陈剑聪	陈　莉
陈晓婕	陈理想	陈菡萏	陈　晨	陈　惜	陈　皓
陈　皓	陈瑞民	陈　瑜	陈骜昆	陈　靖	陈新月
陈煊轩	陈　曦	邵　玮	范学慧	范　晓	范博盈
范媛媛	林志超	林　翀	林康宁	林　皓	罗天骄
罗　欣	罗　勤	罗　聪	金划苏	金　灵	金　星
金慧婕	金增旺	金滕飞	周方坤	周宇世强	周宇昂
周　凯	周和鑫	周　勋	周家玮	周　敏	周雅慧
周　斌	周　媛	周　鹤	庞天泽	庞文博	庞　博
郑义川	郑月刚	郑　龙	郑宇航	郑守仁	郑孝磊
郑凯迪	郑博文	郑　豪	郎　健	孟令彬	赵东策
赵田欣	赵宇飞	赵守宇	赵丽双	赵学斌	赵思思
赵　倩	赵翔宇	赵　瑞	赵意娜	胡文龙	胡龙新
胡汉江	胡忠强	胡　凯	胡　勇	胡晓卉	胡　娟
胡　颖	要晋宇	咸龙滨	钟佳骏	段　炼	段博川
禹忠强	侯佳腾	侯俊栋	侯　博	侯　婷	姜英栋
姜　波	姜祎婷	姜效良	姜博谦	祝　东	姚　远
姚　姣	贺亮亮	贺雪梅	贺媛媛	贺　臻	秦振东
袁哲礼	莫　薇	栗建行	贾龙峰	夏　禹	夏侯佐鑫
党盛男	徐玉娟	徐旭初	徐安琪	徐国强	徐留洋
徐　萌	徐鸿荣	徐新松	徐霄骥	高　升	高月菲
高亚运	高　健	高　航	高海洋	高　萌	高斯寒
高惠明	高　源	高慧怡	郭玉坤	郭　兰	郭会昭
郭　冲	郭　辰	郭京伟	郭映维	郭清湃	郭　涵
郭　晶	唐小庆	唐　萌	海米提·热合木江		陶　艳
陶浩然	陶堂明	姬　强	黄开威	黄文秀	黄　旺
黄彦芝	黄　野	黄琪玮	黄　震	曹英勇	崔麦琴
崔　健	崔银实	符策鹏	梁文超	梁程铭	彭文佳

彭启慧	彭　澄	董松涛	董祥威	韩　丹	韩世杰
韩江宁	韩　松	韩明超	韩　荣	韩　峰	韩笑娜
韩敬松	喻　亮	程　成	储海峰	舒　展	鲁增辉
童　禄	曾　三	曾成成	曾奇才	曾　珺	游　博
谢思凯	谢俊峰	谢家宝	谢　翔	谢　聪	靳　鑫
赖永刚	雷　震	路英杰	詹旭东	詹　锟	鲍亚运
解　琴	窦孝茹	綦　妍	蔡修钢	蔡　啸	蔺欣雨
廖　云	樊博宇	黎祖将	颜博睿	潘　双	潘　汛
潘思盈	潘　淑	薛亚辉	薛伊柯	薛　亮	霍　思
穆守然	戴天行	戴　斌	鞠凯文	魏　明	魏　耕
魏　敏	魏　遥	魏　鹏			

2010 级（529 人）

丁　邺	丁佩璇	丁　茜	丁　锦	于　也	于威立
于浩洋	于海鹏	于　爽	于景峰	于　静	山　峰
卫瑞东	马建强	马　荣	马　勇	马猛刚	马渊栋
马　喆	马　路	王力南	王士昌	王子洋	王子钰
王天阳	王艺洁	王月月	王　丹	王　玉	王　正
王　帅	王　乐	王　宁	王亚平	王亚静	王先梦
王　芷	王　玮	王　玢	王佳玮	王佳琦	王　欣
王柏人	王　威	王　禹	王亭亭	王彦琳	王济群
王　艳	王晓凤	王晓冉	王晓辉	王晓翠	王悦霖
王　翀	王　敏	王　琪	王　斐	王　晶	王锐君
王婷婷	王　楠	王颖捷	王嘉欣	王睿鸿	王　聪
韦伯强	扎依达·阿依恒		牛子儒	牛京玉	牛　超
牛瑞龙	勾纪舒	文　波	方　帅	方莉黄晓	尹秀梅
尹　婧	尹琪瑶	邓昭阳	艾克拜尔·阿不都热依木		石松鑫
石维坚	石锦飞	龙思雨	占小虹	卢伟胜	卢　章
叶仕杰	田　昊	田思淘	田　蔚	史尹嘉	史　可
史同钢	付伟宁	付江浩	代　波	代彬丁	白　宇
白　鹤	冯伟然	冯治蒙	冯超鹏	兰远锋	边晓茜
邢雅欣	吉　媛	吕　梅	吕雪梅	吕　默	朱孟壮
乔　杨	乔喜慧	仲亭玉	任　楠	伊拉依丁·纳基米丁	
庄　辉	刘一霖	刘正意	刘立宇	刘　刚	刘妍琳
刘　幸	刘　畅	刘　畅	刘　畅	刘明琦	刘　岩

刘依博	刘　怡	刘　威	刘思维	刘　恬	刘　娜
刘艳龙	刘晓明	刘益强	刘　浩	刘海涛	刘婧然
刘婧媛	刘婉娇	刘博谅	刘　翔	刘照莞	刘魁兴
刘　瑶	刘　慷	刘镒滔	刘　鑫	齐沈桐	齐梓辰
齐聪睿	闫弘扬	闫曹君	闫景阳	关书伟	汤英杰
祁云宗	许　洲	孙　帆	孙　冰	孙奕龙	孙　莉
纪　鹏	严朝雯	芦　佳	苏　杰	苏怡文	苏婷婷
杜　伟	杜华日	杜　康	李千钧	李　丹	李文娜
李文琦	李世斌	李东旭	李　权	李　伟	李伟杰
李华卿	李旭东	李丽姗	李希飞	李　拓	李　杰
李　杰	李明泽	李易桐	李易航	李金玉	李金苗
李学良	李春醒	李　盼	李　思	李思言	李思凯
李思航	李炳霖	李　娜	李桥阳	李　倞	李涛宏
李珺旸	李　萌	李营营	李梓骥	李硕石	李舒扬
李露伟	杨长林	杨月白	杨立广	杨宁晓	杨　光
杨　帆	杨　伟	杨华云	杨绍鹏	杨凌波	杨　涛
杨雪晴	杨　维	杨瑞才	杨嘉林	束盈萱	连　鑫
肖钟雯	吴志强	吴丽萍	吴昆鹏	吴晓慧	吴　琼
吴　颖	吴鑫鹏	邱骏杰	何小鹏	何　飞	何玉超
余汐霆	余　苗	余　凯	余雪松	邹长明	邹东民
邹　坤	况　荡	汪　伟	汪启跃	汪睦雄	汪慧娟
沈　洲	宋子尧	宋东晓	宋兴剑	宋　昕	启　洁
张一凡	张大鹏	张天宇	张天宝	张文洋	张玉婷
张印志	张　帆	张　帆	张　伟	张　旭	张　旭
张兴云	张　宇	张　欢	张红娣	张　陆	张玮瑛
张　松	张　昀	张岩竹	张　枭	张学萍	张　珊
张珊珊	张　茜	张柏林	张　珣	张振风	张晓鹏
张　倩	张倩倩	张浩杰	张海强	张　娟	张　萌
张　崇	张超群	张雅斓	张皓辰	张媛钰	张婷婷
张嘉成	张璁雨	张耀月	陆　扬	陆姚赋天	
阿迪力·艾力		阿　恒	陈小慧	陈天友	陈少龙
陈沛然	陈　松	陈松路	陈雨婷	陈雨曦	陈欣欣
陈怡然	陈　诚	陈　星	陈　将	陈　亮	陈　浩
陈培远	陈雪梅	陈　鸿	陈智强	陈　鑫	苗　刚
范亚梅	林孟超	林晓丽	林静婧	郁晓林	尚子云

罗仕乾	罗林聪	罗杰超	罗雁翎	罗　福	和晟姣
季　玮	岳晓莹	金良辰	金翰林	周冬月	周宇东
周　杰	周国旭	周俊林	周美灵	周荻斯	周　晖
周　航	周　超	周　翔	郑华宇	郑庆扬	郑佳昕
郑佳琪	郑钰梅	郑　爽	屈方舟	孟　芃	孟　勇
孟祥雨	赵方园	赵驰晖	赵志凯	赵国栋	赵　莹
赵倩悦	赵越甲	荣腾浩	胡　帆	胡若飞	胡松涛
胡松德	胡保华	胡　娜	胡雅超	胡　瑶	查天翼
战　强	钟士琦	钟　元	段凯元	侯杰波	侯建鹏
侯　真	侯　捷	洪鹭燕	祖力亚尔·约提库尔		祝月兵
费　梦	姚懿城	贺小辉	贺　苗	袁　焕	贾小伟
夏　翔	顾金鑫	晏　霞	倪　洋	倪　森	倪蔚辰
徐文杰	徐令仪	徐芊芊	徐良政	徐彬彬	徐　婧
徐瑞超	徐霞清	徐颢川	殷陶然	奚珊妮	高　妍
高国举	高诗梦	高凌新	高　维	高　程	高　策
郭　权	郭　宇	郭　坤	郭　凯	郭　京	郭春霞
郭莹莹	郭　强	郭　蒙	郭静漪	唐　武	唐梦淇
唐　靖	唐　滔	谈玉晓	黄丹枫	黄文强	黄有魏
黄冰冰	黄荣莹	黄　峥	黄晨光	黄超跃	黄　赐
黄　强	黄慧贤	曹丽娜	曹　虎	盛柯恺	常晓江
崔梦晗	梁万明	梁莉莉	梁　颖	梁嘉琦	彭文娟
彭　睿	斯梦亭	董文博	董阳雪	董辛未	董绍伟
董思豆	韩杰军	韩怡哲	韩俊臣	韩森琛	惠鑫华
景　灏	喻　喆	程　红	程　彤	程　剑	程燕子
傅树深	储晓春	鲁进超	童文皓	谢明哲	谢晓彤
谢乾阳	谢雪琴	强　瑜	甄廉洁	雷文辉	雷夏飞
路　璐	鲍宏鑫	满建国	慕启涛	蔡　文	蔡驰宇
蔡海飘	蔺云雷	臧亚楠	管　笛	廖　旭	廖贵园
廖奕铖	谭　民	谭　尧	谭晓灿	谭海宁	谭鑫鑫
翟文洁	熊伟兵	熊良春	熊康昊	樊佳楠	樊晓灿
樊婷玉	黎　鹏	颜　阳	潘纪情	潘　进	潘梦圆
潘　琳	薛　超	穆启鹏	鞠方翔	魏宇涛	魏军炳
魏靖伟					

2011 级（240 人）

刁靖东	于　洋	于莹莹	万千慧	上官致伟	马志达

马学智	王小龙	王贝贝	王忆宁	王正炜	王　帅
王　旭	王劲君	王　玮	王　环	王金玉	王孟博
王南飞	王盼盼	王　昱	王俊峰	王炳坤	王高林
王海龙	王家兴	王梦园	王晨露	王　康	王　琛
王　喆	王　博	王　晶	王　强	王耀平	方　祥
方　敏	尹泽同	玉苏甫·亚森		石狄狄	石雅楠
申洪梅	田　苗	史卓瑛	冉　旭	付　强	白　茹
白　童	冯润峰	宁贝飞	师英杰	吕树恩	吕俊杰
吕洪爽	朱成志	朱进豪	朱宏伟	伊曼诺夫	刘一鸣
刘文丽	刘　帅	刘亚飞	刘仲岳	刘华醒	刘　庆
刘江江	刘志文	刘启晗	刘　剑	刘晓旭	刘恩泽
刘海翔	刘琳娜	刘鹏宣	闫子晨	关恩浩	江　龙
安　炊	安美芳	孙文彦	孙永辉	孙明亮	孙　佳
孙　政	孙思洋	孙洪友	孙逢时	孙　彪	孙　静
牟鹏举	苍天竹	严林涛	严姜超	苏　坦	杜赞赞
李小青	李丹丹	李　双	李　英	李昌俊	李金谱
李治富	李　响	李骏霄	李梦君	李晨辉	李斯琦
李睿智	李　磊	李　鑫	杨　帅	杨　宁	杨　冰
杨　芳	杨佩佳	杨茹茵	杨涵宇	时玉颜	吴　昊
吴凯航	吴　煜	何家伟	邹　歌	汪博韬	完海军
宋泮园	张一豆	张天一	张宁宁	张若愚	张雨轩
张雨童	张佳婧	张思远	张　恒	张　琪	张　程
张　蓉	张　峋	阿布来提·艾斯卡尔		陈宇楠	陈杰敏
陈　栋	陈映雪	陈思汝	陈峋宇	陈　涛	陈善军
陈　睿	陈毅腾	努力克	苗　杰	苟　磊	范　帅
范甄怡	林　威	林晓波	欧阳梓标	易　超	岳辰宇
岳　健	周星宇	周　桐	周晓飞	周　燕	郑　妍
赵仕豪	赵　彤	赵青林	赵胜男	赵维旌	赵鹏舜
郝昭君	柏　春	段　镇	姜银光	费致杰	姚俊峰
姚宣丞	姚晓龙	贺冰琡	贺　剑	秦　川	秦岳鸣
袁维平	聂明茜	柴润德	柴鹏帅	徐　申	徐盛效
殷红文	高云峰	高　森	高晶晶	高　策	郭书宇
郭智翀	郭　强	郭煊烽	席　雷	唐玉琰	唐浩宇
唐嘉伟	浦仲鑫	宾名剑	陶　威	黄伟波	黄祥坤
梅爱寒	曹立奕	曹杉杉	曹丽梦	曹　灿	曹俊博

曹德民	崔　林	屠亚徵	董玉辉	董　婧	蒋佶松
覃佐锐	程顺均	储海峰	曾永清	曾　奇	曾　凯
曾晗熹	谢志豪	谢俊达	赖　涛	满润毓	蔺向楠
谭晓斌	樊　帅	樊　斌	潘昀皓	潘昭宇	潘硕君
戴豪礽	魏　淼				

2012 级（251 人）

丁　明	于　彪	于博文	万嗣芳	凡　星	卫　峥
飞　家	王天承	王天赓	王　丹	王　东	王向宁
王汝佳	王宇宁	王宇晟	王　佐	王良俊童	王　坤
王凯军	王晓辉	王　健	王健翔	王　浩	王　琦
王超超	王超然	王　瑞	王嘉熠	王翰章	王璐瑶
方　赛	邓天元	邓天祺	邓　潇	艾克拜尔·艾合买提	
左　磊	平措扎西	卢　宁	叶尔肯别克·卡提甫		田中元
田雨农	田佳奇	史秋月	丘　杰	白　旭	白　羽
白星宇	白海龙	印　靓	包正鑫	兰士钊	毕伟康
吕　昕	朱叶桃	任云龙	任立鑫	伊俊昊	向德位
刘文平	刘正基	刘　帅	刘民颂	刘　成	刘　宇
刘连军	刘　钊	刘坤奇	刘　非	刘　凯	刘治强
刘鸥鸣	刘祖铭	刘　彬	刘梦倩	刘惟可	刘智聪
刘　毅	齐华华	闫千倩	许昊天	许　洋	那尔土汗
孙立人	孙　芮	孙家琦	孙　楚	纪　辉	杜非白
李小闯	李　为	李世锦	李　伟	李　伟	李　华
李顶立	李　盼	李　闽	李　娜	李勇翔	李　根
李　海	李　浪	李梦琪	李　溢	李嘉芷	杨作云
杨环宇	杨英豪	杨昊龙	杨春旭	杨祖煌	杨　淼
肖志博	肖　沛	肖　祎	吴金文	吴晏韬	吴睿格
吴德浩	余　进	狄桂雨	汪先登	沈心怡	张　丹
张文权	张正正	张可可	张　帅	张立中	张华文
张秀秀	张若梅	张　凯	张凯杰	张育萌	张信诗
张俊宝	张　哲	张莹涛	张梦雅	张　爽	张　晨
张晨光	张　琪	张　蒙	张筱楠	张慧杰	张慧敏
阿肯别克·加肯		陈远超	陈　志	陈剑钻	陈恭巍
陈通瀚	陈　晨	陈晨宇	陈婵琳	陈紫渝	陈嘉媛
武金山	苟伟伟	范　琦	林亚晨	欧尔扎斯	易　汉

罗　豫	罗　璨	凯撒尔	依力亚尔·阿地里		周子琪
周伯先	周明金	周栗名	庞可心	房玲玉	赵卓凡
赵　泽	赵姗姗	赵冠华	荆　哲	胡智凯	胡慧莹
柳　杨	哈明鸣	段旭谦	段冲磊	侯　飞	侯仁杰
侯佳祎	侯泽恺	施　想	贺　友	贺　冉	秦　萌
袁乃岩	袁　硕	哲　兰	莫玉竹	贾孟奇	贾　静
夏宇强	晏超然	钱绍仙	徐文超	徐龙腾	徐加欢
徐智宽	徐露琳	殷　明	凌正阳	高　钰	高赫佳
高　巍	郭天舒	郭　磊	唐斌锐	黄宇翔	黄宏波
黄海丰	黄楚秦	龚海斌	彭沛华	崔晓娟	符东旭
麻跨洲	梁立耀	梁　倩	宿照星	彭　程	彭　聪
董　岩	董　琪	蒋　针	蒋明谕	程长昊	储若慧
鲁晋杰	曾丹阳	曾晶晶	谢文豪	谢思源	鄢章发
解乃颖	谭森彦	潘广全	潘汇文	潘程炜	薛　鸣
霍颖欣	戴智洋	魏鑫轩			

2013级（264人）

于梦丽	卫泽林	马乐琛	马桂林	马　聪	马摩尔
王　丰	王正阳	王光鑫	王雨澄	王　昊	王　昊
王祎伟	王建新	王　飒	王　娜	王　勇	王　健
王　海	王　爽	王晨阳	王朝司	王　晶	王　媛
王瑞琳	王　雷	王　颖	王璇玥	牛秉青	毛润雨
尹陈林	邓文聪	邓盈盈	邓　莉	邓博炜	邓道明
左良玉	厉向炜	石伟国	石明睿	卢子瑜	
叶尔恰提·托力恒		田　济	田新磊	田　鑫	史治洁
白飞龙	白　昕	冯佳丽	冯　喆	冯富森	冯毅南
皮彦婷	皮　敏	曲　亮	吕胜广	吕润泽	朱轶凡
朱瑀洁	任浩周	庄建凯	刘义昌	刘云飞	刘圣晨
刘华宇	刘　冰	刘启哲	刘　玥	刘岸风	刘　岩
刘　炜	刘泽君	刘晓彤	刘晓鹏	刘继文	刘　琦
刘斌锋	刘慕雅	齐　欢	齐恬婧	闫柏林	关　强
关鋆泽	关　鑫	江　玲	汤健乐	许佳诺	许赛一
孙天柠	孙永坤	孙希仁	孙鸿儒	孙嘉宁	阳宇翔
严泉雷	苏比努尔·哈力木拉提		苏金全	杜园园	杜康豪
李义潇	李云竹	李　全	李庆超	李兴胜	李　宇

李　军	李远冬	李岚鑫	李　迎	李卓林	李佳莹
李佳蔚	李欣蓉	李宗原	李　勃	李思齐	李　洁
李恪非	李润泽	李梓明	李铭珠	李清源	李　颖
李新乐	李赜浩	杨开云	杨　乔	杨志方	杨丽君
杨柳青	杨爱民	时俣琛	吴子越	吴佳彬	吴　燃
何　珏	余　昉	邹彤鑫	邹贤文	汪　灿	汪章晗
汪　婧	汪婷婷	沙努尔	沈颖琦	宋宇骅	宋英超
宋　凯	宋　强	张子轩	张冬浩	张西贺	张华峰
张　宇	张林森	张国龙	张佳佳	张炜华	张显炀
张庭华	张　豹	张　接	张盛魁	张　辉	张景龙
张　然	张瑞天	张瑀涵	张　瑜	张　聪	陆　瑶
陈小乐	陈天傲	陈东阳	陈　冉	陈　弘	陈秀元
陈　诚	陈经纬	陈思远	陈彦琦	陈营修	陈　鑫
苟　欢	范天威	林昭憓	欧阳维乐	尚　甜	尚雍清
罗会旻	罗泰宇	金伟城	周务员	周立戎	周　宸
郑小龙	郑小惠	郑权益	郑　烨	孟　玥	赵子秋
赵王麒麟	赵沛晔	赵君伟	赵荣剑	胡小龙	胡　玥
柳博阳	柳嘉豪	钟奕威	饶　沛	帝力夏提·艾尼玩尔	
姜建通	秦若晨	袁逸晨	莫　熠	贾胜武	柴　迪
徐宏玮	高若飞	高枕岳	高星星	高翊钧	郭　飞
郭光辉	郭　宇	郭昌佑	郭　爽	郭臻睿	容　晓
黄一锟	黄　恺	黄晨晨	黄韵怡	黄赛楠	黄耀才
梅　荣	曹宇旺	曹　琦	常思远	崔文冰	梁明昱
梁俊明	梁　爽	董书言	蒋　坤	蒋明福	韩文钰
鲁思凯	童嘉明	曾　婵	谢　娜	谢晓琪	路文婧
廖泽华	廖腾均	阚艺铎	谭青松	谭　磊	樊　芳
樊　育	薛建强	戴伟琦	魏　昕		

2014 级（284 人）

丁云培	丁向龙	丁韩旭	于子健	于福兴	子　怡
马　义	马浩杰	马啸宇	马　越	马想梅	马　睿
马瀚超	王付州	王自力	王旭东	王多瑞	王贤龙
王彦琦	王晟晨	王　倩	王健丞	王浩丞	王宸禹
王　琛	王嘉雯	毛亚丽	文　言	尹　璐	邓一兵
邓世豪	邓　柯	艾平华	卢振宇	叶君睿	

叶纳尔·米兰别克		叶明雨	田向远	田　雨	田炜宁
田瀛泽	代　明	冯子良	冯佳森	冯　晨	吉银生
成汉林	曲　晨	朱世铭	朱玥彤	朱美卓	全　威
刘上平	刘子健	刘文杰	刘仕鑫	刘宁溪	刘向明
刘　宇	刘宇霏	刘　佳	刘佳佳	刘治成	刘轶凡
刘虹伯	刘姝敏	刘　梦	刘逸凡	刘雯旭	刘　景
刘　磊	刘璐瑶	闫加轩	羊　铸	许　洁	那中丽
阮　威	孙子秋	孙自浩	孙明瑞	孙鹏健	孙鑫昊
纪洪森	杜之闻	杜远航	杜金雪	杜家昊	杜嘉璐
李　红	李国栋	李国科	李明宇	李佳城	李佳雯
李佳澍	李金柳	李建良	李绍茂	李俊慧	李浩天
李　锐	李　童	李德盛	李　霖	李　臻	李鑫杰
杨一凡	杨万里	杨小涵	杨开朝	杨方健	杨　帆
杨帆济海	杨　阳	杨尚儒	杨朋昕	杨浩荻	吴文浩
吴帅昊	吴亚模	吴伟杰	吴伟桐	吴　杰	吴　怡
吴积浩	吴通通	何开养	何凤香	何亚楠	位文杰
佘　旭	余成达	余　畅	邹东远	宋　钰	张广铭
张文静	张世龙	张　冲	张冰雪	张昊宇	张国峻
张明亮	张祎雯	张树禹	张钦戬	张晓爽	张笑雄
张浩博	张菏阳	张惠婷	张　鹏	张　聪	张翼飞
陆　路	阿依本·阿吾汗拜		陈人和	陈天帆	陈文仕
陈　玉	陈代斌	陈礼扬	陈　亮	陈　语	陈莉莉
陈偲诺	陈　晶	陈　粤	陈瑞光	陈　锦	邵楚琦
林琮皓	迪　乐	罗圣权	罗　祥	罗　媚	周文韬
周　龙	周宇杰	周若臣	周晓艳	周瑞昆	郑天铭
郑昊洲	孟　畅	孟祥焱	项于航	赵知航	赵婉廷
赵越飞	赵　程	赵鹏菲	荣梦琪	胡东阳	胡城豪
胡智宇	胡裕林	胡鹏飞	胡嘉月	胡耀清	胡鑫裕
茹　毅	南海骄	钟智诚	种　领	侯博严	施滇涛
姜博文	娄青龙	秦玮宏	秦绍宸	袁　冬	袁曦媚
莫子健	栗　松	贾诚谦	顾　倩	党文治	党铭溪
钱新宇	倪　帅	倪梓明	徐　月	徐立明	徐华晟
徐孟林	徐振兴	徐　渊	高方原	高　宇	高　来
高音正	高鹏程	高　鑫	郭力维	郭　君	郭洪岩
郭　越	郭雅军	唐　源	涛　黎	陶立强	陶冠南

陶梦捷	黄大利	黄佳扬	黄钢琴	黄振凯	曹晏彬
曹盛浩	龚鹏成	崔洪胜	崔皓东	康远一	章　昕
梁正稳	隋志鹏	彭治中	彭梦柯	董晨阳	蒋牧曦
韩飞凡	韩明慧	韩晓鹏	韩　睿	程　浩	谢　天
蒲文杰	雷俊超	雷　琴	路天阳	解靖怡	滚　雪
裴　钊	裴瑞卿	管宇田	谭青松	谭　浩	薛茹月
霍文堉	檀腾飞	魏　宁	魏嘉宁	爨朝阳	

2015 级（316 人）

丁　陈	马　军	马宝忠	马菊香	马越标	王化雄
王月坤	王远航	王运昌	王明建	王金鑫	王诚鹏
王　威	王思齐	王思远	王俊通	王彦博	王晓郁
王爱玲	王　浩	王雪璇	王雅琦	王　媛	王献民
王　鹏	王　颖	王　璠	韦书冲	支　媛	毛安宁
毛祥汀	尹旭阳	尹　兴	邓昭楚	玉　岩	龙　伟
卢静怡	叶尔那尔·叶然		叶　帆	叶斌鹏	田　昊
田思雨	田　媛	田震松	包　渌	加央俊美	邢宇昕
邢　淳	巩　通	成儒婷	尧昊天	吕权修	吕凯帆
吕绪泉	吕熙宁	吕　凝	朱　贺	朱皓同	任旭倩
全　威	邬奕欣	刘天恒	刘元龙	刘书林	刘正宇
刘　尧	刘志辉	刘宏星	刘明亮	刘彦汝	刘　凌
刘海志	刘　晨	齐欣婧	齐婧雯	衣丹羽	闫　旭
闫宇鹏	闫　翔	祁　航	许书钰	许晋豪	许　浩
阮江艇	孙子杨	孙天宇	孙文宇	孙登博	孙鹏飞
阳　博	买如甫白克·卡得尔汗		麦润恒	严由齐	严如岩
严　钢	苏子琪	苏子雄	苏江峰	苏　博	杜铭钰
李子龙	李子璠	李元刚	李　升	李玉琳	李成蹊
李汤睿	李宇凡	李志硕	李志猛	李苏瑞	李国卿
李明轩	李佳乐	李春秋	李　威	李　恬	李莎莎
李润泽	李培源	李　彬	李强强	李　曦	李　鑫
杨子豪	杨开泰	杨文富	杨兰江	杨昆翰	杨　迪
杨益民	杨　越	肖九宏	吴晨瑶	吴淦毓	吴静宁
何双双	何林达	何岳滨	何翊翀	何　翔	何鹏州
余怡然	余锦奎	辛照洲	汪　涛	汪淳枫	沙凯伦
张子敏	张　开	张玉婷	张　帅	张红超	张　良

张　苒	张朋朋	张建兴	张珈铭	张思贤	张钧溪
张俊杰	张美霞	张航峰	张浩楠	张　越	张瑶伟
张翰文	陆　顺	阿布都热西提·阿布都拉		陈　帅	陈兆通
陈许彬	陈玖霖	陈克胜	陈启白	陈波昊	陈　铖
陈婷婷	陈楚楠	陈　璇	苟建中	欧华锋	旺玛央坚
罗　杨	罗　辉	念　诚	周大伟	周广尚	周云奕
周青昱	周　莹	郑文豪	郑松旻	郑国立	郑　娜
郑章雄	孟德君	练思永	赵云飞	赵　权	赵泽林
赵建宇	赵哲惟	赵　祯	赵逸超	赵　鼎	赵翔宇
赵　寓	郝　昕	荆　明	胡绍富	胡昭霞	胡思博
胡　涛	胡浚颢	胡新越	柯明凯	查　森	修海鑫
俞　洪	姜　仪	姜灵之	洪海艺	宣凌飞	姚邦锐
姚赤云	贺林夕	秦乐垚	秦德聪	敖雪聪	袁若殊
聂志远	贾芳妍	柴凌云	柴家乐	钱一萍	徐一帆
徐可钦	徐平海	徐伟栋	徐志勇	徐　昊	徐佳鹏
徐泽鹏	徐莹影	徐萌悦	徐　越	徐博文	徐　港
翁长虹	高文强	高正平	高申绪	高亚鹏	高江江
高　明	高　琦	郭安硕	郭　杨	郭希良	郭颖颐
郭露露	郭鑫宇	唐威振	唐　亮	唐洪军	黄兴平
黄金鹏	黄铭梁	黄　鹏	龚　霄	崔汉岐	康　柳
梁思源	梁　鹏	梁嘉伟	宿登钊	绳浩兵	彭奕豪
葛逸潇	董小飞	董之南	董文凯	董恒禹	蒋丹阳
蒋亚军	蒋智博	韩世成	韩志冀	覃思豪	程　财
程　昱	曾　瀚	温新平	游春春	富建波	谢路祥
赖本山	路　安	解佳鑫	裴梦彤	鲜于流连	廖廷雄
廖源初	漆志敏	谭志勇	谭晓杰	缪海斌	樊梦涵
滕云志	薛点点	薛颖异	魏子杰	魏文博	魏宇鹏
魏思凡					

2016级（342人）

于　点	小　龙	马　宁	马亚玲	马建虹	马雪飞
马崇天	王　飞	王文轩	王文昊	王文焯	王玉凯
王　平	王自强	王兆辉	王　冰	王　林	王雨昂
王祎豪	王思聪	王笑为	王高远	王家庆	王梦茹
王雪晴	王淘怡	王　寅	王琳旭	王博毅	王　斌

王 斌	王鹏程	王德幸	牛彦童	毛 攀	孔德航
巴任伟	邓泊骏	邓 浩	邓镇江	甘俊强	石 力
石艳丽	卢启航	田宏业	田 畅	冉棚辉	付淑尧
白志健	白志程	丛铭章	冯汉森	加吾澜·吾满江	
吕祥毅	吕 懿	乔宇娟	伍泽裕	任 翔	向瑾玮
刘小玉	刘 月	刘心爽	刘国平	刘 畅	刘和平
刘欣格	刘京阳	刘思敏	刘祖安	刘真佑	刘梦实
刘照标	刘静博	刘嘉璐	刘 歌	刘瑾妍	刘璞秋
刘冀川	刘黛娇	闫蓟平	米克海	安 扬	许伟志
许传生	许利恒	许卓宁	那士博	孙伊然	孙佳伟
孙金正	孙 亮	孙贺雨	孙晓明	孙道博	孙源伯
严 旭	严翊铭	苏世伟	苏新鹏	苏 瑶	杜鼎卿
杜 蓬	李子超	李 天	李今旭	李凤雅	李文博
李邓勰	李世珍	李世博	李多多	李志平	李丽珊
李闰煊	李松峰	李学学	李承一	李轶尘	李俊颉
李俊辉	李高祥	李浩伦	李梓研	李逸轩	李 渊
李 渊	李梁毓	李嗣岩	李漠雨	李嘉屹	李 睿
李豪宇	杨心仪	杨 帆	杨 坤	杨明儒	杨泽宇
杨钟毓	杨洁婷	杨振年	杨 涛	杨 晨	杨 森
杨慧杰	杨 燕	肖子昂	肖 邦	肖紫月	时春朋
吴 杰	吴昕如	吴承泽	吴俊周	吴闻杰	吴超航
吴 霞	何 平	何秋辉	何 鹏	但彬伟	伯锐翔
余 晨	邹 艺	邹勇刚	邹 涛	汪秀峰	汪 伶
宋广轩	宋文宇	宋心玥	宋奇泽	宋姗珊	宋超宇
宋鹏飞	张一鹏	张长硕	张 可	张 帅	张 乐
张永青	张亚文	张传飞	张众博	张宇凡	张羽崧
张志威	张杜祥	张 杰	张起铭	张朔源	张浩源
张海伦	张 娟	张雪岭	张 铖	张 强	张椿海
张 僮	张 鑫	陆子怡	陆天钊	陆昌智	
阿卜杜米吉提·麦麦提敏		陈小奇	陈 飞	陈兆鑫	陈政良
陈洵英	陈笑言	陈 琳	陈畴羽	陈 淼	陈 满
陈福生	陈 攀	邵瑞霖	范颖茵	林立桂	林金辉
林 超	林雅婧	欧阳世豪	欧珠旺姆	虎天亮	罗 威
金 展	金 雄	周子浩	周天平	周文勃	周卓智
周荣欣	周洵宇	周 浩	周斯人	郑怡笑	郑锦灿

单钦锋	宗怡文	孟星华	赵子健	赵天孟	赵延杰
赵欣宇	赵翔鹭	胡亚旭	胡诗伟	胡茜茜	胡维城
柳思思	郜昱暄	段传运	段旭阳	段　煦	俞荫康
宫兆添	祝延宁	费建祺	胥　庆	姚　熠	贺宇航
贺梓良	秦　昕	袁浩伟	袁　媛	耿广磊	晋美贡嘎
贾昊聪	夏　桐	夏啸峰	夏碧涛	顾之鑫	钱　垚
徐安睿	徐佳乐	徐秋熳	徐浩天	徐　锐	高宏宇
高　鼎	高鹏举	郭宇扬	郭海燕	郭　雄	郭馨濛
唐浩然	唐湘湘	宾　琳	谈　昊	陶旭东	黄亘之
黄江洋	黄志平	黄尚世驯	黄家渠	黄智勇	
菲尔吨·克热木		曹姗姗	曹笑歌	龚　健	崔阳冬
崔晓锋	符芳凯	商雅林	梁　成	梁荣敏	梁　雯
梁溢友	寇　璐	彭仕煊	彭　阳	彭　鑫	葛建跃
董浩然	董　燊	蒋　睿	韩子翔	韩　冰	
森海提·尼合买提		覃文静	喻　械	程银亮	傅叶雯
傅　聪	焦伯臻	鲁中齐	曾思杰	曾锦琛	谢良康
谢国鸿	靳松霖	靳骐源	雷　憧	赫宇菲	谭雅文
翟　昊	黎发超	黎　昫	薛　涵	冀　拓	戴弋翔
戴嘉欣					

2017级（370人）

丁天一	卜宇辉	于子轶	于元勋	于东磊	于金鑫
于嘉伟	万子烁	万玮莹	卫胜男	马　杰	马明哲
马俊宇	马洪翔	马　跃	王天怀	王中汉	王　方
王世聪	王　东	王乐宁	王扬帆	王庆林	王　宇
王红岩	王克功	王辰磊	王　轩	王择稷	王明娜
王佳良	王佳浩	王泽航	王宝杰	王　茗	王　威
王俊哲	王炳楠	王振环	王振乾	王浩宇	王梦伟
王雪艳	王焕元	王超群	王　晶	王　瑞	王　瑄
王嘉莹	王　磊	王翰桐	井一韬	开　程	韦　祎
韦绍升	韦　翔	牛玉潇	毛国清	卞凯雯	文　杭
方　晓	方敏起	尹　渌	巴登加甫·蒙克达拉		邓展蛟
邓鹏飞	古谨瑜	左　涛	石云飞	石　烁	卢一凡
卢俊宇	叶一彬	叶　宏	叶斯波拉提·吉力克拜		申佳晨
田九月	田佳琪	田前程	史景辉	白金龙	丛悦宁

冯克诚	邢润泽	权 浩	毕海旭	吕传玉	吕 遥
朱世昌	朱旭辉	朱茂琦	朱雨鑫	朱美贻	朱 爽
任利莲	任振宇	任澳帅	任曙乾	向成峰	向 卓
庄庆钧	庄 玥	刘广浩	刘心怡	刘玉洁	刘尧锟
刘宇航	刘 阳	刘志杰	刘辰伟	刘宏极	刘 昊
刘孟洁	刘晋瑞	刘浩承	刘海龙	刘晶晶	刘焱鑫
刘 璇	刘 攀	衣骁捷	闫帅帅	闫紫薇	关 鑫
米祈睿	许可晟	许志文	许哲彬	阮 政	阮鹏博
孙志权	孙英凯	麦合木提·买买提		花东杰	严 冬
严悦方	严蓬译	苏 欣	苏美琪	苏海录	杜秉元
杜佳桐	杜骋骋	李 冉	李许诺	李 阳	李 志
李志豪	李利达	李灵妍	李若珅	李杰铭	李国成
李泽坤	李孟祺	李春雨	李荣辉	李勃言	李思仪
李致寰	李雪琦	李雪婷	李铭山	李博渊	李棋森
李嘉宝	李 兢	李潇健	李 赞	杨 帆	杨华京
杨宇航	杨 雨	杨凯轩	杨朋澄	杨泽华	杨钦辰
杨勇哲	杨 滢	豆思涵	肖婕诗	肖翔宇	吴平禹
吴言平	吴泽宇	吴健生	吴 野	吴 琦	邱志立
何艳辉	何维毅	何 辉	何 锦	余鸿昊	谷晓彤
辛昱呈	沙 昊	沈芃旭	沈婧怡	宋子康	宋晓飞
张 开	张天宝	张文静	张玉玉	张汉鑫	张永发
张亚男	张宇轩	张如意	张 驰	张志强	张 呈
张伯约	张 妍	张 玭	张英琦	张泽华	张宝辉
张 恒	张贺同	张 倩	张值玮	张 涛	张清华
张淇源	张博钰	张敬宇	张雯雯	张紫祚	张殿文
张皞亮	张璟泽	阿尔生·阿依登		陈士泽	陈天启
陈卓杭	陈泽豪	陈洪焱	陈栩健	陈琪璇	陈博华
陈博远	陈 嵩	陈 鹏	陈谨怀	陈睿新	武 元
武方闻	武 辉	苗 帅	苑瀚洋	范欢欢	林世杰
林凯滨	林建祥	林 威	林 韵	易新皓	金圣贤
金鹤鸣	周天烨	周生伟	周 迪	周昱臣	周睿懋
庞子璇	郑 宁	郑宇航	郑 昊	房正光	房妍妍
屈志宇	孟夏欣	孟维超	封浩岚	赵天昕	赵雨凡
赵俊博	赵洁凝	赵益瑄	赵浩洋	赵 蕊	郝正轩
胡国庆	胡星光	钟祥宁	段浩轩	段喆睿	侯文博

侯占英	俞书伟	姜嘉琪	姜瀚博	娄宝乐	娄源举
莫廷钰	贾光耀	贾浩泽	夏　聪	顾志博	倪荷露
徐心石	徐张平	徐　涛	徐锡炀	高小尧	高伯伦
高晨萱	郭子正	郭子婷	郭立晴	郭旭东	郭　冲
郭　璨	唐　林	唐　荣	唐海城	陶海鑫	桑池强
黄　伟	黄李哲	黄　林	黄载裕	黄挚行	黄逸飞
黄楚昕	黄嘉豪	梅婷婷	曹自萌	曹　娜	崔　旭
崔李阳	崔　昊	康永怡	梁开元	梁钟文	梁鑫柱
尉艳梅	彭　杰	董尧涵	蒋　玥	蒋博涵	韩　冰
程国玺	程　曦	曾子傲	曾　煜	谢俊杰	蓝若波
赖正源	雷伟臣	解晓涵	阙秉昊	褚　鸿	蔡逸飞
蔡越峰	蔡强勇	廖千里	廖　俣	谭林灵	谭朝阳
翟腾宇	熊　欢	熊　涛	樊伟群	樊昀丽	薛卓尔
薛佳滨	魏玉哲				

2018级（370人）

丁有龙	丁浩洋	于子涵	于子晶	于得水	才　宝
万绍威	马　上	马义洋	马志扬	马俊豪	马晓晨
马　晨	王一达	王子乐	王子璇	王文煊	王平山
王　帅	王　刚	王江涛	王志隆	王　孜	王劭锟
王　卓	王卓群	王　畅	王秉珩	王金权	王泓潇
王泽宁	王荣显	王昭蓉	王思喆	王秋莎	王　勇
王振铸	王烜植	王雪晴	王晨阳	王　琦	王　焱
王蒙蒙	王鹏宇	王骞浩	王嘉恒	王熙文	王慧姊
王镘婷	王瀚元	井国旭	韦　凯	巨柳荫	牛年红
牛　拓	牛泽婧	毛　雪	方见清	孔雨琪	邓永林
石兴照	卢　涛	旦增曲杰	叶安根	叶澍楠	申昊然
申泓垚	田　珍	史育彧	白玛旺加	白晓恒	邝皓辉
冯子睿	冯佳豪	冯雪桐	冯淇扬	兰昕怡	尼玛卓嘎
邢宇昆	毕　涵	朱祥贵	朱淏栩	乔熔一	任正兴
任　洋	任淇章	刘一鸣	刘上杰	刘之龙	刘子安
刘子萌	刘文杰	刘文基	刘宇龙	刘　欢	刘君茗
刘张辰宇	刘雨坤	刘建强	刘　茜	刘星宇	刘贵泷
刘　涛	刘　浩	刘湘昱	刘　霖	齐一睿	齐耀东
闫子珺	许建炜	许　越	孙志豪	孙泽雯	孙琰君

孙博闻	孙瑞韬	孙　睿	牟　润	严孝宝	苏昊天
苏琦瑞	杜林林	杜　淏	李广龙	李云佳赟	李玉皓
李可莹	李东浩	李光玉	李亦然	李沂霖	李英杰
李秉峰	李欣荣	李怡辰	李城霖	李皆同	李　胤
李悦彦	李琳月	李晶花	李　智	李嘉祺	李睿婷
李德兴	李　鑫	杨子扬	杨华荣	杨　阳	杨　肖
杨明璇	杨昱晔	杨智睿	杨　燕	肖子纯	肖　龙
肖楷洋	吴佳霖	吴勇强	何鸿宇	何　震	狄仕豪
邹鹮耀	邹翼飞	应云鹏	闵高晨	汪　峰	汪　颖
宋丛丛	张　宁	张议夫	张　托	张成龙	张华琪
张华锋	张宇杉	张辰新	张陈霖	张雨晴	张　奇
张明森	张泽人	张　肃	张　政	张　挺	张勇建
张　哲	张晋喆	张晓雯	张峻赫	张润涛	张家伦
张家诚	张雪纯	张曼铃	张逸凡	张梁凤	张紫云
张紫帆	张皓玥	张　楠	张新龙	张赫初	张鑫宇
陆可懿	陆俊达	阿力木·阿卜拉		阿巴斯·阿卜杜拉	
陈引华	陈　乐	陈立一	陈进凯	陈志旻	陈忠杰
陈柏羽	陈昱言	陈派鑫	陈钰龙	陈凌峰	陈　浩
陈翠萍	陈　曦	纳迪尔	武逸雪	武琦亮	苟兴宇
范一鸣	范梓浩	范梓萌	范清晨	林世康	林显峰
罗劲龙	金政润	金震东	周　玥	周洪宝	周　通
周　爽	周　煜	周　熙	周臻琦	庞婉圆	郑可欣
郑伟文	郑泽龙	郑绍文	郑　禹	郑　莹	郑博文
郑谨奇	居志涵	赵宇豪	赵伯潮	赵佳莉	赵泽铭
赵首龙	赵洪学	赵　敏	赵　燕	郝卓凝	郝孟媛
郝　洋	郝　谦	胡龙会	胡昕越	胡煜恒	段宇佳
侯　浩	施富中	姜　峰	柒传江	费鸿炎	姚晓松
贺金锁	贺峰佩	秦　汉	秦宇龙	袁旭博	袁浩洲
袁　琳	袁　瑜	聂云康	莫熙朔	桂龙渊	贾振搏
党镇晔	倪宇凡	徐伟鸿	徐　泽	徐璟潮	殷纪元
卿海梅	高正品	郭少坤	郭思源	郭奕涵	郭桂龙
唐永鹏	唐　勇	唐　潇	唐　黎	黄子晋	黄文腾
黄芃升	黄竹君	黄志航	黄俊波	黄俊楠	黄高强
黄鸿鑫	黄嘉伟	黄嘉浩	菅一东	梅华剑	曹书博
曹林岍	龚万渊	龚宇豪	崔　多	崔　雨	崔逸童

笙宇航	董林杰	蒋以恒	蒋佳梦	韩志民	韩杜兵
韩宏宇	韩放舟	韩　森	韩溢洋	韩　睿	程　娇
焦宇航	焦熙坤	曾雨婷	温可新	温振宇	谢雨萱
谢昕睿	谢　涵	楚玉鑫	甄　咪	雷文浩	雷　安
路子杨	靖默涵	雍　卓	蔡江楠	蔡远秀	蔡　铮
廖必勋	谭惠元	谭福容	翟路尧	熊　壮	熊斯雯
樊　正	樊旭璐	樊怡冰	潘依涵	潘傑远	薛杰娅
薛泽宇	冀春君	戴　放	魏物芳	魏政阁	魏嘉辰

二、大专生

1978级（30人）

王　颖	王尚君	王树庆	王曙东	白　丽	庄心怡
刘金铭	刘莲英	孙奎英	李　元	李冬梅	李智华
杨　洋	何英英	沈怡平	张伯年	陈乃刚	尚小卫
易　垦	周庆生	赵　羽	祝利克	姚　琳	姚志红
郭　峰	曹　勇	曹惠彬	蒋逸凡	薛　彪	霍红玉

1993级（21人）

邓长宁	石巧玲	史晓娟	巩海明	任晓丽	刘志鹏
李建军	李海鹏	李瑞国	张志红	张晓滨	赵志强
荆　梅	胡亚栋	相　东	高彦军	康玉萍	康　敏
鹿力军	梁学勤	雷建信			

三、硕士研究生

1979级（8人）

邢镇容	刘　立	齐家国	李英符	李　凯	杨卫东
陆肖龙	郑雪峰				

1980级（4人）

刘　萍	胡玉祥	童朝南	穆志纯

1981级（6人）

王为人	尹怡欣	齐润德	李晓明	董彦文	储方杰

1982 级（7 人）

丁　左　　丁先春　　王　沁　　朱　桐　　李　毅　　黄程阳
舒之铭

1983 级（10 人）

马学兰　　马晋民　　王　京　　吕　进　　罗　飞　　郑福建
柏国华　　钱力行　　蔡文远　　穆　珍

1984 级（15 人）

王　宇　　杜俊杰　　李仁俊　　李松石　　李毅杰　　杨良土
宋　标　　张福成　　陈华辉　　范锡波　　夏克俭　　高　海
郭　峰　　诸　琪　　魏建南

1985 级（19 人）

卢子广　　田小林　　安世奇　　杜大川　　邹何洪　　邹晓岚
张敬兵　　张　舒　　陆世昆　　周大明　　周方洁　　周　斌
封金双　　施　宏　　桂　翔　　梁志静　　葛芦生　　韩润萍
鄢婉丽

1986 级（19 人）

马连发　　王力凡　　王春燕　　王焕良　　王　斌　　尹树新
田文杰　　吕晓云　　刘淑珍　　刘新平　　李光举　　李洪儒
李　跃　　杨　光　　邹知生　　张中阳　　张宏伟　　陈乐拄
郑秋宝

1987 级（30 人）

丁　毅　　王力飞　　王　宇　　王晓东　　白　羽　　包新范
朱恩祥　　刘玉柱　　刘　贵　　关丽萍　　江青茵　　李世果
李　涛　　李耀祖　　宋万清　　赵晓军　　胡少华　　胡　骏
贾传迎　　贾　华　　顾力平　　徐广新　　高治东　　高　海
姬若刚　　黄志武　　常志明　　常雅萍　　彭晓伟　　曾　松

1988 级（26 人）

王　平　　王红宇　　田学锋　　付怡琳　　刘　明　　刘淑珍

刘冀伟	李正熙	李泽飞	李燕杰	杨　鹏	吴一新
张云萍	张伯立	邵启伟	罗　飞	周　涛	郜焕平
徐长林	陶守林	董　斌	程瑞雪	曾志刚	虞洪斌
熊　强	魏利平				

1989级（31人）

丁　红	干永革	王　冬	王　芹	王建升	牛玉翔
石中锁	冯贵斌	曲　舫	刘伟男	刘春燕	刘　琼
李红卫	李　明	吴永伟	邱道尹	张志强	张明亮
张相安	张俊杰	张嘉星	陈其华	陈新力	郑碧鸿
郝　成	郝俊宇	施金良	董　平	谢思钢	蓝文光
薛　红					

1990级（27人）

丁　林	丁　焱	马汉超	王书平	邓芮岚	吉冰溪
刘包生	许志军	李晓天	李　强	吴晓玲	沈学雷
张　伟	易　迅	金　威	周志栋	赵　爽	荆淑清
姜兴惠	袁　林	聂一冰	倪　涛	陶松年	黄江平
满江红	魏安银	瞿　杭			

1991级（23人）

王德明	方宇炜	白世武	乐　恺	吉年丰	孙万良
李希胜	李春涛	吴红斌	张东红	张　江	张振山
金哲宇	金基灿	赵宏才	倪　云	徐雪艳	高孔银
郭卫东	阎铁梁	韩晓军	阚永梅	谭跃华	

1992级（36人）

王宝云	王复波	王振华	戈素贞	左国钢	申亚曦
田　旭	宁　宏	刘宁宁	安军社	杜　龙	李国富
李育晖	李　洁	李洪贺	肖资江	吴　海	张子鹏
张兰玲	张晓利	张晓琳	张铁军	邵贤强	奉川东
苗智灵	屈秀黎	郝玉东	郝　军	胡红军	徐昌鸿
郭建波	曹　力	韩灵生	鲁玉明	趙　培	谭晓莲

1993级（48人）

于兴业	王云波	王　韧	王爱民	王粉花	王瑞芳

玄兆燕	兰玉琼	刘东方	刘自四	刘艳华	刘晓悦
许　越	孙　洁	孙铁强	纪　纯	杜文波	李世平
李淑芬	李　擎	杨文峰	杨　虹	连晋生	吴荣康
吴爱华	吴　谨	宋　喆	张　平	张瑞新	陈占英
范　冶	林　颖	周建龙	胡汉金	宫　民	袁　华
郭春和	黄　勇	崔益烜	梁海岩	蒋正荣	景会成
程文东	程　新	童新海	谢四江	靳志方	魏剑平

1994 级（41 人）

马千里	王义林	王卫东	王兆聚	王　浩	巴立萍
卢克斌	田民乐	朱　颖	刘玉秋	刘　阳	刘　明
刘　浩	刘慧林	汤新蓓	孙兆强	李一鸣	李东升
李记唐	李连源	杨　荣	杨　蕾	吴必平	张长红
张　岩	林玉华	赵　耿	赵桂兰	聂　华	贾　媛
夏升华	高同强	高晓峰	黄子河	黄孝斌	符国益
康建新	梁　松	董　良	程冬超	谢　丹	

1995 级（34 人）

弓红梅	马子江	马晋嵘	王　宏	王　嵩	贝尔代
毛国华	朱海培	朱循宇	刘　杰	刘峰梅	刘　曙
关文虎	苏　丹	李　健	李　蓉	何　虎	辛　琳
张文力	张永军	张惠浩	岳权利	姆巴米	赵志坚
郝春晖	段世红	姜　英	贾　壮	徐雪梅	唐晓莉
董　洁	舒雄鹰	解　仑	裴小燕		

1996 级（37 人）

马艾岩	马向明	王　千	王东霞	王先梅	王　任
王自朝	王　峰	文　波	付永彩	吕艳青	刘　珍
江小军	许　珂	孙雅珊	李聪玲	杨庆军	杨克云
杨启军	位　涛	狄　涛	张卫冬	张永兵	张永智
陈占英	陈　辉	欧阳定恒	郑秀生	赵志辉	赵星浩
赵彦龙	赵　涛	姜长军	钱　斌	郭　哲	葛　平
谭洪湘					

1997 级（36 人）

CIIAIB	王秀利	王　京	王贵林	王　飏	王献芝

尤 佳	史雪飞	边洪淑	朱海兵	乔 泳	刘炜刚
刘啸华	李 花	李 奎	李 谦	邱国卿	何海平
张玉婷	张朝晖	张 蓬	陈 刚	陈奇挺	季志强
周建国	单志广	赵媛媛	洪 源	凌 智	郭援非
陶桂林	黄 静	梁 谦	曾永生	谢载贤	霍玉梅

1998 级（51 人）

马 勇	王贤文	王海涛	龙 裕	叶建平	孙 朋
李永彩	李春艳	李 虹	李晓林	杨长波	杨 华
杨彦阳	来守林	辛志强	沈记全	宋占岭	宋建斌
张广嘉	张 英	张剑峰	张爱宇	张海娟	张谦豹
张颖博	陈光亮	陈宏纲	陈 琳	邵宗有	尚德舜
易贤群	易建辉	周映红	赵彦玲	胡风华	段东生
郭 东	唐 菁	戚伟世	阎 群	董冀媛	蒋伟杰
韩艺萍	喻小红	程秉祥	傅 昕	谢永红	谢建设
雷雪梅	樊 莹	魏 强			

1999 级（71 人）

丁建峰	于 健	万朝华	马向辰	马 琳	王绍波
王素荣	王培哲	王彩凤	卢 豫	邢毅民	毕继明
吕 剑	朱丽亚	刘 宁	刘 宇	刘宏岚	刘炜杰
刘 珍	纪 智	李文平	李 石	李东辉	李伟明
李迎春	李笑盈	李 鹏	杨 帆	吴庆玉	张龙云
张 立	张 扬	张延涛	张明波	张建明	陈汉林
陈 驰	陈 鑫	林镜明	尚 琨	周 义	周 芳
周利民	赵玉萍	赵君宏	赵林惠	赵妮英	郝彦爽
胡 扬	柳向斌	姜 静	姚宣霞	袁 华	袁 琼
贾 涛	党会军	徐生震	徐铭心	殷绪成	栾晓东
郭 彬	唐 勇	曹国辉	彭开香	葛 波	曾祥希
曾 霞	谢旭华	雷 鹏	慕延华	魏哲华	

2000 级（115 人）

丁文芳	丁茂祥	于丽杰	马小珩	马志华	王丹奎
王 宁	王同庆	王伦国	王旭辉	王安俊	王宏志
王忠礼	王 勇	王 路	王 霞	毛艳娟	尹 娜

孔　健	石升辉	石志国	田玉凤	田　瑜	朱晓蕾
朱　锋	乔建科	庄　严	刘孝国	刘芙荣	刘春瑞
刘　勇	刘跃峰	祁　飚	许鸣珠	阮　越	孙美菊
孙晓平	孙海燕	孙　毅	苏建明	杜丰梅	李　光
李旭光	李江昀	李灿华	李宗海	李艳霞	李笑歌
李　健	李　萍	杨旭东	杨红旺	杨　嵩	吴春尧
吴昱军	吴　畏	谷学静	张成阳	张　红	张红泉
张运涛	张克君	张利兵	张利欣	张怀亭	张　岩
张根昌	张海军	陆　平	陈友凤	陈锋军	陈薇薇
武　涛	苗敬利	林文水	林程勇	周智霖	孟庆平
孟　凯	赵小燕	赵　悦	郝晓云	胡巧会	段慧达
秦奕青	秦　景	袁　航	莫东松	夏兴昌	夏培容
徐长斌	徐国保	徐　郡	郭文彩	郭　坡	郭腾冲
唐征花	容　浩	陶红勇	黄立景	黄绍辉	黄琼峰
崔树林	梁　治	梁　舜	彭丽平	彭晓东	景云华
鲁冬梅	镇方超	颜　静	潘　登	霍玉菡	魏明珠
魏晨辉					

2001 级（140 人）

丁　伟	于洪奎	马　鋆	王文云	王玉英	王正林
王西颖	王　刚	王　军	王　阳	王　洪	王　海
王梅蓉	王淑盛	王琳婉	王　翔	王薇薇	王璐璐
韦有华	韦华颖	尤海云	卢世凤	申屠南凯	田军生
冯　刚	司现军	邢丽红	邢晓煜	曲　明	吕　楠
朱克斌	朱　辉	任　宇	任爱娟	危　克	刘永壮
刘邱丽	刘　灿	刘　明	刘学敏	刘洪献	刘恩涛
刘雪松	刘淑芬	刘　维	刘　聪	齐　悦	汤　巍
许艳伟	孙永刚	孙羽佳	孙国辉	苏　文	李小占
李水珍	李月全	李玉静	李　冰	李　芳	李　坤
李　昂	李周芳	李春辉	李　彬	李德智	杨小峰
杨　宇	杨　茜	杨树森	杨　强	杨　赫	杨　毅
吴照明	何红太	余胜华	宋　芳	张　飞	张成明
张　帆	张宏伟	张素兰	张铁壁	张爱华	张　锋
张智锋	陈　乐	陈怀艳	陈　明	邵　巍	苗　东
范宜强	林　建	易向军	罗夕琼	罗　宁	罗　华

金东星	金　旭	周　曙	宗胜悦	孟繁杰	项晓菲
赵月明	赵　宇	赵宏智	赵　祎	赵海伶	赵尉斌
赵德宽	郝俊京	郝　敏	荆丰伟	荆　涛	胡　蓉
哈春晖	姚洪智	贺　娜	耿　哲	贾文晋	夏　巍
高瑞昌	郭亚涛	唐开富	陶　敏	黄丽娟	黄　玲
营志刚	曹一丁	曹振南	龚颐雯	眭永波	崔晓斐
葛　娈	董小平	靳风荣	雷　鸣	解迎刚	滕　越
潘　文	薛宇翔				

2002级（101人）

丁媛媛	于义庆	干思权	王　飞	王　华	王丽君
王　卓	王　虎	王国敬	王春林	王俊卿	王洪希
王洪涛	王晓芹	王　涛	王家庆	王　敏	王　超
王新平	王　骞	孔凡清	艾金慰	田　霖	印红云
朴爱花	吕　喆	刘书智	刘承广	刘晓杰	刘鸿伟
刘喜龙	齐宏宇	衣美丽	祁　帅	许小昱	孙　新
李庆萍	李　政	李　莉	李晓建	李　凌	李　萍
李　涵	李　勤	杨天宁	杨　淼	杨　静	邹仕顺
张文轩	张双江	张　东	张永军	张先华	张延虎
张　园	张利华	张雪元	张　博	张　觐	陆　俊
陈连贵	陈奇伟	陈佳科	陈　雷	陈　静	昌玉剑
呼金柱	周　莉	孟　谦	赵根喜	胡　睿	施博学
姜德宇	洪　雷	姚红串	姚明林	夏吉广	顾　江
徐君丽	徐晓娜	高　飞	郭　栋	郭　强	郭　群
席德春	黄明轩	黄　康	常宇健	章　锐	董春红
董　亮	蒋小刚	韩忠涛	舒　云	温昌兵	雷　凌
蔡伟伟	蔺凤琴	潘　诚	薛　燕	戴　巍	

2003级（122人）

丁明勇	于春功	万　勇	马军爽	王心力	王玉新
王永茂	王　伟	王　伟	王洪敏	王　晓	王晓伟
王继忠	王　强	王婷婷	王　鹏	王潇潇	韦　炜
方　新	尹晓杰	孔庆新	孔　宇	左泽华	左晓娜
生力松	丛　林	邢　霞	朱耀平	邬　乔	刘　芳
刘　艳	刘　涛	刘海燕	刘　颖	刘　静	刘慧宝

闫　波	闫恒川	汤　超	安盛宇	孙广东	杜大鹏
杜　飞	李壮举	李庆恩	李红明	李俊泉	李　娜
李　真	李晓东	李海波	李崴巍	杨怀恒	肖　磊
吴　冬	吴　媛	邱俊珺	邱　博	邹　晨	冷志勇
沈　洁	沈晓冬	宋　伟	张　玉	张　争	张　俊
张培昌	张雪松	张智密	张　雷	张　静	张　磊
陈开旺	陈　宁	陈　英	陈建军	陈浩源	陈　雁
武延坤	武　楠	明黎民	罗金杰	金军辉	金洁华
周　进	周志强	周　蓉	赵平芳	赵　祎	赵积春
赵颖男	赵　薇	郝青梅	柳　瑾	施向东	祝长生
姚恒艳	袁树刚	袁　野	栗　欣	夏明赟	夏　晖
党会建	徐赵辉	徐高谋	殷奇志	殷　路	唐红艳
姬献征	黄海欢	崔金魁	韩智华	程　宁	程　柏
舒丹阳	温惠容	鲍东来	裴红平	廖　娟	熊　科
薛　学	魏云国				

2004 级（125 人）

么　键	弓志谦	王一帆	王丽娟	王坤坤	王　枫
王学秀	王　俊	王　莹	王家鑫	王　培	王培元
王淑伟	王　璐	王　鑫	韦　磊	车玲玲	牛常胜
尹力文	尹立芳	孔　超	邓宁军	艾轶博	平　安
叶　琳	申吉红	申　思	田　清	由立真	冯　洋
冯　涛	朱法强	华　芳	刘同锋	刘志强	刘　哲
刘晓娟	刘遥峰	刘　静	刘　磊	汤　程	安红梅
安　然	许　丹	那幼超	孙晓辉	阳定武	纪　群
李　杰	李宝峰	李洪全	李晓东	李　婷	李　磊
杨志刚	杨杰惠	连　嘉	吴笑天	辛　玫	汪芳君
汪晓洁	宋学浩	宋修雷	宋海峰	张丹和	张幼明
张红宇	张志彦	张　坤	张　贺	张　惟	张　琴
张瑞森	张　慧	张臻贤	陈月华	陈国群	陈　亮
陈　慧	范红霞	范　斌	林伟玲	林　亮	林　海
周志扬	周　良	周　薇	屈　彬	孟　潭	项　良
赵云涛	赵长占	赵汉华	赵英杰	赵　剑	胡剑飞
种　彬	侯　强	施德军	胥　杰	贺　巍	袁仁富
贾亚伟	徐　康	高淑欣	郭　强	陶成志	黄天生

黄国强	黄　莹	戚　涛	常　青	常晓辉	康运锋
梁　波	梁　锋	彭嘉宁	董小明	韩　旭	韩晓萍
景　鹏	温建澎	蔡建伟	潘　登	戴昕昱	

2005级（151人）

于国晨	马永祥	马　妮	王天增	王　文	王玉红
王　伟	王丽丽	王金陵	王栋梁	王根达	王健安
王爱华	王　娟	王　寒	王　蕾	车全有	毛振杰
卞振华	文　伟	尹　萍	邓晓辉	可　勇	叶　双
田元元	付璟璐	代　敏	白艳茹	冯志杰	司文丽
吕洛冬	朱佳隽	先明春	任春芳	任　威	刘　欢
刘国建	刘俊红	刘洪毅	刘　爽	刘　辉	刘　影
刘德勇	安香子	安　峰	孙玉磊	孙艳彬	孙铁军
孙锦霞	孙筱倩	李　丹	李东升	李　进	李志乔
李芸芸	李　君	李林泉	李明辉	李忠虎	李　炜
李春雷	李　洋	李晓静	李爱新	李　营	李　湘
李鹏威	杨　洋	杨媛媛	吴肖肖	吴　昀	吴战克
吴　衍	邹义涛	邹道兵	汪　锋	沈　冬	宋付林
张　伟	张　虎	张　明	张俊杰	张　艳	张哲龙
张　娟	张　彪	张　琦	陈天杰	陈　辰	陈　懿
武金刚	林远友	林　鋆	畅　昕	金　兰	周中军
周　刚	於星明	郑树剑	单　平	单丽平	赵咏梅
赵　拴	赵　爽	赵　巍	段杏敏	侯贵平	姚　尧
姚孙文	姚　旺	姚金玲	校丽丽	顾　原	钱俊磊
倪　菊	徐玉来	徐现飞	徐佳琳	徐晓洁	高亚静
高　栋	高晓亮	郭卫平	郭炎锋	郭晓霞	郭　鹏
郭耀华	黄创新	戚　颖	崔朝辉	崔　巍	康佩锋
梁　辉	宿莎莎	董克昌	韩小燕	韩　勖	惠施华
程春宝	鲁　振	敦文杰	游　飘	管艳霞	谭春庆
潘　涛	薛廷梅	薛冠芬	冀铁果	魏　伟	魏丽丽
魏　亮					

2006级（185人）

丁爱华	丁　惠	卜　倩	万黎黎	卫　炜	马　岛
马　洲	马潇潇	马　磊	王二元	王小攀	王文涛

王平伟	王乐荣	王传经	王　旭	王韧秋	王运运
王　昊	王　凯	王宜男	王居志	王　亮	王淑宁
王　静	王　蕊	王　磊	王德敬	王　巍	车　军
卞德振	方　田	方　颉	邓　晗	邓蓉蓉	石陇辉
卢　飞	叶延亮	史　巍	代　松	冯小敏	冯　岩
冯金玲	师　帅	吕　刚	乔卿义	刘万鹏	刘　帆
刘　冰	刘英晖	刘育华	刘　练	刘　涛	刘婉姬
刘　琳	刘　磊	刘　瀛	米振强	安　洋	祁鸿燕
孙士尉	孙乐兵	李文晶	李　伦	李村杨	李国栋
李忠志	李和平	李治华	李　实	李　春	李　珊
李　骁	李莉美	李婧妍	李　琳	李　博	李　辉
李　鹏	李鹏刚	李　韡	李　骥	杨　伟	杨　旭
杨　征	杨　勇	杨　溢	杨德强	肖　楠	吴剑锋
何　磊	佟鸣宇	谷　怿	冷加福	宋文静	张义海
张玉清	张永旺	张庆雁	张　宇	张安乐	张利芳
张　昊	张　金	张　波	张俊玲	张祖兴	张　琨
张巍巍	陆江华	阿马杜	陈　宁	陈　鹏	陈慧胜
武光蕊	范俊杰	季　伟	周来平	周　珂	周　博
周楠楠	郑裕成	郑德时	孟建基	赵洪兵	赵　辉
胡宇新	胡　超	钟文坤	修　宸	侯云飞	侯建华
侯修景	施毓俏	祖　帅	姚　峰	贺春晓	贺　琳
骆佳佳	袁本胜	耿锡涛	桂　志	夏　筱	顾　欣
顾　磊	钱电生	徐　品	凌翔滨	高连军	高利鑫
郭航宇	郭　凌	郭朝斌	唐　敏	唐朝辉	黄通焕
梅承志	曹天扬	曹珊珊	戚　铮	梁志锋	梁　璇
蒋雯雯	韩茂琨	韩　晗	韩　璐	程　宇	程　亮
程漱铭	傅景良	温　亚	谢元凯	谢　峥	靳　松
靳慈伟	窦金辉	蔡　承	樊中华	樊　宇	樊俊芝
潘　凤	潘双全	潘惠绣	鞠红阳	魏香琴	

2007 级（151 人）

丁　闪	于　杰	于　政	马世海	马　宁	马肖锋
马凯蒂	马俊艳	马雪明	王天威	王丹丹	王伟星
王丽萍	王卓君	王俊霞	王　哲	王海彬	王　萍
王朝兵	王智雷	王　瑞	王福闯	王潇晨	王　磊

韦职英	牛　犇	孔　静	艾琳婷	左　磊	石中州
卢海锋	卢　菁	申　凯	田海波	史卓亚	邢宝佳
吕　勇	吕　强	朱永磊	朱苗苗	乔　明	任治潞
刘凤梅	刘本玉	刘国君	刘　洋	刘　颂	刘　锐
闫晓风	许晋元	孙　武	孙　琳	孙　超	李　明
李明大	李　波	李宝成	李晓辉	李峰俊	李　圆
李　敏	李　琳	李　琛	李　超	李　锋	李　蒙
李　瑶	杨　东	杨　玲	杨　晓	杨　影	肖　翔
吴　娱	何小芸	何　溟	余尚志	余朝发	邹学渊
邹　虹	况丽丽	闵军虎	汪　勇	汪晓风	沈卓勋
宋明明	张大伟	张子璐	张　文	张圣彦	张　帆
张　帆	张旭莉	张兴兴	张　岚	张　宏	张　欣
张玲玲	张　俊	张　都	张晓丹	张晓星	张　敏
张　超	张　寒	张　颖	陈　洁	陈　宸	林　萍
欧为军	罗　扬	罗毅欣	金　鑫	周北略	周亚棱
周振华	周　聪	孟　传	赵　倩	郝国梁	胡　平
种大林	饶一峰	祝　彦	秦　超	贾侦财	贾　硕
原增泉	徐思敏	徐银梅	徐　翔	高　婷	高瑞宏
高　颖	高　鑫	郭昊翾	郭　婕	郭　静	涂承明
黄　伟	黄　丽	曹训训	曹亚青	曹思飞	曹桂水
董秀伦	韩君鲁	程庆阳	傅振铎	曾　莉	颜艳桃
潘晓刚					

2008级（165人）

马　健	王加迎	王志华	王　凯	王　浩	王海建
王培元	王　硕	王　猛	王　鲁	王婷婷	王翠娟
王　馨	毛淦明	尹志刚	邓小强	叶　瑞	史光远
付　伟	白彦磊	邢　欣	师　锐	曲　波	朱宗云
朱珍珍	朱　勇	朱寅中	朱博帅	乔伟红	伍　玲
任　帅	庄欣莉	刘中康	刘华伟	刘　旭	刘利利
刘星强	刘晓婕	刘　谦	刘　鑫	江小问	宇文达
孙立威	孙孝恒	孙寅飞	苏昌瑞	李九永	李仁华
李邦元	李亚军	李　建	李　娜	李娟娟	李　雪
李琼美	李瑞秀	李　磊	杨　光	杨　帆	杨志刚
杨　丽	杨　洋	杨新新	杨　静	吴松鹰	吴　昆

邱晓宁	邱新涛	何志军	佟　飞	佟泽宇	余　祥
邸业飞	闵晓霜	宋瑞智	张　正	张　冬	张明明
张夜星	张　宝	张　盼	张　钦	张　勇	张　健
张　浩	张海永	张　敏	张彩云	张　婧	张　超
张雅平	张　锋	张　蒙	张　鑫	陈广飞	陈　旭
陈丽阳	陈证宇	陈秋阳	陈　琛	陈煌峰	范巧丽
金立巍	周毛毛	周树民	周　艳	周　瑶	郑六江
郑姗姗	赵明琦	赵　鑫	郝英英	胡　恩	胡　涛
胡培荣	柳志成	段　鹏	侯宾鹏	侯　磊	
热依木江·艾尼瓦尔		贾晓莹	夏肖峰	徐长军	徐国清
高　扬	高　旭	高宇德	高　狄	高松玉	高　艳
高　敏	郭　妮	郭　寅	涂　吉	黄贤明	黄荣辉
黄甜甜	黄　裔	黄　磊	龚雅栋	常志坤	崔　倩
康敬亭	逯宛珍	琚　里	蒋秋明	韩志鑫	覃艳君
程　宇	程　铖	曾凡华	曾　艳	谢玉晴	谢秀贞
谢明伟	谢　挺	赖春山	窦　博	谭志云	谭　昆
潘　然	薛慧婷	霍　磊	魏绪健	魏晶瑶	

2009 级（134 人）

丁　宁	于　辰	于浩雷	万　晓	马广鑫	马志广
马　凯	王文峰	王　帅	王　松	王学锋	王春旭
王家源	王　微	车跃跃	方红亮	方海华	孔令钦
孔祥龙	艾志勇	石　磊	卢　晶	史磊方	白杨杨
冯伟宁	冯泽斌	冯毅博	邢海斌	邢　程	邢腾飞
当　吉	朱振凯	朱家礼	多琳琳	刘泽洋	刘　洋
刘　航	刘梦晨	刘康丽	刘　聪	刘德馨	齐敏华
许家铭	孙　凯	孙勇峰	孙雷昌	阴志先	苏　孝
李玉刚	李玉玲	李　旭	李　明	李明刚	李　洋
李振红	李　晋	李娟娟	李　智	李　强	李　颖
李　靖	李　磊	李醒华	杨一帆	肖自辉	肖晓玲
时晓东	吴　阳	吴　迪	何洪玲	邹　园	宋晓丽
宋　婧	张永康	张伟民	张　凯	张　波	张艳红
张晓娟	张　超	陈小虎	陈志楠	陈　忱	陈　鹏
苗建基	范　超	林宗术	林勇全	林海博	和田田
周　宇	周　洲	周　翔	庞　欢	郑　飞	孟　亮

赵大军	赵平平	赵刚刚	赵丽华	赵　莹	赵家弘
赵　雪	胡　力	胡　宇	胡　松	段玉玲	段慧贤
姚云云	姚　烁	秦　臻	都　晓	贾德翼	顾保国
徐永云	徐　军	凌小峰	高　虎	陶　东	黄　鹏
崔　洋	颉晓璐	彭寿华	蒋东华	蒋　涛	景小波
曾溢良	温茂睿	靳伟民	雷　迅	廖秋萍	谭国庆
熊代琴	熊　浩				

2010级（282人，含计通学院学生）

MEHARIIELALEM		于　鹏	大　卫	马晓冉	马　健
马　森	王立琼	王加迎	王　旭	王志华	王志磊
王　凯	王　剑	王胜华	王桂虹	王　晖	王　浩
王海平	王海建	王培元	王　硕	王　猛	王　琪
王　辉	王智伟	王　鲁	王婷婷	王　瑶	王翠娟
王　馨	云　峰	牛文花	毛　昌	毛淦明	尹志刚
邓小强	邓东升	邓耀景	艾丽卡	叶　瑞	田　梦
史光远	付　伟	白彦磊	冯权泷	邢　欣	师　锐
曲　波	吕成龙	吕志武	吕舒婷	朱宗云	朱珍珍
朱　勇	朱梦慧	朱寅中	朱博帅	乔伟红	伍青青
伍　玲	任　帅	任欢欢	庄欣莉	刘小丽	刘中康
刘丛丛	刘华伟	刘　旭	刘利利	刘利敏	刘凯俊
刘金锁	刘星强	刘晓婕	刘　焱	刘　谦	刘　鑫
齐方庭	闫　凤	江小问	汤成俊	宇文达	安　迪
孙本文	孙立威	孙孝恒	孙寅飞	孙谋玉	孙新荣
严金蓉	苏昌瑞	苏　轼	李一良	李九永	李久超
李仁华	李　宁	李邦元	李亚军	李庆磊	李　阳
李钊鹏	李　昆	李　建	李　娜	李　娜	李娟娟
李　雪	李婕慧	李琼美	李然然	李瑞秀	李　璇
李　磊	杨　光	杨　帆	杨志刚	杨　丽	杨　洋
杨　焘	杨新新	杨　静	肖里引	吴小勇	吴小祥
吴江伟	吴松鹰	吴　昆	邱晓宁	邱新涛	何志军
何海强	佟　飞	佟泽宇	余　祥	余豪杰	邸业飞
邹东雪	闵晓霜	宋　丹	宋瑞智	张少昆	张　正
张　冬	张立芳	张华伟	张　众	张　旭	张明明
张金辉	张朋云	张夜星	张学志	张　宝	张　盼

张　钦	张彦辉	张　勇	张　健	张　浩	张海永
张　敏	张彩云	张　婧	张　超	张雅平	张　锋
张　蒙	张　鹏	张　黎	张　鑫	陈广飞	陈　旭
陈丽阳	陈证宇	陈秋阳	陈俊宇	陈海涛	陈　琛
陈　博	陈煌峰	范巧丽	林建华	欧开美	金立巍
周毛毛	周树民	周　艳	周　瑶	郑六江	郑姗姗
郑　楠	孟祥宇	练丁榑	封　芸	赵　云	赵　红
赵明琦	赵雪利	赵　鑫	郝　宇	郝英英	胡　恩
胡　涛	胡培荣	柳志成	段冬冬	段　鹏	侯艳杰
侯宾鹏	侯　磊	洪　密	胥志溦	秦浩军	贾晓莹
贾海明	贾雪梅	夏肖峰	钱晨菲	徐历春	徐长军
徐　伟	徐　杰	徐国清	高　扬	高　旭	高宇德
高　狄	高松玉	高　艳	高　敏	郭明多	郭　妮
郭　寅	郭靖宇	涂　吉	黄贤明	黄荣辉	黄甜甜
黄　裔	黄　磊	曹福勇	龚雅栋	常志坤	崔　倩
崔海辰	康敬亭	梁　盈	逯宛珍	琚　里	彭文凭
彭　莎	董文耀	董　齐	董　霖	蒋秋明	韩志鑫
韩彩卫	覃艳君	程汉卿	程　宇	程　铖	鲁　川
曾凡华	曾　艳	谢玉晴	谢秀贞	谢明伟	谢　挺
赖春山	窦　博	裴亚波	谭志云	谭　昆	樊维维
黎丽丽	潘　然	薛慧婷	霍　磊	穆巧龄	魏绪健
魏晶瑶					

2011 级（116 人）

于昭君	于潇宇	王　田	王宇浩	王志强	王　杰
王雨菲	王忠新	王　岩	王俊霞	王　雪	王惊霓
王　程	卢鹏程	叶　霖	申叔华	田　丽	
吐尔尼亚孜·艾比布		吕冠儒	吕逸良	任思岩	任彦飞
向金龙	全　力	刘伟平	刘　欢	刘沣霆	刘　杰
刘欣慧	刘　俊	刘　敏	刘　琰	刘　森	刘　锋
刘　斌	刘　雷	江　晨	孙　岩	杜晓红	李云飞
李戊辰	李红福	李芳时	李　昂	李建卫	李海洋
李　梅	李　晨	李焕新	李　潇	杨永亮	杨晨星
肖　雄	肖蜀巍	吴云龙	吴　奇	吴　胜	吴懿宸
何佳佳	邹冬旭	宋　彪	张文正	张玉振	张　巧

张仕海	张成庚	张伟平	张　金	张　俊	张笑菲
张竞成	阿不都萨拉穆·吐尔逊		陈　立	陈兆辉	陈　虎
陈　明	陈　炜	陈继义	周　飞	周　卓	周　波
周　萍	郑向阳	赵仕龙	郝桂兰	胡贵花	胡海鹏
钟　浩	段　晨	侯　睿	施　博	姜　典	姜　荣
洪　然	姚晓芬	贺　靓	袁利忠	贾　超	徐　庆
郭旭磊	涂　俊	桑尚铭	黄月琴	黄　柳	黄　菲
黄　鹏	崔远哲	梁思文	韩英洁	童何俊	谢永铭
窦　薇	蔡园园	翟　瑛	樊　魁	魏帅岭	

2012级（130人）

于东阳	于　茜	马　凯	马铁帅	王中华	王　丹
王亚梦	王灵国	王　晋	王贾琳	王　康	王章伟
王　添	王　靖	王嘉琪	王　舆	王　鑫	韦晓辉
支元杰	文　博	卢亚楠	卢跃杰	田九洲	白东日
邢贝贝	吉一纛	全丽萍	刘文璐	刘亚赟	刘　凯
刘　姗	江雄舟	孙　冰	孙　颖	纪建才	杜叶宣
杜旭元	杜宏博	杜苗苗	李文明	李扬扬	李志明
李劲鹏	李昀清	李晓飞	李晓英	李倩茜	李　萌
李　辉	杨芮鉴	杨岸夫	杨婷婷	杨　凝	吴天源
吴璐璐	岑　璟	何伟强	谷晓轮	邹小毛	宋志鹏
张士超	张万书	张　义	张天尧	张冬雪	张青青
张佳媛	张　怡	张　建	张　奎	张海刚	张骏杰
张　萌	张赛男	张慧慧	张　默	陈龙杰	陈　平
陈　阳	陈泽平	陈泽庆	陈建芳	陈　茜	陈　峰
武正阳	罗　双	罗　颖	金男元	周亚玲	周　斌
郑宝莹	郑　鑫	宗大桥	陕金忠	郝延福	胡茂羽
钦　弯	宫心峰	贾成要	贾翠翠	徐　芳	徐　烨
徐　聪	奚会鹏	栾　瑾	高延凯	高斌斌	高　靖
唐升波	黄　召	黄　亚	黄伶俐	章万千	扈亦越
彭　红	董新爽	蒋姚亮	韩　旭	韩志峰	韩　振
韩慧昌	曾　琳	谢东民	谢　威	窦康股	翟　颖
缪　琰	潘铭心	薛　雨	霍　建		

2013级（126人）

马　佳	马浩森	王广磊	王汉超	王在隆	王伟乾

王兴冉	王宇鹏	王　胜	王洪阳	王　娅	王恩亨
王婷婷	王　鹏	王　鑫	尤　博	巨茗升	方　成
卢雨豪	申春磊	付济强	冯　曼	吕　馨	朱　艳
任　昊	任　锴	刘　帅	刘亚强	刘　阳	刘珂屹
刘　威	刘雪娇	祁远志	许振坤	阮德心	孙　华
李成前	李　旭	李志平	李志研	李　荣	李　星
李雪鸿	李　博	李新春	李　璇	杨晓凯	杨　强
肖希元	时倩倩	吴贞妍	吴秀娟	吴　超	邱　昉
何书睿	何沛华	何政凯	谷瑞凡	邹秀聪	邹金霖
汪艳芝	沈云娇	沈晓兵	宋翠杰	张文君	张　业
张　芬	张苗苗	张　贺	张海鹏	张　淼	张　瑞
张　聪	陆政华	陈建华	邵　杰	范子卿	范琳琳
金划苏	周　勋	庞　博	孟　丹	赵　祎	赵建东
赵德朋	胡龙新	胡　兵	柳　强	段丽娜	段　炼
姜立波	祝绪明	贺　臻	耿烨仆	栗　超	柴　华
郭玉坤	郭映维	郭亭亭	唐　帅	陶之雨	黄　龙
黄彦芝	曹　茜	崔梦晨	彭文佳	彭　耀	董松涛
董祥威	蒋文迪	蒋昭玄	蒋浩然	雅　心	鲁　娜
童　禄	曾　畅	富丽珊	赖永刚	路英杰	蔡修钢
蔡　爽	翟颖奇	潘　汛	潘　淑	魏　明	魏　耕

2014 级（128 人）

丁　郦	于威立	于海鹏	山　峰	马　才	马成铖
马红梅	王一帆	王子洋	王立辉	王名扬	王　欢
王　杰	王秉政	王孟召	王海静	王家齐	王　谦
王　强	申晓阳	田子茹	田泽文	田　亮	史尹嘉
付开婷	吉　成	吕小亮	吕　垌	吕　默	朱　铭
朱　鹤	任　宁	任宏明	任建勋	任莹莹	刘　刚
刘　庆	刘　杰	刘　畅	刘佳惠	刘　威	刘洪波
刘祖武	刘海涛	刘辉翔	苏晓莉	苏　雪	杜　康
李世斌	李华通	李　杰	李易航	李忠辉	李树林
李　盼	李　粉	李雪峰	李　漠	杨子敬	杨长林
杨宁晓	杨　亮	杨爱龙	杨继成	肖高奇	吴　同
吴炎磊	邱骏杰	何连杰	何　苗	余汐霆	汪慧娟
沈俊杰	宋元龙	宋李玲	张　帅	张沙沙	张　莹

张晓娟	张　倩	张　雄	张婷婷	张　磊	张　璐
陆　源	陈　涛	陈培远	金男元	周春晖	周　超
郑志成	郑　爽	孟　虎	赵方园	赵　向	赵建中
赵晓月	赵　瑞	荣　超	侯　捷	顾金鑫	倪　森
高龙刚	高江峰	郭光来	郭红波	郭　坤	郭　凯
唐　欢	谈玉晓	曹丽娜	曹　虎	曹　铭	曹瑞琳
曹端磊	崔晓涵	董恩吉	景　灏	程　剑	焦瑞华
童文皓	谢文旭	谢晓彤	谢乾阳	阚　韬	熊伟兵
樊晓灿	穆启鹏				

2015级（128人）

于　洋	于　晴	马志达	马海霞	王　玉	王正炜
王　帅	王　旭	王丞伟	王如雪	王陆旸	王劲君
王南飞	王振鹏	王晓丹	王海龙	王继超	王梦园
王晨露	王　强	王增辉	仉　佳	尹泽同	石雅楠
田晓倩	付　强	白　茹	白　童	邢永跃	邢　适
师英杰	吕俊杰	朱成志	朱进豪	刘文丽	刘亚南
刘江江	刘红丹	刘　维	刘琳娜	齐　帅	闫子晨
关恩浩	许越凡	许鹏飞	孙文彦	孙明欣	孙　佳
孙铁伦	孙　彪	孙　静	严林涛	李小青	李平俊
李江莹	李　阳	李金谱	李博宇	李斯琦	李　瑞
杨　芳	杨茹茵	杨湛宇	时春苹	吴　浩	吴　巍
邱　哲	何家伟	余　苗	谷淑贤	宋宝栋	张　陆
张雨轩	张　胜	张晓翠	张　涛	张海旭	陈宇楠
陈丽萍	陈思汝	陈　浩	易　超	罗仕乾	周星宇
周　燕	郑　妍	孟建瑶	赵兴锋	赵鹏舜	郝昭君
郝跃红	荣腾浩	胡京尧	侯　振	姜海贺	姜银光
姜程鹏	祝　东	胥　彪	姚俊峰	袁正旺	顾　柳
徐亚东	高晶晶	郭　强	唐嘉伟	黄　枭	曹杉杉
曹丽梦	曹　灿	曹梦飞	龚美玲	常德丹	崔　林
康欣红	景小飞	曾　奇	谢志豪	路　昌	谭晓斌
樊晓谦	樊　斌	樊婷玉	潘京辉	薛亚利	薛晓玲
戴永健	魏凯东				

2016级（139人）

丁　明	万贵山	马永亮	马洪顺	王华涛	王　佐

王　杰	王国防	王　凯	王雪娆	王　琦	王　超
王雅卿	王道辉	王婷婷	王璐瑶	王耀平	牛亚锋
毛冠乔	方　赛	尹培旭	孔魏建	邓玉恺	古鹏飞
左　磊	石一飞	龙杰敏	卢　宁	申宇林	田国樽
史秋月	史新立	白　羽	冯振华	冯　程	吉宇飞
朱　辽	任少洁	任志豪	任起锐	刘　帅	刘伟俊
刘旭东	刘　凯	刘　政	刘鸥鸣	刘　贺	刘艳荣
刘鹏宣	齐华华	闫千倩	孙家琦	纪冬晗	纪　辉
苏振锋	李　民	李怀铭	李泽一	李俊松	李　娜
李候强	李嘉芷	杨天行	杨乐天	杨昊龙	杨建民
杨柳祎	杨涵宇	何梦中	狄　艳	狄桂雨	张月琴
张　丹	张正正	张立中	张扬帆	张华文	张　杰
张　凯	张政伟	张俊宝	张起凡	张　悦	张　琪
张　蒙	张慧杰	张慧敏	陈通瀚	苟伟伟	范　琦
郅　韬	金　颜	庞衍庆	房玲玉	孟祥钰	孟　琰
项韦杰	赵龙飞	赵栋樑	赵浩男	郝　文	胡智凯
柳　杨	哈明鸣	段冲磊	段勇勇	段景初	段影影
侯佳序	侯佳祎	姜政富	班帅印	耿佳慧	聂臻霖
贾孟奇	贾　静	侯秀林	徐龙腾	徐治纬	徐培培
高世浩	黄海丰	黄雪娇	匙沛华	符东旭	康业猛
梁喜旺	逯　飞	彭　程	惠远哲	储若慧	鲁晋杰
谢文珍	谢玉龙	谢　斌	解浩周	蔡记恒	潘纪情
薛　珊					

2017 级（155 人）

丁娴娴	于静娜	王　丰	王云鹏	王臣良	王丽君
王　迪	王秉旭	王建新	王姝丹	王素芳	王　健
王　登	王瑞琳	王　雷	王璇玥	王黎明	车世界
牛秉青	牛新磊	方　旭	邓文聪	左良玉	石明睿
卢立新	田　号	史治洁	白　昕	冯佳丽	冯富森
司　泽	皮彦婷	吕东升	朱　慧	刘元基	刘　玥
刘知秋	刘晓鹏	刘晔伟	刘　瑞	刘新世	刘慕雅
齐恬婧	闫晓炜	江為衡	安俊杰	许　震	孙永坤
孙自超	孙瑞琪	阳宇翔	杜园园	杜海鹏	杜康豪
李长林	李永亮	李　酉	李　陆	李　林	李卓林

李　畅	李佳蔚	李建明	李　姗	李星玥	李思齐
李洪建	李　颖	李靖恺	李新乐	李　静	李嘉豪
杨　飞	杨　飞	杨卓霖	杨柳青	杨美玲	杨　彬
杨　超	吴江雪	吴佳彬	吴晓阳	吴　燃	邸　江
闵　金	汪　婧	汪婷婷	宋光然	宋　凯	张冬浩
张冬辉	张永增	张　伟	张林单	张林森	张国龙
张俊燕	张洪伟	张敏强	张　然	张瑞天	陈向阳
陈　诚	陈相兵	陈营修	陈　鹏	陈静静	陈　鑫
范廷德	欧阳维乐	罗泰宇	周务员	周照辉	周静怡
郑　恒	孟　玥	赵子秋	赵王麒麟	赵先锋	赵君杰
赵　修	赵家兴	赵　斌	郝伟强	胡　玥	胡晓航
柯　军	柏宗梅	袁吉收	聂文勃	贾鹂宇	夏丽娜
徐月伟	徐延广	徐凯丽	高若飞	高枕岳	郭　昌
酒凯翔	黄　恺	黄　超	黄瑞霞	黄赛楠	梅　荣
曹二浩	梁　洁	梁斌秀	曾　婵	雒天骄	阚小琳
樊　芳	颜　瑞	薛　帅	魏　昕	魏智真	

2018级（171人）

丁　珏	于子健	于　浩	万　欣	马羽飞	马佳鹏
马　茜	马添力	王久斌	王子龙	王子晔	王仁杰
王付州	王亚东	王自力	王阳阳	王利平	王陆天
王学彬	王思琪	王　倩	王智冬	王嘉玮	尤　阳
牛司强	牛超颖	毛俊英	孔笑荷	邓　柯	叶粉仙
申小盼	田淑芬	田蒙恩	田瀛泽	史秋冬	仝领领
冯永锋	冯金旭	邢爱亮	吉银生	成汉林	吕风乐
吕　静	吕　鑫	朱美钰	刘上平	刘　飞	刘仕鑫
刘宁溪	刘吉睿	刘　玥	刘佳佳	刘泽鹏	刘　政
刘铁凡	刘　梦	刘　硕	刘　路	闫加轩	许文涛
那中丽	孙　阔	孙鹏健	纪洪森	苏佳伟	杜琳如
杜　瑜	李佳城	李佳澍	李佳懿	李俊慧	李　娜
李晓龙	李　康	李　超	李　童	李嘉芷	李　霖
杨红瑜	杨朋昕	吴伟杰	吴　怡	何亚楠	汪章晗
宋文文	宋鹏伟	张文静	张世龙	张　帅	张闪闪
张宁宁	张　伟	张伟锋	张华文	张　驰	张丽敏
张树禹	张晓爽	张浩博	张　辉	张　强	陈人和

陈子一	陈天帆	陈文仕	陈礼扬	陈兴兴	陈秋月
陈　亮	陈海兵	范　潇	林令豪	罗圣权	罗　帆
罗海霞	岳志航	周若臣	郑俊锋	郑　洋	郑贺亮
孟　闯	赵义凯	赵　波	赵姗姗	赵晓东	赵浚曦
胡文学	胡伟阳	胡任宏	胡裕林	胡耀清	胡鑫裕
钟　曦	侯尚武	侯晓健	姜玉峰	姚　鹏	袁　冬
袁　硕	袁　甜	党文治	钱新宇	倪梓明	徐立明
徐孟林	徐禹曦	殷国亮	高　宇	高　来	郭心宇
郭　令	黄钢琴	黄　博	黄　锦	曹天宇	曹　涛
崔洪胜	康丰收	葛　晶	程　谦	程　静	游培航
赖新亮	雷　琴	路天阳	蔡玉雷	谭得楚	樊　超
樊德馨	潘　宁	薛茹月	薛程谦	檀腾飞	魏嘉宁
爨朝阳					

四、博士研究生

1987 级（2 人）

王　宇　　高　海

1988 级（2 人）

刘淑贞　　罗　飞

1990 级（2 人）

王从庆　　李泽飞

1991 级（2 人）

周广明　　戴晓珑

1992 级（1 人）

周尚明

1994 级（8 人）

于　澈	王　沁	石中锁	张兰玲	张秀鸿	钟　骥
凌云鸿	瞿　杭				

1995级（10人）

王志民	王岚波	孙昌国	李希胜	吴　斌	郑　轲
郜焕平	袁东光	郭柄庆	穆志纯		

1996级（10人）

万　军	王克成	王忠民	申亚曦	刘发升	刘庆文
李　擎	吴　刚	胡　玥	魏剑平		

1997级（13人）

张大海	于兴业	王蔚文	尹怡欣	江亚东	杨天梁
何　虎	张硕生	张敬源	陈　绪	郑利强	徐正光
曾大可					

1998级（27人）

王许书	王　枞	王建新	王昭顺	王俊宇	王粉花
王新辉	贝尔代	申江涛	曲英杰	孙海洪	李占才
邹云松	张卫冬	张亦舜	张远奇	张荣梅	陈泓娟
赵　耿	郝永兴	胡玉胜	夏　宏	黄绍君	葛　平
谢延东	解　仑	魏利平			

1999级（24人）

彭　力	王　莉	王　焱	艾迪明	吕世辉	庄力可
齐剑锋	孙　鹏	杜军平	张世涛	张昆龙	张德政
陈泓婕	武　森	单志广	晏蔚光	徐　鸿	曹　斌
梁瑞鑫	彭　岩	韩　燮	鄢　琦	綦艳霞	谭立云

2000级（34人）

丁武将	王宗杰	王修岩	王　莹	毋茂盛	卢虎生
吕晓琪	乔国林	刘有华	孙　浩	李正熙	李世平
李志民	李　岩	宋　琪	张　峰	陈新中	陈文明
尚德舜	周　明	周　颖	段　军	费爱国	秦晓周
班晓娟	耿瑞平	徐红明	高彦宇	唐　菁	彭宏庆
韩鸿哲	谭学元	薛为民	魏毅立		

2001 级（35 人）

王为人	王先梅	王　宏	王　英	卢兴华	付兴建
白文科	白　晶	刘国文	刘益新	关爱杰	安世奇
孙德辉	苏占东	李桂芝	杨国为	位耀光	张登山
张福生	张　蔚	阿孜古丽	周先谱	周　颖	赵　弘
赵怀林	贾玉军	高　岩	崔桂梅	梁开健	韩　梅
程秉祥	游福成	谢永红	蓝荣钦	滕少东	

2002 级（42 人）

王久和	王英梅	王振宇	王祥宗	王景存	尹佳团
付冬梅	刘磊明	李卫东	李龙星	李伟明	李江昀
李伯群	李　欣	李笑盈	杨立永	杨国亮	吴春尧
何秀玲	张小红	张桂芸	张海军	张瑞成	陈　强
陈增照	周传刚	屈　微	孟文博	赵　悦	胡　健
姜　静	袁　立	徐江峰	徐建英	高娜娜	郭　飞
彭开香	董　洁	程湘云	傅　剑	樊广佺	鞠　磊

2003 级（41 人）

马保柱	王丹民	王玉洁	王玉锋	王正林	王丽君
王国江	王　玲	王胜开	卢庆龄	冯洪梅	刘　东
孙华志	孙铁强	苏永美	李为东	李国东	杨　毅
张　飞	张书台	张成阳	张春梅	张勇军	陈书锦
陈冬娥	陈国顺	陈　梦	陈锋军	钱　榕	翁贻方
郭文生	郭　辉	黄向阳	黄学雨	董西松	董江辉
解迎刚	慕延华	臧鸿雁	廖福成	戴永寿	

2004 级（26 人）

王国敬	王锐杰	冉正云	刘学忠	刘惠铭	许鸣珠
李文兵	李　静	杨斌虎	张友春	张雪元	张　霞
陈连贵	陈　静	林　颖	孟秀艳	赵立英	赵宝永
洪　露	徐晓娜	凌　智	陶　伟	康家银	董冀媛
潘　文	薛　燕				

2005 级（42 人）

马　欣	王允建	王晓飞	王　瑜	牛满科	石　琳

付培众	曲　蕾	乔向杰	任武能	刘　刚	齐亚亮
江道平	李仲德	李英杰	李　炜	肖　磊	余　军
张丽虹	张健欣	张培昌	陈　明	陈金香	武延坤
武彦生	周建新	孟　艳	孟祥嵩	赵小燕	郝彦爽
荆建一	祝长生	顾则全	徐国保	殷　路	郭春霞
曹　勇	彭书华	董伟军	蒋宏潮	舒雄鹰	谢朝霞

2006 级（39 人）

丁晓丽	王少福	王盼卿	王振花	王健安	王彩凤
王　慧	尹　萍	平　安	申巍葳	刘金珠	刘遥峰
刘　磊	李壮举	李颖宏	张子春	张　虎	张　明
张明波	张智南	苗敬利	季　语	赵云丰	赵云涛
赵仁涛	赵仕俊	赵海龙	郝智红	高晓亮	唐懿芳
陶　源	黄　莹	崔朝辉	康瑞清	景　鹏	敦文杰
潘广贞	戴永彬	魏　伟			

2007 级（42 人）

于国晨	王国霞	王　慧	史雪飞	刘　坤	刘春玲
刘　涛	刘　婷	孙昌平	李艳晴	李　歆	杨　扬
杨　旭	杨　溢	宋朝霞	张　闯	张　波	张　琼
张　斌	张道山	张鹏翼	张　蕾	张巍巍	周海英
郑　宇	胡敦利	胡增嵘	祖　帅	祝　乔	姚　峰
秦　进	夏培容	徐　刚	高炳志	郭溢沫	黄宏博
黄　勇	常战芳	崔家瑞	梁　辉	韩智东	鲁　庆

2008 级（29 人）

王永茂	王　凯	王朝兵	王　巍	邓　楠	卢　菁
邬　欣	刘　艳	刘冀伟	闫世杰	汤永新	李　琛
肖丽平	吴金霞	吴　衍	谷学静	张晓星	张培尼
陈　宸	郑思仪	赵明月	赵海英	赵黎明	胡长斌
黄　洪	曹天扬	阎　群	曾　莉	谢元凯	

2009 级（30 人）

王书青	王继忠	王　鲁	田　清	兰　红	乔　明
刘　闯	刘艳霞	关　心	杜坤坤	杜建卫	李　韦

李立刚	李　杰	李秉杰	李　鉴	杨志刚	邱新涛
陈　晓	陈　鹏	苗亮亮	周　皓	孟庆波	徐玉洁
徐　伟	徐国清	徐建宏	龚伟志	韩双霜	燕　芳

2010 级（58 人）

IQBAL，MUHAMMAD		于　晓	王永茂	王　凯	王洪希
王朝兵	王　嵘	王　巍	邓　楠	卢　菁	边胜琴
任祯琴	邬　欣	刘少贤	刘　艳	刘恩强	闫世杰
闫纪铮	汤永新	孙丽婷	孙铁军	苏海霞	李玉玲
李　建	李　琛	李　智	杨　淼	肖丽平	吴金霞
吴　衔	谷学静	宋长飞	张保庆	张晓星	张晓娟
张培尼	张　群	陈久伟	陈　宸	周亚丽	郑思仪
赵明月	赵海英	赵　鑫	胡长斌	聂　晶	奚峥皓
唐胜春	黄　洪	曹天扬	曹梦娟	曹　靖	阎　群
曾　莉	谢元凯	熊　伟	霍　磊	魏纪东	

2011 级（21 人）

王　迪	王　烨	王　毅	史　涛	付　鑫	冯毅博
朱钦平	刘　欣	刘　硕	刘德馨	许广宾	孙起麟
李　睿	杨　焘	张利欣	张　寒	南柄飞	高玉峰
郭玲利	龚　培	曾溢良			

2012 级（12 人）

王占扩	杨永亮	吴小雪	宋　彪	张　超	武　晨
郑　阳	黄明明	蒋　涛	童何俊	甄　平	管　军

2013 级（17 人）

王少伯	王目树	王韧秋	王　袭	王　晴	支元杰
方　田	关荆涛	杨晨星	张天尧	张海刚	阿瑞斯
陈　龙	金增旺	贺春晓	贾　超	韩丹丹	

2014 级（13 人）

王宇浩	王　康	田九洲	刘亚强	刘　芬	刘爱志
李艳姣	李清波	吴宏涛	张　义	张玉振	张　杰
徐　聪					

2015 级（17 人）

刁靖东	于荷峰	马　亮	石　岗	冯　涛	吉一纛
刘　剑	齐　尚	苏晓莉	李月恒	李春雷	李　强
张洪寅	陈　帅	陈　鹏	林晓波	寇　启	

2016 级（29 人）

MALICHENKO，VIKTOR		于欣波	王子洋	王　哲	王　鹏
冯　茜	刘佳惠	刘辉翔	孙　佳	李小青	杨作云
何修宇	邹金霖	阿什拉夫	阿布巴科	阿里维	陈智刚
周　珂	郑春雨	孟金桃	荆　哲	姜程鹏	高赫佳
唐　鹏	曹　灿	曹　虎	焦瑞华	鄢章发	解乃颖

2017 级（21 人）

ALI，YAQOOB		于　洋	王　宏	王　强	尹　罂
白艳茹	托　尼	任莹莹	许越凡	宋宇骅	张传放
陈　涛	邵　扬	罗仕乾	郑成才	赵　民	柴小丰
梁　爽	薛建强	穆新星	樊生文		

2018 级（16 人）

于　晴	王陆旸	刘璐瑶	闫子晨	李志强	李　迎
李香泉	邱中炜	张冰雪	张守武	张　捷	项韦杰
高晶晶	黄海丰	鲍青峰	潘京辉		

1977 级电 77-1 班（44 人）

丁　晖	马　明	王文成	王　伟	叶世长	田冬昶
边晓春	吕晓云	齐润德	孙立忠	孙祚明	杨维耀
吴小鸣	宋晓虹	张一工	张文辉	张志刚	张国斌
张　崎	张德晋	武　宏	林　瑜	卓　娜	周芝峰
周　逊	官　琳	孟庆元	赵红喜	钟述文	袁　春
袁金霞	徐　风	徐晓虹	高晓明	郭骥平	唐志勇
黄程阳	阎建存	梁英传	董立英	董志雄	董　德
韩晓军	戴定宁				

注：

1. 同年级同名同姓情况，按笔画排序就会出现排列在一起。
2. 所有学生名单均由各年级核对后印刷，或许还是存在遗漏或是错误，请谅解。
3. 同年招生人数不一致的，可能是因为未报到、退学等原因，经各年级核对后或许没有在名单中列出。

附录 4　各年级、班级毕业合影

电 64 班（59 级）合影

电 65-2 班（60 级）合影

电 65-3 班（60 级）合影

电 67-1 班（62 级）合影

电 67-2 班（62 级）合影

电 72 班合影

电 73 级合影

电 75 班合影

仪表 75 班合影

计75班合影

仪表76班合影

计76班合影

电 77-1 班合影

电 77-2 班合影

仪表 77 班合影

计 77 班合影

电 78-1 班合影

电 78-2 班合影

仪表 78 班合影

计 78 班合影

计 78 专合影

电 79 班合影

电 80-1 班合影

电 80-2 班合影

仪表 80 班合影

计 80 班合影

电 81-1 班合影

电81-2班合影

仪表81班合影

计81班合影

电 82-1 班合影

电 82-2 班合影

仪表 82 班合影

计 82 班合影

电 83-1 班合影

仪表 83-1 班合影

仪表 83-2 班合影

计 83 班合影

电 84-1 班合影

仪表84班合影

计84班合影

电85-1班合影

电 85-2 班合影

仪表 85 班合影

计 85 班合影

电86班合影

仪表86班合影

86级合影

电 87-1 班合影

电 87-2 班合影

仪表 87 班合影

电 88-1 班合影

电 88-2 班合影

仪表 88 班合影

电 89-1 班合影

电 89-2 班合影

电 89-3 班合影

电 89-4 班合影

电 89-5 班合影

仪表 89 班合影

电 90-1 班合影

电 90-2 班合影

电 90-3 班合影

电 90-4 班合影

仪表 90 班合影

电 91-1 班合影

电 91-2 班合影

电 91-3 班合影

电 91-4 班合影

仪表91班合影

电92-1班合影

电92-2班合影

电 92-3 班合影

仪表 92 班合影

电 93-1 班合影

电 93-2 班合影

电 93-3 班合影

仪表 93 班合影

电专93班合影

电94-1班合影

电94-2班合影

电 94-3 班合影

仪表 94 班合影

电 95-1 班合影

电 95-2 班合影

电 95-3 班合影

仪表 95 班合影

电 96-1 班合影

电 96-2 班合影

电 96-3 班合影

仪表 96 班合影

电 97-3 班合影

97 级自动化专业本科生合影

电98-2班合影

电信98班合影

电99-1班合影

电 99-3 班合影

电 00-3 班合影

电 00-4 班合影

仪表00-1班合影

仪表00-2班合影

电01-2班合影

仪表 01-1 班合影

计 01-1 班合影

计 01-2 班合影

计 01-3 班合影

计 01-4 班合影

计 01-5 班合影

计 01-6 班合影

电信 01-1 班合影

电信 01-4 班合影

电 02-1 班合影

电 02-2 班合影

电 02-3 班合影

电 02-4 班合影

仪表 02-2 班合影

测控 03 班合影

2003级自动化、电信专业本科生合影

2003级计算机、仪表、通信专业本科生合影

2005级本科生合影

信息 06-3 班合影

信息 06-4 班合影

信息 06-5 班合影

信息 06-14 班合影

信息 06-17 班合影

信息 06-18 班合影

测控 06 班合影

2006 级本科生合影

电 08-1 班合影

电 08-2 班合影

电 08-3 班合影

电 08-4 班合影

电 08-5 班合影

测控 08-1 班合影

测控 08-2 班合影

智能08班合影

信息08-8班合影

信息08-9班合影

信息 08-10 班合影

信息 08-11 班合影

信息 08-12 班合影

信息08-13班合影

信息08-14班合影

信息08-15班合影

信息 F08-1 班合影

信息 F08-2 班合影

自 12-1 班合影

自 12-2 班合影

自 12-3 班合影

自 12-4 班合影

自 12-5 班合影

测控 12-1 班合影

测控 12-2 班合影

智能12班合影

自13-1班合影

自13-2班合影

自 13-3 班合影

自 13-4 班合影

自 13-5 班合影

测控13-1班合影

测控13-2班合影

智能13-1班合影

智能 13-2 班合影

自 14-1 班合影

自 14-2 班合影

自 14-3 班合影

自 14-4 班合影

自 14-5 班合影

测控 14-1 班合影

测控 14-2 班合影

智能 14-1 班合影

智能14-2班合影

86级硕士研究生合影

88级硕士研究生合影

自研 90 班合影

自研 95 班合影

信研 97 班合影

信研98班合影

自研98班合影

计研98班合影

自研 99 班合影

计研 99 班合影

2000 级硕士研究生合影

自研01班合影

2016级硕士研究生合影

信博98班合影

信博2000班合影

附录5　学院老领导寄语

改革创新　不断探索　锐意进取

余达太

光阴似箭，北京科技大学自动化学院已经走过了60年的光辉历程，回顾这60年的变迁，概括一句话，就是改革创新、不断探索、锐意进取的60年。

学院的前身，是1959年成立的北京钢铁学院机械系的“电专业”，从这个专业的诞生到今天，整整60年了。1975年“电专业”从机械系分离出来，成立了自动化系，第一任系主任是孙一康教授，这个系的成立，奠定了我们学院发展的基本方向。

1988年，北京钢铁学院从过去的单科模式向综合性大学转变，更名为北京科技大学。1993年，为了进一步适应国际科技进步与高速发展的形势，我国高等教育体制又进行了重大的改革，即向多学院管理体制转化，北京科技大学开始成立第一个学院试点，即由自动化系和机器人研究所合并成立“自动化信息工程学院”。杨天均校长委托我来组建，并出任了第一任院长。

一年后，根据我的建议，按照国家自然科学基金和国际学科的分类，将计算机系并入学院，成立了综合性大学科领域的“信息工程学院”。

2001年，我任职期满，由尹怡欣教授接任院长。

纵观学院走过的60年历程，人才辈出，硕果累累，桃李天下。从培养冶金自动化以及国防科技等领域的自动化高端人才，到为创建我国钢铁冶金行业的冷热连轧自动化技术、机器人技术等，都进入了学科的前沿阵地。近年来，在我国新能源汽车的战略性高新技术的发展中，又作出了重要贡献。

60年，不是终点，而是一个继往开来的新起点。在自动化学院院庆之际，让我们向为学院自动化学科的发展做出重要贡献的赵殿甲、舒迪前、孙一康等一大批老教授们致以最崇高的敬意，是他们的无私奉献，为我们学院打下了坚实的基础，他们是我们学院的奠基人。同时，让我们共同祝贺自动化学院的“控制科学与工程”学科进入世界前50名，这一辉煌成就，既是我们共同努力的成果，也是时代对我们的期望，不仅承载着60年的光荣，还担负着国家前途的历史使命，我相信，自动化学院将不负众望，让我们一路高歌猛进，驶向更加灿烂辉煌的明天！

忆往昔峥嵘岁月稠　看未来豪情满胸怀

尹怡欣

今年是我们北京科技大学自动化专业成立 60 周年！悠悠一甲子，回想往事，不禁感慨万千。我作为 77 级学生，1978 年 3 月进入北京钢铁学院冶金工矿企业电气化与自动化专业学习，毕业后接着攻读工业自动化专业研究生，取得硕士学位毕业后留校任教至今，见证和参与了自动化专业 60 年历史中的 40 年发展历程。任教期间，在职攻读了控制理论与控制工程学科的博士学位，从而成为一名地地道道的“三钢团”成员。

我们自动化专业初创于 1959 年，此时正值中华人民共和国成立 10 周年，北京钢铁学院成立 7 周年。在向科学进军的号角声中，我们的工业企业电气化与自动化专业成立了，服务于钢铁工业成为专业与生俱来的特色。

1975 年，随着自动化系的成立，我们的自动化专业也从机械系分离出来。20 世纪 80 年代，又成长为工业自动化研究生硕士点和博士点，标志着由专业建设发展到学科建设，并开始了硕士研究生、博士研究生的招生与培养。在科学研究和工程应用上实现了带钢热连轧计算机控制系统的国产化；研制了全国第一台国产大型工业机器人；在自适应控制、分布参数控制、大系统理论和智能控制理论等领域的研究成果享誉国内外。20 世纪 90 年代，自动化系完成了由系到学院的转换，成为信息工程学院。

进入 21 世纪后，学院加强了学科建设，在加大人才引进力度的基础上，团结一心、科学谋划、攻坚克难、重点突破，2005 年在仅有一个二级学科博士点的情况下直接申报成功控制科学与工程一级学科博士点和博士后流动站，并使控制理论与控制工程二级学科成为国家重点（培育）学科，使我们的自动化专业和学科水平处于全国前列。与此同时，我们还完成了计算机学科从硕士点到计算机科学与技术一级学科博士点和博士后流动站的跨越式升级，实现了通信工程 5 年内从新建专业到获得通信与信息系统二级学科博士点的大跃进。

当前，我国已经进入了社会主义新时代。在产业界的智能制造和学术界的人工智能被提到前所未有的认识高度的今天，在国际、国内、学校、学科全面竞争发展的今天，我们的自动化学院也面临着新的机遇与挑战。坚信有着 60 年历史积淀、深厚的文化底蕴和与时俱进勇于创新精神的北京科技大学自动化学院，一定能够在新时代获得更加快速的发展！

在此，我衷心祝愿我们的自动化学院再谱新篇章！再创新辉煌！

蝶恋花自动化院甲子庆

童朝南

武舵杨帆燕北幽。钢铁摇篮，扶摇誉九州。
治国为民苦作舟，求实鼎新身自修。
温馨融驻校怀抱。自动化院，金秋丰果硕。
甲子轮回从头越，创新惟存卓成效。

编　后　语

《敛华求实　创新惟存——北京科技大学自动化学院60年（1959~2019）》即将付梓了。编委会全体成员两年来齐心协力、夙夜梦寐，终于迎来了期盼已久的这一天。欣喜之余又百感交集，深切体会到艰辛备尝与如释重负同在，成就感与遗憾共生。

本书的出版使自动化学院告别了其历史只是口口相传的局面，从此有了第一本比较完整可靠的成文信史，这是一件非常有意义的工作。追根溯源，自动化学院60年的成长与变迁，历史积淀颇为厚重。但时过境迁、物是人非，随着很多元老前辈的日渐衰老甚至离去，收集和整理史料的工作愈益困难，某种程度上已成为抢救性发掘，这凸显了本书编写的迫切性和艰巨性。令人欣慰的是，在学院领导的策划和指导下，在全院教职员工（无论是在职的还是已退休的）和广大校友的热情鼓励、积极参与和大力支持下，我们终于将这样一本“学院发展脉络基本完整清晰、史实与数据基本准确”的史实书籍呈献给了大家。同时令人遗憾和惋惜的是，受篇幅所限以及其他原因所致，本书编撰不得不删繁就简，许多史料被迫割爱，一些教学科研成果和优秀教师事迹没有列入，章节结构和文字仍显粗糙，种种不足难以尽述。但是，为本书撰写所收集和整理的所有史料（包括宝贵的音视频资料），都将永久保存以为后鉴，每个人为此所付出的努力也都将被永远铭记。

在这里，我们诚挚地向所有为本书编写奉献了绵薄之力的人们表示深深的谢意——

感谢学院领导的精心策划、全力支持和不失时机的指导；

感谢退休的老同志不辞辛苦提供了大量史实和宝贵意见；

感谢广大校友的热情鼓励和在史料收集方面的无私奉献；

感谢学院各单位和工作人员在档案文献查找、史料采撷核实、音视频制作、原始文档编写以及繁杂事务工作上的倾情付出；

感谢冶金工业出版社对本书印刷出版的鼎力相助！

特别向《北京科技大学学报》原总编辑吴石中老师表示感谢并致以崇高的敬意！他以八旬高龄，日以继夜对庞杂的原始资料进行梳理分类、秉笔行文，终成接棒者赖以继续前行的初稿，为本书的编写做出了重大贡献。

谨以此献给自动化学院60年来的全体教职员工和莘莘学子，并借以铭记为自动化学院的创立与发展建立殊勋的前辈！衷心祝愿自动化学院在新时代砥砺奋进，将光荣与传统继续发扬与传承，书写更加辉煌的篇章！

编委会

2019年7月